ŒUVRES COMPLÈTES
D'EDGAR QUINET

LE

LIVRE DE L'EXILÉ

ŒUVRES POLITIQUES PENDANT L'EXIL

PARIS
LIBRAIRIE HACHETTE ET Cⁱᵉ
79, BOULEVARD SAINT-GERMAIN, 79

ŒUVRES COMPLÈTES

D'EDGAR QUINET

LIBRAIRIE HACHETTE ET Cie

ŒUVRES COMPLÈTES D'EDGAR QUINET

en 30 volumes

Tomes.
- I. . . . . Le Génie des Religions.
- II. . . . Les Jésuites. — L'Ultramontanisme.
- III. . . . Le Christianisme et la Révolution française.
- IV. . } Les Révolutions d'Italie (2 volumes).
- V. . . }
- VI. . . . Marnix de Sainte-Aldegonde. — Philosophie de l'Histoire de France.
- VII. . . Les Roumains. — Allemagne et Italie.
- VIII. . . Premiers travaux. — Introduction à la Philosophie de l'Histoire. — Essai sur Herder. — Examen de la vie de Jésus.
- IX. . . La Grèce moderne. — Histoire de la Poésie.
- X. . . . Mes vacances en Espagne.
- XI. . . . Ahasvérus.
- XII. . . Prométhée. — Les Esclaves.
- XIII. . . Napoléon. Poème (Épuisé).
- XIV. . . L'Enseignement du peuple. — Œuvres politiques. Avant l'Exil.
- XV. . . Histoire de mes Idées (Autobiographie).
- XVI. . } Merlin l'Enchanteur.
- XVII. . }
- XVIII. }
- XIX. . } La Révolution (3 volumes).
- XX. . . }
- XXI. . . La Campagne de 1815.
- XXII. . } La Création (2 volumes).
- XXIII. . }
- XXIV. . Le livre de l'Exilé. — La Révolution religieuse au XIXe siècle. — Œuvres politiques pendant l'Exil.
- XXV. . . Le Siège de Paris. — Œuvres politiques après l'Exil.
- XXVI. . La République. — Conditions de régénération de la France.
- XXVII. . L'Esprit nouveau.
- XXVIII. Vie et mort du Génie grec. — Appendice. Discours du 29 mars 1875.
- XXIX. . } Correspondance. Lettres à sa mère (2 volumes).
- XXX. . }

Lettres d'Exil d'EDGAR QUINET (4 volumes), Calmann Lévy, éditeur, 1885.

OUVRAGES DE Mme EDGAR QUINET

Mémoires d'Exil (2 volumes), éditeur Lacroix, 1868 (Épuisés).
Paris, journal du Siège (1 volume), éditeur Dentu, 1873.
Sentiers de France (1 volume), éditeur Dentu, 1875.
Edgar Quinet avant l'Exil (1 volume), éditeur Calmann Lévy, 1888.
Edgar Quinet depuis l'Exil (1 volume), éditeur Calmann Lévy, 1889.
Le Vrai dans l'Éducation (1 volume), éditeur Calmann Lévy, 1891.
Ce que dit la Musique (1 volume), éditeur Calmann Lévy, 1893.
La France Idéale (1 volume), éditeur Calmann Lévy, 1895.

Paris. — Imp. PAUL DUPONT (Cl.) 468.7.95.

ŒUVRES COMPLÈTES
D'EDGAR QUINET

LE

LIVRE DE L'EXILÉ

ŒUVRES POLITIQUES PENDANT L'EXIL

PARIS
LIBRAIRIE HACHETTE ET Cie
79, BOULEVARD SAINT-GERMAIN, 79

PRÉFACE

Le Livre de l'Exilé renferme des pages inédites d'Edgar Quinet et ses *Œuvres politiques pendant l'exil.*

L'unité du volume est dans une même pensée patriotique : l'horreur du Jésuitisme et du Césarisme.

Chaque attentat contre la France, contre la justice arrachait au proscrit une protestation nouvelle. Toute l'histoire de l'Empire se déroule ici à nos yeux, depuis décembre 1851 jusqu'à la guerre de 1870.

Contraste saisissant entre les premières pages du *Livre de l'Exilé*, le lendemain du crime d'État, et l'accent plein d'espérance, précurseur de la chute de l'Empire ! La sérénité commence à poindre à mesure que l'âme du pays donne des symptômes de réveil. La foi dans l'avenir domine partout, et ce qui la justifie, c'est le tressaillement de la France à la voix de ses grands proscrits. Chacune de leurs pensées est pour cette patrie asservie et aveuglée. Comment un si grand amour, une volonté si persévérante de faire luire la vérité, de rallumer l'étincelle, n'auraient-ils pas la puissance d'acquérir un don de seconde vue ?

Edgar Quinet signale le péril, et en même temps les moyens de le conjurer. Le désastre suit de près la prophétie. Un autre danger surgit; le proscrit ne se décourage pas, et trouve dans son patriotisme des lueurs toujours plus vives pour dévoiler l'obscur avenir.

« Que doit faire un écrivain qui voit son pays s'engager, les yeux fermés, dans le chemin de la décadence? — L'avertir. — Oui, sans doute. Et si les avertissements ne servent de rien ? Recommencer, comme si rien n'avait été dit; étouffer ses dégoûts, compter sur la nature humaine, sur ses retours, sur sa force de renaissance et de vitalité. Subissons donc le supplice de démontrer pour la centième fois l'évidence. »

Pologne et Rome montre comment finissent les peuples catholiques; l'*Expédition du Mexique* prédit le fossé de Queretaro; *France et Allemagne*, la perte de notre Alsace-Lorraine; *France et Italie*, les tentatives de restaurations théocratiques; les *Lettres Politiques* secouent la conscience nationale en 1868 et hâtent le *Réveil d'un grand Peuple;* le *Plébiscite*, l'*Appel aux Paysans* sont cruellement confirmés par la guerre de 1870; *Le Panthéon* domine nos désastres.

Toutes ces œuvres diverses forment la suite naturelle du *Livre de l'Exilé*, pages d'un premier jet, écrites en 1852, et que Edgar Quinet n'a pu relire.

Aurait-il effacé certains passages empreints d'amertume, cri de douleur, arraché au proscrit jeté sur la terre étrangère? Non, sans doute. L'histoire maintient ses droits. Ces sévérités s'adressent à la démocratie césarienne, alors en voie de formation. Il eût montré dans une Préface, le chemin parcouru par la France, depuis la nuit de Décembre, jusqu'à l'aurore des jours meilleurs entrevus dans ses dernières pages sur les *Sentiers de France*. Il eût établi un lien entre ces écrits, divers par la date, les lieux, les événements, identiques par l'esprit de rénovation, de justice et d'amour.

La vie lui a manqué. Ce qu'il n'a pu achever,

le lecteur le fera; il trouvera l'enchaînement naturel des vérités démontrées dans ce livre, vérités cent fois plus frappantes qu'à l'heure où le proscrit les datait du seuil de l'exil, puis des oubliettes de l'exil.

Il a payé de sa vie ses inquiétudes patriotiques et le droit de dire à ceux qu'il a tant aimés : « Pendant cinquante ans, je n'ai jamais cherché que votre intérêt; j'y ai quelquefois sacrifié le mien ; je ne vous ai jamais ni trompés, ni flattés. »

Sa vie et son œuvre se résument dans cette parole : « J'ai adoré la France. J'ai rêvé pour « elle la gloire de devenir l'idéal des peuples « modernes. »

Veuve EDGAR QUINET.

Paris, 27 octobre 1875.

LE
LIVRE DE L'EXILÉ

(1852)

I

DÉCEMBRE 1851

Au moment où je posai le pied de l'autre côté de la frontière et où je dis à la patrie un adieu peut-être éternel, je me retournai, et la terre manqua sous mes pas.

Depuis cette heure, mon esprit se sentit déraciné, comme la feuille que le vent a détachée de l'arbre; et j'allais où le vent me poussait.

Pendant que la tempête me portait, un cri s'échappait de mon cœur; et dès que je pouvais reprendre haleine, j'écrivais dans ce livre un mot, un signe, pour me rappeler ce que mon esprit avait vu.

Voici ce livre. Commencé dans l'orage, puisse-t-il s'achever dans la paix !

Je n'étais plus l'hôte de personne. Sitôt que j'avais trouvé un foyer quelque part, la menace arrivait ; il fallait songer à partir.

Je me sentais flotter à la surface d'une mer d'hommes, d'où ne s'élevait aucun souffle humain.

J'étais comme la *procellaria* qui parcourt la mer du Nord sans retrouver son nid qu'un pêcheur a enlevé.

A mesure que la nuit descendait dans l'âme des peuples et que la dernière étoile se cachait, voici les ombres qui passaient sur mon cœur et les cris qui sortaient de ma poitrine.

II

L'ESPRIT SEUL PEUT VAINCRE L'ESPRIT

Le jour venu, nous cherchâmes un peuple, nous trouvâmes un esclave.

Nous l'appelâmes; il répondit que ce qu'il demandait, c'était non pas la liberté, la dignité, mais l'égalité dans l'esclavage.

Jamais cri servile n'avait été poussé avec une force semblable, huit millions de voix humaines acclamèrent la servitude.

Ce cri retentit dans les tombeaux de la Pologne, de la Hongrie, de l'Italie, c'était la consolation que les vivants envoyaient à ceux qui ne pouvaient renaître.

Alors on vit que l'esprit seul a la force de ressusciter les morts et de soulever les pierres. Les peuples avaient voulu renaître sans briser la chaîne spirituelle qui les liait encore aux ossuaires du moyen âge. Ils avaient fait quelques pas jusqu'à l'extrémité de leurs chaînes ; après cela, ils étaient retombés dans leurs sépulcres.

Et la France, la reine des morts, s'assit sur la

terre et devint la gardienne des tombeaux. Ses ennemis disaient qu'après avoir trahi, comme Judas, tous ceux qui l'avaient suivie, elle avait péri, comme Judas, par le grand suicide.

Le plus vieux des esprits, le plus usé, le plus aveugle, l'esprit catholique, avait montré cent fois plus de calcul, de suite, de pénétration, d'activité, que le matérialisme dans sa forme la plus nouvelle; et les temps firent voir que l'esprit seul peut vaincre l'esprit même ruiné. La matière tout entière conjurée s'y est montrée impuissante.

Entre la Papauté Romaine, et la Papauté Russe, toute pensée libre se vit étouffée sur le continent. Nous nous trouvâmes errants, cherchant un asile. La terre manquait sous nos pieds.

Notre pensée sortait de notre bouche et n'atteignait l'oreille ni le cœur de personne. Il s'était fait comme un vide en Europe. Le cri de la conscience mourait dans la poitrine. Il semblait que l'on parlât dans un monde vide et sourd, où manquait l'air moral.

Je me retournai et j'entendis derrière moi des peuples entiers qui disaient : César, ceux qui vont mourir te saluent !

Nous emportâmes avec nous la Justice et le Droit; mais nul ne voulait les recueillir, de peur de se brouiller avec l'injustice. Ceux qui nous donnaient asile, pour un jour, mettaient, en nous voyant, leurs doigts sur leurs lèvres. Ils nous commandaient le silence. L'hospitalité était à ce prix. Quiconque ouvrait la bouche pour raconter ce qu'il avait vu était aussitôt jeté sur un vaisseau. Les vents l'emportaient ; et le silence se faisait peu à peu sur tout le continent.

Afin que la loi philosophique s'accomplît tout entière, les seuls points du continent qui s'élevaient encore au-dessus de cette mer de servitude, étaient ceux qui, dans le présent ou le passé, avaient lutté contre le catholicisme : Suisse et Hollande. Mais ces points étaient eux-mêmes entourés, comme des îlots, par le flot qui montait toujours.

Le dernier point de l'univers moral semblait devoir disparaître. On ne voyait nulle part le brin d'herbe du monde nouveau.

L'Angleterre seule était encore debout sur ses rochers. Elle s'appuyait sur la Bible, mais chaque coup de vent emportait une page du livre ; et l'esprit de l'abîme comptait une à une celles qui restaient encore.

Trois principes s'étaient rencontrés : la philosophie, le protestantisme, le catholicisme.

Depuis 1789, la France avait tenté de réaliser et d'organiser le principe philosophique. Après avoir accompli une partie de sa tâche, elle y avait succombé sous les invasions de 1814 et de 1815. Elle avait été impuissante à se relever; et dès lors la Révolution commencée par la philosophie s'achevait par le jésuitisme. Celui-ci se réalisait chez elle dans toutes ses institutions.

J'ai toujours pensé que le cœur de la France est resté enseveli dans les champs de Waterloo, et rien, ce me semble, n'a démontré le contraire. Depuis ce jour, une poignée d'hommes ont fait des révolutions et des contre-révolutions. La masse inerte les a subies sans mot dire. Quiconque s'empare du cadavre d'Hector peut s'en servir à son gré, au profit de la liberté ou de la servitude. C'est à lui de choisir. Il trouvera une matière complaisante dans les deux cas; pourtant la servitude lui va mieux.

Le protestantisme se sentait impuissant, non qu'il ne possédât une vérité supérieure à celle du catholicisme, mais parce qu'il avait accepté la discussion et renoncé à s'imposer par la contrainte. Il avait donné la liberté de penser à l'esprit humain; aussitôt celui-ci, noble affranchi, débarrassé de sa crainte, s'était retourné contre son libérateur, avec arrogance. Les philosophes qu'il avait émancipés, se joignaient aux catholiques pour le ruiner en l'insultant. Dans ce combat, il se servait de la lumière contre ceux-ci, des ténèbres contre ceux-là. Mais une pareille équivoque ne pouvait se soutenir ; il chancelait. Tous les États du continent, assis sur le protestantisme, chancelaient avec lui.

Restait le catholicisme romain, fond permanent des institutions et des mœurs de l'Europe occidentale.

Sous les idées libérales que la philosophie avait semées à la surface du pays, le catholicisme, persévérant au moins comme préjugé, avait conservé au fond des masses un monde servile, inaccessible au mouvement de l'esprit moderne. Quatre fois, le suffrage universel fit appel à ce monde inconnu ; quatre fois la réponse fut la même.

Le génie religieux de la réaction catholique, ce fut la Peur divinisée de la Révolution française. La bourgeoisie, qui avait d'abord contrarié l'Église, y étant rentrée par peur, le peuple n'en étant jamais sorti, par ignorance, il y eut un moment où cette Église parut maîtresse. L'esprit du moyen âge souffla de nouveau sur un océan de ténèbres.

Dans cette tempête, se découvrait, par intervalles, la pierre de fondation des États. L'empire catholique par excellence, l'Autriche, ne se composait que de nationalités mortes. La première condition d'un peuple pour entrer dans cet empire était de mourir et d'y apporter ses os.

Déjà la Pologne, la Bohême, la Hongrie, l'Italie étaient englouties.

Symptôme étonnant : le mot le plus saisissant de la langue française, Waterloo, avait perdu, en partie, sa signification. Les patries disparaissaient ainsi, l'une après l'autre, devant le catholicisme. Je comptais autour de l'antre du Sphinx, les ossements des peuples dévorés.

En passant, je sentis le froid esprit de la Russie se promener sur mon pays. Je reconnus le souffle mortel des cavaliers moscovites des invasions.

Chimère! disaient ceux que je laissais derrière moi. Car ils craignent que les chevaux russes ne viennent brouter l'herbe de leurs champs. Mais ils ne voient pas que les esprits russes ont éteint déjà le foyer dans leurs poitrines.

Les temps étaient revenus où les écrivains, les penseurs, chassés de leur pays, allaient errants à travers le monde. Ils continuaient de penser, mais personne ne les comprenait. Ils appelaient, et personne ne répondait. Leur pensée sans écho s'ensevelissait avec eux. Quand on la retrouvait, elle était surannée. Les générations et les peuples avaient passé sur leurs tombeaux sans les reconnaître.

Il y avait dans le monde deux ou trois grandes religions mortes et pétrifiées : en Orient le Brahmanisme et le Bouddhisme; en Occident le Catholicisme, l'Église grecque. Elles étendirent, comme les Pyramides d'Égypte, leur ombre massive sur un désert moral. C'était pour servir de sépulcre aux cadavres des peuples, à mesure que leur ombre les glaçait.

Et le silence se fit sur toute la terre.

III

JE NE SUIS POUR RIEN DANS CE QU'ILS FONT

Je ne m'étonne pas que les anciens aient eu tant de peine à supporter l'exil du temps des Empereurs. Ils se sentaient frappés par un seul homme, un César ; et cet homme-là de moins dans le monde, il leur semblait qu'ils retrouveraient leur patrie entière. Il me paraît qu'il en est autrement quand ce sont des peuples entiers qui, soit ignorance, soit lassitude, s'affaissent dans l'injustice. Car il doit vous sembler alors que vous seriez leur complice, si vous étiez resté au milieu d'eux. Et dans les ennuis de la proscription, il y a cette joie intérieure qui consiste à se dire : Dieu merci, je ne suis pour rien dans ce qu'ils font.

J'imagine que c'est là le sentiment qui a soutenu tant d'hommes exilés dans les Républiques, soit anciennes, soit modernes. Ils ont montré infiniment plus de force morale contre un peuple que ceux qui ont été frappés par un seul homme. D'un côté, le fier langage de Thucydide ou de Dante, de l'autre les *Tristes* d'Ovide sous Auguste, de Mme de Staël sous Bonaparte.

Peut-être aussi que l'injustice exercée au nom d'un seul, vous irrite, tandis que celle qui s'exerce au nom de tous fait pitié. On peut sentir de la colère contre un despote, on ne sent que de la commisération pour une foule aveuglée. Quel plaisir trouverais-je à fouetter de verges l'Océan? Le temps de ce plaisir de Xerxès est passé.

IV

BÉNI SOIT L'EXIL !

Béni soit l'exil ! Qui m'eût enseigné ses bienfaits, si je ne les eusse éprouvés ?

En me mettant en dehors des lois de protection qui sont faites pour tous, il m'apprend à chercher mon appui là où l'homme ne peut m'atteindre.

En me traitant comme la feuille détachée que le vent chasse devant lui, sans qu'aucune terre ensemencée veuille la recevoir, il m'apprend à m'enraciner dans le sol qu'aucune tempête n'assiège.

En me refusant l'abri, le toit, le foyer, il m'apprend à bâtir ailleurs la maison de mon âme.

On nous a mis au ban de l'espèce humaine. J'accepte de grand cœur ; et certes, si je ne consultais que mon goût particulier, je ne pourrais faire un vœu pour que cet état de choses vînt à changer.

Les hommes, en me confinant hors des relations humaines, m'ont affranchi. J'étais l'esclave de leurs fantaisies ; je dépendais de leur humeur ; je faisais partie de leur amusement.

Ils ont retranché de ma vie tout ce qui était artificiel; ils m'ont rendu à la liberté première ! Tous les filets d'araignée que la conversation, la mode, le préjugé, avaient tendus autour de moi, sont rompus. Mes heures se dépensaient avec eux en un frivole commerce, où leur âme et la mienne n'étaient presque jamais pour rien.

Je suivais le front bas leurs croyances, leurs illusions : ils m'ont délivré en un moment de tout cela. Ils m'ont ramené de force à ce qu'il y a de mieux en moi-même ! Les fausses affections sont tombées; tous les masques ont disparu. Rien ne reste que ce qui est bâti sur le roc.

Oh ! quel bienfait j'ai reçu !

Ils ont fait de ma vie une île séparée de leurs iniquités; ils ont creusé tout autour un abîme infranchissable.

A peine si leur voix m'arrive. Ils ont mis des gardiens autour de cet abîme. Toute une armée veille sur ses bords, et chacune de leurs précautions m'assure contre eux-mêmes ! Puissent-ils élever une muraille d'acier, afin que leurs pensées aux ailes rampantes ne parviennent pas jusqu'à moi !

Ils ont fait de ma vie une île sacrée où n'aborderont plus les vaines douleurs, les trompeuses espérances, les amitiés d'un jour, les regrets éternels ! Un blanc troupeau de cygnes venus des rives de l'Éternité, se joue autour de la barque échouée.

O mon âme, quand tu auras égalé la blancheur des cygnes, ils te ramèneront dans la patrie perdue!

V

MES JOIES

Il me plaît de ne pas voir ce qu'ils font, de ne pas entendre ce qu'ils disent.

C'est ma joie de ne pas voir ma terre natale souillée par le parjure, ni les fleurs rouges du sang versé par les homicides.

C'est ma joie de ne pas voir le sourire imbécile de la foule devant son maître, ni les courbettes de mes frères devant ceux qui les fouettent comme un troupeau.

C'est ma joie de ne pas voir un peuple nouveau ramper comme un serpent, sous le pied du chasseur.

C'est ma joie de ne pas voir la grande nation que j'ai aimée se prostituer sous ses arcs de triomphe.

C'est ma joie de ne pas entendre ses éclats de rire et ses chansons, au coin des rues, pendant qu'on entraîne ses enfants et qu'on les lie dans les déserts, d'où ils ne reviendront pas.

C'est ma joie de ne pas entendre un peuple de sophistes démontrer au monde en ricanant, que l'infamie c'est la gloire, que la servitude c'est la liberté, que le poison c'est le remède.

C'est ma joie de ne pas voir mes frères vendre l'espèce humaine pour moins de trente deniers.

C'est ma joie de ne plus entendre cette langue que j'ai aimée, car ils en ont fait un sifflement de reptiles, dans les ruines de la justice.

VI

SOUVENEZ-VOUS !

Souvenez-vous que vous avez été esclaves dans la terre d'Égypte.

Quand vous aurez été délivrés (car vous le serez par ceux dont les cœurs survivent), ne vous enorgueillissez pas ; ne vous enflez pas aussitôt d'un superbe dédain contre vos libérateurs. Ne dites pas : « Nous avons la sagesse, sans avoir rien appris ; que notre bouche s'ouvre, et la vérité en sortira. C'est à la terre et au ciel à faire silence devant nous. »

Mais, au contraire, regardez en arrière vers les jours que vous aurez traversés. Souvenez-vous que, dans l'esclavage, vous avez eu le cœur servile ; que vous avez été durs pour ceux qui se sont offerts à souffrir à votre place ; que vous avez été humbles devant le plus fort qui vous crachait au visage. Vous l'avez même acclamé, comme on acclame ceux qui apportent le bon droit, la justice. Vous avez vu un homme couvert d'un masque ridicule et hideux ; et parce qu'il avait pris des oripeaux, sur un théâtre, et, dans un tombeau, le lambeau d'une capote grise, quoiqu'il fût, dans l'âme, plus mort, plus cadavéreux cent fois que celui qu'il avait dépouillé dans le sépulcre, vous avez crié : Voilà le mort de Sainte-Hélène qui reparaît ! et vous vous êtes courbés sous ce mensonge ; vous avez adoré le masque et vous vous êtes faits les esclaves du parjure ; vous n'avez plus distingué l'acteur du héros ; et suivant, comme des limiers qui cherchent pâture, cette ombre menteuse, vous avez entraîné les autres dans la même déchéance ; en sorte qu'il y eut un moment où le monde entier fut abusé par vous, et il n'y eut pas un coin de la terre qui ne fût flétri à votre exemple.

Souvenez-vous que quand on parlait devant vous de vos frères qui avaient été bannis, ou transportés dans les déserts, où ils étaient morts de *la mort sèche* qui ne fait pas de bruit, vous imitiez les anciens rois dont vous aviez médit si longtemps, et vous répondiez comme eux : « Je ne sais ; personne ne me l'a dit ; la chose est sans doute exagérée. »

Ou encore : « Il n'y a pas de bannis. Après tout, de quoi se mêlaient-ils ? C'étaient des ambitieux qui n'ont que ce qu'ils méritent. »

Voilà ce que vous répondiez, en sifflant, et en branlant la tête.

Souvenez-vous que pour vous faire renier ce que vous aviez juré, il n'a fallu que vous le commander.

Vous avez renié au chant du coq, devant Ponce Pilate, devant le soldat, et surtout devant la servante ; et vous n'en avez même ressenti aucune douleur.

On vous a commandé de donner votre suffrage à celui qui vous foulait aux pieds, et vous l'avez fait ; de proscrire par là tous vos amis, et vous l'avez fait ; de renverser le travail de tous ceux qui ont concouru, même avant votre naissance, à votre affranchissement, et vous l'avez fait ; de conspuer tous ceux qui avaient juré pour vous, devant les autres peuples, de vous liguer avec les ennemis éternels de toute liberté, de toute dignité, et vous l'avez fait !

Quand votre cœur sera près de s'enfler, rappelez-vous toutes ces choses, et d'autres que je n'ajoute pas. Alors vous serez humbles, comme il est nécessaire que vous le soyez, pour ne pas retomber. Vous accepterez la victoire comme un don que vous vous efforcerez de mériter. Vous vous étonnerez d'être libres et vous craindrez de cesser de l'être.

Le souvenir de vos reniements n'ira pas jusqu'à vous avilir le cœur et à vous décourager pour l'avenir ; mais vous prendrez en dégoût les vaines déclamations ; vous sentirez que rien n'est plus factice que votre souveraineté, en pensant que vous l'avez vendue pour un plat de lentilles. Vous aurez une juste horreur des mots gonflés dont vous vous êtes si longtemps rassasiés; et vous ferez plus de cas de la plus petite action honnête et simple, que de toutes les paroles magnifiques qui vous ont amusés et enchaînés.

Malgré ses reniements, saint Pierre a pu se racheter; et vous aussi, vous travaillerez à vous racheter des vôtres. Vous ne déclamerez plus.

VII

UNE GRANDE NATION

Je me suis approché de la frontière, et j'ai prêté l'oreille ; et toute une nation rassemblée de l'autre côté, ne faisait pas plus de bruit qu'un fleuve tari dans son lit, ou qu'un désert sur lequel a passé un vent de mort.

Et je m'écriai : La terre a-t-elle englouti Sodome ? Sont-ils tous morts, ceux que j'ai connus si pleins de vie ? Ou ont-ils oublié ? Un souffle mêlé de bitume a-t-il étouffé leurs esprits ? Ceux qui m'ont aimé, sont-ils glacés comme les autres ? Répondez !

Et en arrêtant les yeux sur ce qui semblait d'abord le lit d'une mer désertée par les flots, je finis par voir une multitude innombrable d'hommes accroupis sur la terre ; et je ne savais pas s'ils étaient vivants ou morts, tant le silence pesait sur leurs lèvres.

Et je leur demandai : Êtes-vous encore du nombre des vivants, vous qui paraissez glacés du froid éternel ? Ou bien êtes-vous les restes d'un peuple qui a perdu son nom ?

Ils ricanaient avec un bruit semblable à celui des feuilles sèches sous les pas d'un voyageur. Et c'est à cela seulement que je sentis qu'ils vivaient.

Alors je leur demandai : N'y a-t-il plus de justice ? Plus de ciel ? Plus d'avenir ? Plus d'amour ? Plus d'espérance ?

Et sans me regarder, car ils avaient le cou roidi par l'esclavage, je les entendis qui disaient les uns aux autres :

Quel est cet étranger ? Et quelle langue parle-t-il ? Nous ne comprenons pas un seul des mots dont il se sert.

Je repris et je dis en tendant les bras vers eux : Ne reconnaissez-vous pas celui qui est né de la même terre que vous ? Aujourd'hui, encore, la douceur qui me reste, c'est d'entendre à mon oreille cette langue qui est la vôtre. Voilà pourquoi je ne me suis pas éloigné davantage, cherchant toujours à recueillir quelque son de la langue qui m'a bercé. L'année ne s'est pas encore écoulée. Sont-ce des siècles qui me séparent de vous ? Les choses ont-elles changé de nom ? Je vous ai vu sourire, quand naguère, je vous parlais de Liberté.

A ce mot, tous se bouchèrent les oreilles, comme s'il leur eût été insupportable, soit qu'il leur rappelât un crime, soit qu'il leur fût devenu odieux, soit qu'ils craignissent qu'un gardien les surprît à écouter, et ils retombèrent dans l'insensibilité, et ils parurent changés en blocs de pierre ; et on eût dit une de ces campagnes désertes où nos ancêtres ont dressé des multitudes de pierres qui blanchissent dans la nuit.

Une seule figure restait debout, plus pâle que toutes les autres. Je la reconnus bientôt et je lui dis : Toi aussi, as-tu oublié ma langue et ne me reconnais-tu pas ?

Et celle-là me dit en pleurant ! Moi, je te reconnais ! Je sais qui tu es. Je connais aussi la justice, et l'espérance, et l'avenir. Mais moi je suis morte.

VIII

OÙ EST LA FRANCE ?

Je leur demandai encore : N'y a-t-il plus de France ? Montrez-moi seulement la terre qui fleurissait et je n e vous interrogerai pas davantage.

Où est la France ? criais-je de nouveau.

Je ne sens plus le parfum de ses champs. Comment s'est-il exhalé ? La terre aussi a-t-elle perdu sa beauté ?

A cette question, nul ne répondit, tous restèrent immobiles.

IX

DÉPART D'UN PROSCRIT

Exilé, je vais revoir ton pays. Qui saluerai-je de ta part?

— Tu salueras les pierres de deux tombeaux.

— A qui porterai-je encore les paroles de ton cœur blessé?

— Porte, si tu le veux, une parole de regret ou d'adieu aux belles statues de marbre, à quelques immortels dont je n'ai pu prendre congé.

— Qui trouverai-je?

— La Vénus de Milo, la Diane chasseresse, le Saint-Jean de Léonard, la Vierge au voile de Raphaël et les convives de Véronèse.

Dis-leur que mes yeux se tournent souvent vers eux, que je les cherche et les appelle. Ils accueilleront ton message, car ils savent que je les ai adorés quand je pouvais me réchauffer à leur soleil.

Dis-leur aussi que je sens le mal du pays, mais

seulement quand je pense à la région de beauté qu'ils habitent et vers laquelle j'aspire.

Parle-leur de mon culte. La pierre t'entendra, et la toile respirera à ton souffle.

— Est-ce tout ?

— Dis-leur encore que je les vois s'embellir chaque jour, pendant que la foule esclave s'enlaidit à leurs pieds, suivie d'une postérité plus rampante, plus difforme encore.

— Et que dirai-je aux hommes ?

— Il n'y a rien à leur dire. Ils sont sourds.

X

QUE DISENT-ILS?

Je les entendais qui murmuraient; leurs voix étaient éteintes et ils disaient : Pensée, esprit humain, dignité morale, qu'est-ce que ceci? Cela ne nous regarde pas. C'est l'affaire des bourgeois.

— Que disent-ils encore?

— Conscience, honneur, vérité, nous n'entendrons plus ce verbiage qui nous empêchait de dormir.

— Ceux que j'aimais, que font-ils?

— Ils te renient.

— Et les autres?

— Beaucoup se réjouissent de ton exil.

— Tous sont contre moi!

France, tu me refuses ma place au milieu de tes trente-six millions d'esclaves! Je t'en remercie.

— Tu étais exilé quand tu étais parmi eux. A quelle heure n'as-tu pas lutté? Dis-moi un jour sans combat. L'air moral te manquait.

— J'ai trop vu, trop senti, trop aimé, trop haï.

XI

LE REFUGE

Je suppose qu'une nation allât froidement, sciemment au déshonneur. Chacun de ses membres est-il tenu de la suivre dans cette voie? Il doit y avoir pour l'individu un refuge qui l'empêche d'être confondu dans la prostitution de la masse.

Chez les anciens, ce refuge était le suicide. Les modernes n'admettant pas ce recours, il doit y en avoir un autre.

Quel est-il?

Je comprends la mort de Brutus, de Caton et de ses amis. Ils ont voulu ne pas partager le déshonneur de toute leur race. Aujourd'hui, où se retireraient-ils? La mort était leur divorce avec une nation méprisable. Ils ont voulu ne pas être abîmés dans le mépris universel (1).

(1) 1852.

XII

LE COMBAT DU PROSCRIT

Il y a différentes manières de combattre. Le proscrit combat le jour et la nuit, sans un instant de relâche. Il combat parce qu'il respire. Il combat dans la vie et dans la mort. Il combat par sa vie errante, par ses soucis, par sa misère et celle des siens, par sa ruine, par son tombeau. Vivant ou mort il est attaché comme le châtiment au proscripteur. Son existence est la protestation contre le crime. Aussi longtemps que dure le souvenir du proscrit (et, quoi qu'on fasse, rien ne peut l'effacer), le proscripteur est au ban de l'éternelle justice.

XIII

VERTU DU CHATIMENT

Il constate le crime. Il l'empêche de vieillir. Il le grave dans la mémoire. Sans le châtiment, le crime est oublié. On commence par l'oublier, on finit par le nier. Repassez en idée tous les crimes qui n'ont pas été punis; le souvenir en est effacé.

Je ne sais si les abolitionnistes de la peine de mort ont réfléchi à ceci.

Otez la peine de mort, bientôt on ne croira plus au meurtre. Peut-être en cessant d'y croire le réputera-t-on impossible.

Le châtiment rafraîchit la mémoire du sang versé.

XIV

CE QUI SOUTIENT LES BANNIS

> Immotus his et paullulum in publico versatus, post domi secretus animum adversum suprema firmabat.
> (TACITE, *Annales*, lib. xx, c. 59.)

Le Deux Décembre, excellent commentaire de Tacite. Nous savons maintenant pourquoi tant d'honnêtes gens, et des gens de cœur, ont accepté avec une si extraordinaire résignation l'emprisonnement, l'exil, la mort. *Paullulum in publico versatus*. Ils avaient vu l'indifférence ou la lâcheté du peuple, ils savaient que les masses étaient complices du crime, au moins par l'inertie. Ils avaient entendu, sur les places publiques, le mot de la foule servile, que moi aussi j'ai entendu : *Voilà qui est parlé chicard!* (1) Après avoir parcouru la ville et tâté le peuple, ils rentraient dans leurs maisons et y attendaient le tribun qui leur appor-

---

(1) Réponse faite à une allocution d'Edgar Quinet, le matin du 2 décembre, dans un attroupement autour des proclamations du Coup d'État : « Vous avez beau dire, Monsieur, voilà qui est parlé chicard! Et maintenant, nous ferons tout ce que nous voudrons. » (*Note de l'Éditeur.*)

tait le bannissement ou le conseil de mourir. Point de révoltes, point de tentatives de résistance. La base manquait à leurs efforts. Ils se sentaient impuissants par l'impuissance générale. Ils s'ouvraient les veines, ils achevaient de vivre plutôt qu'ils ne se sentaient mourir. Quand arrivait le tribun ou le centurion, il y avait longtemps que le coup avait été frappé au cœur. Le corps seul subsistait encore.

Quelle vie restait à Thraséas, Sénèque et tant de personnages consulaires, débris du parti républicain? Il y avait de longues années que ces hommes avaient goûté la mort, quand venait l'ordre de mourir. Ils avaient cessé d'espérer. Une piqûre à une veine et un bain tiède faisaient disparaître sans bruit, sans éclat, le peu qui restait d'eux-mêmes. Depuis longtemps morts à toute espérance, à toute vie publique, ils s'évanouissaient; le sang de leurs veines coulait comme l'eau, et ils ne le sentaient plus couler.

Tel était frappé sous Néron, sous Tibère, qui avait cessé de vivre sous Auguste.

Pourquoi, dans des circonstances semblables, n'y a-t-il pas de suicides parmi nous? Le prince n'est-il pas aussi odieux? le peuple aussi indifférent? l'avenir aussi pesant? De tant d'exilés, déportés, transportés, pas un n'a renoncé volontairement à la vie. Qu'est-ce qui soutient ces bannis?

Est-ce l'espérance qui subsiste encore ? Sans doute.

Chose extraordinaire ! dans une situation où les Romains embrassaient la mort comme le seul refuge, il ne s'est pas trouvé parmi nous un seul exemple de mort volontaire.

Les Romains savaient que le bras du prince les atteindrait partout, qu'aucune retraite, aucun rocher ne les mettrait à l'abri de sa cruauté. De plus, ils voyaient la complaisance du peuple pour la tyrannie ; et c'est là ce qui leur ôtait tout désir de survivre. Soit illusion, soit conscience de l'avenir, les nôtres conservent l'espoir d'un retour de la fortune. Voilà pourquoi ils vivent.

L'avenir montrera si cet excès de patience a été torpeur ou sagesse.

XV

LE BARBARE. L'ESCLAVE

Ce sont des systèmes très différents que ceux qui servent à civiliser des barbares ou à émanciper des esclaves.

La première chose pour celui qui prétend au titre de rénovateur est de savoir s'il a affaire à des barbares ou à des esclaves. Et s'il se trompe dans ce premier jugement, il est hors de doute qu'il se trompera plus encore dans les conséquences et les résolutions qu'il voudra en déduire.

S'il applique aux barbares ce qui concerne l'esclave ou à l'esclave ce qui concerne le barbare, il ne peut que tomber de méprise en méprise, c'est-à-dire d'impuissance en impuissance.

Il s'ensuit que rien n'est plus nécessaire que de marquer les caractères de l'un et de l'autre.

Le barbare : liberté, horreur de la servitude, ignorance de la civilisation, individualité, ambition de dominer, orgueil de la race.

L'esclave : vanité, égalité dans la servitude. Pécule, salaire, là est le monde de l'esclave. Il n'en entrevoit pas d'autre. Il est cosmopolite. Une vieille civilisation pèse sur lui. Liberté, esprit humain, dignité morale, indépendance individuelle, affaire du patron ou du bourgeois.

Il me semble que les hommes sur lesquels vous prétendez agir peuvent toujours être ramenés dans l'une ou l'autre de ces catégories. Ou ce sont des barbares ou ce sont des esclaves, soit qu'ils portent en effet ces noms, soit qu'ils tiennent plus de la nature des uns ou de la nature des autres.

Tout se réduit toujours à les arracher d'une sorte de barbarie ou d'une sorte d'esclavage.

Quelquefois la barbarie et l'esclavage sont mêlés, mais il y a toujours un caractère qui domine et sans lequel vous n'avez sur eux aucune prise solide.

Le temps, les sociétés changent, ces grandes classifications subsistent.

XVI

A WATERLOO

Bruxelles, 18 juin 1852.

Il y a aujourd'hui trente-sept ans de la bataille de Waterloo. Quand je visitai ce champ de bataille, en 1836, je composais le poème de Napoléon. Je me retrouve aujourd'hui dans le voisinage, mais c'est l'exil qui m'y ramène, et je dois cet exil à M. Louis Napoléon. J'ai célébré le proscrit de Sainte-Hélène, et son neveu m'en récompense par la proscription.

Mais avec moi sont proscrites aussi toutes les idées pour lesquelles les Français combattaient à Waterloo. Ils y représentaient l'espoir, la liberté des peuples, le réveil des nationalités, l'indépendance de l'esprit humain, en un mot, la Révolution française, et ils avaient pour ennemis tous les ennemis de la Révolution.

Aujourd'hui ces prétendus aigles de bois, que couvrent-ils? L'alliance avec les rois, avec le czar, avec le pape, le jésuitisme et l'anéantissement de toute liberté, de toute dignité humaine, la Sainte-Alliance en capote grise.

Il est donc bien vrai que cette journée a été le tombeau de la France, puisque depuis ce moment la vie nationale a été entamée, faussée.

L'âme du pays est ensevelie, et nous n'avons vu que de rapides et courts efforts pour la relever, tous suivis d'une chute plus profonde. *Come un corpo morto cade.*

1830-1848. Une fois trois jours. Une autre fois un jour. Et aussitôt après la chute recommence le lendemain.

J'ai revu Waterloo (1). Que pensent les morts, de ce qui se fait aujourd'hui en leur nom ? Ce grand *Campo Santo* devient de plus en plus funèbre et néfaste. Le *Sauve qui peut* dure encore.

L'expérience a montré que la victoire, aussi bien que la défaite, eût donné aux Français la servitude, tant il est vrai qu'elle était déjà au fond des choses.

L'ombre de Napoléon est sortie de sa tombe pour consacrer Waterloo et sceller les traités de 1815.

(1) 16 mai 1853.

XVII

DESPOTISME OU RÉPUBLIQUE ?

Système de M. Louis Bonaparte. Le résumé de tous les régimes précédents : la bigoterie de la Restauration ; la vénalité, le veau d'or de la branche cadette. Où veulent aller les Français dans cette progression de vices ?

Pourquoi l'Europe aime et admire Louis Bonaparte ? Parce qu'il est le premier, le seul qui ait réconcilié le peuple et la contre-révolution, parce qu'il a rendu le peuple complice de la servitude.

Désormais deux choses seules possibles en France : ou le despotisme ou la république. Il est évident que toute monarchie tempérée qui accorderait la liberté de discussion périrait par cette liberté même.

Le Bonapartisme, en faisant de la tyrannie, est conforme à sa tradition, fidèle à lui-même. Mais le Libéralisme, jésuite !

Certains libéraux sous la République ont reçu leur vrai nom du grand Corneille dans cet hémistiche prophétique de la *Médée* imitée de Sénèque :

Canailles infidèles !

Les républiques catholiques commencent par crever les yeux au peuple. Après quoi elles lui disent : Maintenant, marche devant moi. Je te suis ; sois mon guide. ***Duca mio !***

L'infamie de ces assemblées servira dans l'avenir d'excuse à la servitude volontaire. On aimera mieux se réfugier dans les franches tyrannies, plutôt que de rester dans les tyrannies menteuses.

Quand les peuples passent d'une servitude dissimulée, frauduleuse, à une servilité ouverte, ils ont une première source de joie ; c'est comme s'ils embrassaient la liberté même, tant la vérité leur plaît, même dans le mal.

Les peuples sont longtemps retenus par une certaine pudeur au bord de la servitude, mais quand cette borne morale est franchie et qu'ils se voient démasqués avec tous leurs vices, il est à craindre qu'ils ne mettent du cynisme dans leur abaissement.

Les libéraux ont bien voulu continuer de nos jours leur mission d'enseignement en se chargeant de confirmer toutes ces idées. Ils ont montré que, lorsque le mensonge religieux est dans le cœur d'un peuple, rien n'est plus aisé que d'y faire entrer à la suite tous les mensonges. Ils ont fait voir comment, sous une surface brillante et légère, peut être conservé intact dans les masses le génie de l'esclave ; comment, sous les lumières de quelques-uns, peuvent être tenus en réserve des abîmes de ténèbres et de honte, et comment la gloire même peut cacher l'infamie.

Il est étrange de se figurer qu'on n'est esclave d'un autre que lorsqu'il a payé et acquitté les cinquante ou cent mines que vous estimez être votre valeur. Hélas ! la pire des servitudes est celle que l'on ne sent pas.

Vanité dans l'opprobre ! « Nous reprendrons la liberté quand nous voudrons. »

Pourvu que tout ceci ne finisse pas par quelque ignoble parodie de Waterloo (1).

(1) Écrit dix-huit ans avant Sedan. (*Note de l'Éditeur.*)

XVIII

A QUOI S'INTÉRESSENT-ILS ?

Chaque jour je suis plus frappé de la difficulté d'écrire avec vérité dans une langue trop de fois déshonorée par le mensonge public et officiel. Tacite déjà se servait d'un instrument dégradé. Il a été obligé de le forcer souvent. Et nous !...

La langue française n'est-elle pas lasse, repue, de tant d'injures qu'elle profère par des milliers de bouches et de plumes ?

Les mots les plus sacrés ne sont plus qu'une sorte d'argot de police, ils ne rendent plus de son. Il devient difficile d'être sérieux dans cette langue.

Les seuls mots qui y ont conservé toute leur valeur sont ceux qui désignent les intérêts grossiers et animaux. Peut-être même la langue s'est-elle enrichie dans toute cette partie basse et honteuse, mais elle devient de plus en plus muette quand c'est l'âme qui doit parler. Combien peu les écrivains de notre temps ont fait verser de larmes ! Combien moins encore en feront verser ceux qui viendront après nous ! Le mensonge a trop parlé sur cet instrument. Il râle. Probablement ceux qui viendront après nous le forceront encore pour en tirer quelques sons ; mais l'âme, l'esprit s'en retirent à vue d'œil. On croit suppléer par le matériel à l'esprit qui s'en va. Le vocabulaire augmente, les tours s'appauvrissent, le souffle intérieur disparaît.

La langue de nos jours respire la ruse, comme au moyen âge la naïveté. L'écrivain semble toujours avisé, double, hypocrite même. C'est l'instrument qui donne le timbre.

Des esprits très déliés, des âmes communes.

Il n'est pas de langue où il y ait, comme en français, autant de phrases toutes faites pour paraître *habile*. Que n'en compose-t-on un dictionnaire ? Phrases aiguës, découpées, petits poignards ingénieux.

Je commence à craindre que cet instrument même soit empoisonné. Tout homme en France, grâce à ce dictionnaire, pourrait être un homme habile.

Quel est le devoir de l'écrivain dans une époque de décadence ? L'heure de la décadence a-t-elle irrévocablement sonné ?

Y a-t-il encore des lecteurs ? S'il y en a, quelles sont les impressions dont ils sont capables ? S'amuser ? Est-ce là tout ce qu'ils veulent ? Mais pourquoi se donner la peine de les divertir ?

Les amuser ! Sommes-nous vraiment faits pour remplir ce rôle ? Si la poésie n'est plus qu'un amusement, quel droit pouvons-nous avoir à divertir le monde ? Nous ne sommes pas des objets divertissants, il faut bien le reconnaître.

Les hommes s'entendent de nos jours pour se disculper tous de la prétention de penser. Quoi donc ? Avoir une idée ! Une conception ! Quelle calomnie ! Et ils ont beau jeu pour le prouver.

On se fatiguerait inutilement à vouloir mesurer l'indifférence des gens du monde pour les sentiments sérieux.

Leur argument : La France est contente... Nous ne pouvons blâmer cela...

Et le droit ? Et la justice ? Et l'humanité ?

Situation nouvelle de l'écrivain. A qui s'adresser ? Où est le point sensible ? Dans le peuple ? Dans les *hautes classes ?* Ils applaudissent également au renversement du droit : le peuple, parce qu'il ne le connaît pas ; les hautes classes, parce qu'elles en ont peur.

Écrire dans un tombeau, le tombeau de la Patrie !... Nos paroles sont scellées. Nul ne les lit, nul ne les répète, et pourtant elles vivent !

Que pouvons-nous faire pour cette langue, nous qui n'écrivons guère une ligne sans qu'on nous dispute notre asile et qu'on nous expulse de pays en pays, jusqu'à ce qu'il ne nous reste plus où mettre le pied sur le continent?

Heureux les exilés du seizième siècle, d'Aubigné, Calvin, Marot, Descartes, Bayle !

Nous laissera-t-on au moins suspendre nos pauvres harpes brisées aux branches des saules, *super flumina ?* Et cela aussi nous sera-t-il imputé à crime ?

Bruxelles, jour de Pâques 1852.

XIX

COMMENT NOUS ENTENDONS L'HISTOIRE

Étrange manière qu'ont les Français de juger l'histoire universelle et surtout l'antiquité, par la manie et le vice du moment! Il y a un demi-siècle, l'antiquité héroïque était la seule dont on entendît parler. Depuis la Restauration, il n'a plus été permis d'écrire que sur le moyen âge. Frédégonde et Brunehaut, voilà l'âge d'or. Aujourd'hui nous n'admettons que l'époque des douze Césars; le reste est abandonné aux têtes folles. La République romaine n'est plus qu'une orgie. Quant à la démocratie athénienne, elle ne commence à trouver grâce qu'à partir de la domination des généraux d'Alexandre. Avant eux ce n'était qu'anarchie, délire de mauvaises passions.

Pour Socrate, le mal a commencé avec lui.

On nous enseigne que Démosthènes était un esprit faux, de ne pas vouloir qu'Athènes fût une préfecture de la Macédoine.

N'avoir pas compris que la grande politique était de vendre son pays!

Le beau temps, c'était de Caligula à Commode et Héliogabale. Le plus libéral fut encore ce Caracalla, qui donnait le suffrage universel à presque tout le monde connu. Il est vrai que c'était le droit de se faire esclave, de se vendre.

Voilà comment nous entendons l'histoire.

Aujourd'hui la langue ment, pour ainsi dire, toute seule.

« Petits esprits, faux, étroits, Démosthène tout le premier.

« Démosthène donne de grandes marques de faiblesse pendant son exil, qu'il passe tantôt à Égine, tantôt à Trézène. Ses regards ne se portaient jamais sur l'Attique que ses yeux ne se remplissent de larmes. »

Ne pourrions-nous pas laisser cette noble antiquité en dehors de nos laideurs ? Mais notre vanité est telle que lorsque nous nous sentons flétris, nous voudrions flétrir l'univers. Grâce, au moins pour ces beaux marbres ! Jusqu'à nous, on avait toujours respecté deux choses, les enfants et l'antiquité. Dans les temps les plus dépravés, quelle vénération l'Italie avait gardé pour son *alma parens !* Pourquoi souiller de nos vices mesquins et monstrueux tout ensemble, les sources antiques où le monde s'est renouvelé jusqu'à ce jour ? Laissons en paix les marbres de Paros !

XX

UN FANATISME NOUVEAU, SANS FOI

Je vous trouve plaisant de m'accuser de ne plus croire. Vous me plaignez, comme si c'était là une infirmité ; et après m'avoir plaint, vous me condamnez, comme si c'était un crime. Je suis, dites-vous, un sceptique, un libertin, un impie, parce que je ne crois pas en Jupiter, en la bonne déesse, ni au bœuf Apis. De ma condamnation vous passez à celle du siècle. Vous déclarez qu'il est perdu, car il n'a plus de piété pour Sérapis, pour Hercule.

Mais n'est-ce pas la faute des dieux, si les hommes ont perdu la piété ?

Pourquoi m'ont-ils laissé voir les absurdités de l'Olympe ? Quoi ! parce que les absurdités sont palpables, je suis un malheureux de ne plus les vénérer ? Vous m'annoncez que je resterai sans repos, aussi longtemps que je n'inclinerai pas ma raison devant les douze dieux ?

La pierre philosophale de notre temps : accord du dogme et de la philosophie.

La Belgique, aux trois quarts hérétique au seizième siècle, n'a pu être ramenée à notre divine religion que par la force sanctifiante du fer, du feu, de la corde et de la fosse. Quand on eut noyé dans le sang tout ce qui prétendait avoir une pensée, que les hiboux peuplèrent les villes et que les hommes en eurent disparu, ce fut bien force à l'hérésie de se taire et de s'humilier aux pieds de notre auguste orthodoxie.

Comment l'homme a-t-il pu revenir à la légende dorée? Est-ce une chute, un dégoût, un accès d'humeur contre le bon sens? Est-ce peur? Tous ces beaux fils qui maudissent la raison !

Quel effort immense pour rétrécir le cerveau, le déformer!

Comment, après avoir ébloui et gouverné le monde, l'esprit français, d'hypocrisies en hypocrisies, en est-il venu à se traîner à plat ventre devant toutes les momeries d'Égypte?

Dernière phase des religions. On ne dit plus le Christianisme, mais le Catholicisme. Non plus Dieu, mais le Pape. Qu'est-ce en somme? *La haine divinisée* de la Révolution française. Dans cette nouvelle théologie fanatique, je retrouve toujours la *peur divinisée* de la Révolution.

Comme le monde fatigué, usé se jette dans la servitude politique, il se jette de même dans la servilité religieuse.

La France rentre dans le système des peuples du midi de l'Europe et de l'Amérique : Espagnols, Napolitains, Italiens de la décadence.

Frères, il faut mourir !

Hommes qui n'ont plus la foi et qui pourtant ont gardé le tempérament du fanatisme.

Jusqu'à présent l'esprit a commencé à souffler sur les eaux, avant qu'il en sortît un monde. Aujourd'hui nous avons l'air d'attendre une création qui sorte du néant, sans que l'esprit ni le corps s'en mêlent.

Depuis l'évanouissement de l'esprit français, le monde marche-t-il à cette affreuse simplification annoncée par les poëtes : une Europe russe, un continent américain resté libre ?

Épreuve. L'esprit achèvera de mourir sans phrases, ou il renaîtra dans sa magnificence première.

XXI

UN DES SIGNES DE CE TEMPS (1)

Un inconnu vous parle ; son langage est bas, vil, abject, immonde, lâche, ignoble. Vous êtes sûr qu'il dit vrai. La pensée ne vous vient pas de le soupçonner de jouer un rôle.

Un autre inconnu vous parle ; son langage est élevé, noble, courageux, celui d'un honnête homme, et d'un homme de cœur. Aussitôt, malgré que vous fassiez, vous le soupçonnez de mentir. Il sort de la règle, de la mesure commune ; rien de ce qu'il vous dit ne vous semble naturel. Il parle honnêtement, dignement. Donc il ment. Cette conséquence vous la murmurez tout bas, en vous-mêmes.

Voilà le temps où nous sommes. Une parole droite, forte dans le bien, cela sort de l'ordre naturel, cela dément tout ce que nous voyons, entendons ; la surprise est trop grande. Un tel imprévu, un semblable miracle nous déconcertent. Nous ne saurions y croire, même quand nos oreilles et nos yeux sont nos témoins. Nous aimons mieux mettre

(1) 1852.

l'homme de bien, un pareil monstre, *rara avis*, sur le compte de la duperie.

Ce sera un parasite, un espion, un provocateur, tout ce que l'on voudra ! Mais un homme de cœur, oh ! non ! Nous n'avons plus l'esprit assez faible pour y croire, non plus qu'aux revenants.

XXII

DERNIER REMÈDE

On me dit que cette fange est nécessaire, que c'est là un progrès, que de cette pourriture naîtra un monde. Je le veux bien. Mais permettez-moi de n'avoir rien de commun avec cette création dans la fange. Je suis un homme du passé, déclassé. Tant d'ignominie me surpasse. Je ne saurais y atteindre.

Quelle immense accumulation de métaphysique, pour expliquer un acte de bassesse ! Comme si la servilité était une chose inconnue sur la terre !

Mais on veut être vil *d'une manière unique*, qui n'appartienne à personne. Vous me parlez des entités, des catégories, pour m'expliquer le Deux Décembre !

Eh ! que ne me dites-vous : J'avais une âme de valet et je me prosternai naturellement dans l'antichambre.

Tout le monde comprend ce langage.

Relever le peuple sans aucun effort moral, sans aucune vertu, hélas ! je comprends trop, je connais trop ce langage ! Il y a trois ou quatre siècles qu'on l'a tenu à d'autres cadavres.

Si ce pays veut périr, pourquoi les autres le suivraient-ils dans le suicide ? Le temps est venu où la plus simple probité nous oblige de dire aux autres : Sauvez-vous sans nous.

N'attendez pas de revivre par nous, qui avons pris goût à la mort.

Ne poussez pas l'imitation, la contre-façon jusqu'à contrefaire nos opprobres.

Pour se sauver du déluge de boue, il faudrait gravir le mont Ararat de la justice, le pic le plus escarpé du Droit et de la Vérité.

Dernier remède pour un peuple dégradé : Reconnaître et confesser son infamie.

XXIII

LE MAL DU PAYS

Bonne situation d'un homme dans l'exil, s'il vit dans une époque corrompue. Peu d'estime pour ceux qui acceptent de vivre dans l'injustice et par l'injustice. Ils ne peuvent lui refuser leur estime et il n'en a nul besoin. Peu soucieux de leur plaire, il ne fait rien pour cela. Retranché des vivants, il est obligé de vivre en pensée avec ceux qui ne sont plus ou avec ceux qui seront plus tard. Il cherche le vrai, le beau, indépendamment de ce qui plaît à des générations d'esclaves? Il a dans sa pensée la joie et le calme du sépulcre.

Faut-il en effet entrer dans la froide demeure des ténèbres? Moi aussi j'aimerais la vie et la chaleur des soleils renaissants! Je me retourne vers la lumière et je repousse avec horreur la pensée de l'irrévocable nuit.

Il est des temps où l'exil est salutaire.

A mesure que la patrie se dissout, l'exil est moins douloureux.

Il est trop cruel de voir de ses yeux ceux que

l'on a aimés et de ne plus reconnaître en eux le cœur qui vous aimait. Mieux vaut vivre loin d'eux.

Mourir sur la terre étrangère, plutôt que de voir de mes yeux l'abjection de mon pays !

Puis-je concevoir ce que j'éprouverais en entendant la musique d'un régiment français ? Les arts, mis au service de l'opprobre, sont une sorte de défi à ce qu'il y a de plus intime et de plus secret dans le fond de votre être.

O mon cher pays, qui t'a aimé plus que moi ! Et pourtant je ne désire pas te revoir. Tu as été pour moi une mère sévère ; je n'ai jamais connu tes caresses. De tous tes fils, j'étais un de ceux pour lesquels tu avais le moins de sympathie naturelle.

Tu as été juste pour moi, sans doute, mais tu ne m'as jamais souri.

XXIV

LA MER DU NORD

Ils n'ont pu m'enchaîner dans le froid hiver. Voici le printemps ! Il me reconnaît encore et me sourit.

Nous marchions au bord de la mer, sur une plage unie, où ne s'apercevait aucun vestige de pas d'hommes.

Nous nous entretenions de ce qu'il y a de plus intime dans les espérances humaines.

Le roulement continu des flots accompagnait nos paroles, et quelquefois une vague, partie de la haute-mer, se brisait à nos pieds et semblait nous dire : Je suis témoin entre le ciel et vous !

Mouvement éternel de la vie dans la nature morte ! Rhythme sacré des éléments, pulsation de l'infini visible !

Une vague se forme au loin dans le sein de l'Océan ; elle s'amoncelle, elle arrive, elle se répand sur la plage avec une multitude de coquillages, d'herbes marines et de débris d'anciens naufrages. A peine cette vague a-t-elle touché le bord, elle se retire, en emportant tout ce qu'elle avait montré au soleil ; et la terre semble plus aride et plus stérile qu'auparavant.

Voyez, une troisième fois la vague est revenue ; elle a roulé de nouveau les trésors arrachés aux abîmes ; et le sol qu'elle a conquis devient pour jamais le domaine de l'Océan. Lui seul y règne ; personne n'essaiera de l'en déposséder.

Ainsi du flux et du reflux des choses humaines.

Toi qui regardes du haut de la grève, et qui vois le flot se retirer, tu te désoles de ne plus trouver qu'un sable aride à la place des espérances nées de l'écume. Esprit immortel, attends encore un jour, une année, un siècle sur la rive. Le flot te rendra au centuple ce qu'il t'a enlevé.

Blankenberg (Flandre-Orientale), 31 juillet 1852.

LE DROIT D'ASILE

(1858)

LE DROIT D'ASILE

(1858)

Le congrès de la propriété littéraire (1) peut rendre de véritables services aux écrivains, et, par eux, à l'intelligence, à la société; mais il conduirait à des résultats tout contraires, dans un cas spécial sur lequel je veux appeler votre attention. Ce cas serait celui où, concentrant vos travaux sur la question fiscale, vous laisseriez dans l'ombre, comme un hors-d'œuvre, d'autres questions qui seules peuvent l'éclairer et la résoudre.

Je suppose que vous ayez garanti, par les plus sages dispositions, la propriété de l'écrivain; je dis que vous n'aurez rien fait pour lui, et même que vous pourriez aggraver sa condition et la rendre intolérable, si vous borniez votre examen à ses seuls intérêts matériels.

---

(1) Le congrès international de la propriété littéraire s'était réuni à Bruxelles en septembre 1858. Edgar Quinet, agrandissant le débat, invoqua le Droit d'Asile pour les écrivains proscrits, sans cesse menacés d'expulsion.
Sa protestation ne put être publiée. (*Note de l'Éditeur.*)

En effet, de tous les sujets de discussion, la propriété littéraire est celui qui montre avec la plus grande évidence la vérité suivante : autant l'économie politique est un instrument admirable quand on l'unit à d'autres éléments, autant il peut être fécond en désastres quand on le sépare des lois de l'ordre moral.

Quoi que vous puissiez faire, imaginer, pour étendre, développer, agrandir la vie littéraire, intellectuelle, vous n'échapperez pas à cette question, sans laquelle les autres ne sont vraiment qu'un leurre. L'écrivain peut-il écrire ? Le penseur peut-il penser ? Y a-t-il pour lui en Europe un point, un refuge assuré, où il puisse se recueillir et produire avec sécurité ? Si, au contraire, cela n'est pas, si cette nouveauté tend à s'établir en Europe, que l'écrivain rejeté, proscrit d'un lieu, l'est en même temps de tous les autres; si aucune garantie ne le couvre là où il se réfugie ; s'il est à la discrétion de quiconque veut le rejeter encore ; si le continent le repousse ; si la terre lui manque sous les pieds; s'il n'est pas sûr d'un seul jour, de se retrouver à la même place le lendemain; si l'ancien droit d'asile immémorial tend à s'effacer; si, en un mot, il lui devient impossible de vivre, comment pensera-t-il ? S'il ne peut penser, comment produira-t-il ? Et s'il ne peut produire que lui servent les lois, sans doute excellentes, que vous allez préparer sur la production intellectuelle?

Toutes ces choses se lient d'une manière indissoluble. N'espérez pas les désunir.

Vous savez comment, dans le passé et même dans les temps considérés comme nés de la barbarie, la production littéraire a pu s'accroître malgré les incidents et les bouleversements politiques. Le droit d'asile était tenu alors pour sérieux, et il réparait au profit de l'humanité les injustices locales. Dante, proscrit de Florence, avait l'Italie et le monde pour refuge assuré. Au seizième siècle, la Saint-Barthélemy elle-même ne put interrompre la vie littéraire, morale, intellectuelle de l'Europe; car ceux qui échappèrent à cette journée, se trouvèrent en sûreté dès qu'ils eurent mis le pied sur une terre étrangère. Ils écrivirent à Bâle, à Zurich, à Heidelberg, ce qu'ils ne pouvaient plus écrire dans leur pays. Sous le coup saignant de la Saint-Barthélemy, les lettres continuèrent de vivre comme en pleine paix. Même hospitalité au dix-septième siècle. Les deux ou trois cent mille proscrits de Louis XIV se sentirent libres dès qu'ils eurent échappé à sa main.

Bayle suivit le chemin de Descartes, et il continua en pleine sécurité dans les Pays-Bas ce qu'il avait commencé en France. Avant lui, les Espagnols proscrits par Philippe II avaient été recueillis en France et y étaient restés inviolables. Au dix-huitième siècle, le droit sacré d'asile fut encore augmenté. Voltaire, exilé, put rester au seuil de la France, et l'idée ne vint à personne qu'il pût en être expulsé ou arraché. Frédéric offrait un asile à Jean-Jacques Rousseau. Bruxelles avait déjà recueilli Jean-Baptiste et n'avait pas songé à l'interner.

Voilà comment, dans les temps qui nous ont précédés, la vie intellectuelle de l'Europe a pu continuer, sans dommage, en dépit des violences des politiques et des proscriptions. L'écrivain, le poëte, le penseur, rejeté de son pays par la violence, trouvait l'Europe et l'humanité pour l'accueillir. Il gardait la sérénité nécessaire aux travaux de l'esprit; car le monde entier semblait veiller sur lui; chacun se disait que la main du pouvoir étranger ne devait pas s'étendre sur lui par delà les frontières.

Il retrouvait un toit, un foyer, d'où il ne craignait pas d'être chassé; si son pays lui était fermé, l'humanité, ou du moins l'Europe, lui était ouverte. Dans son adversité, son esprit pouvait grandir encore.

Au lieu de cette assurance, de ce terrain ferme d'une hospitalité inviolée, si Dante, si les proscrits du seizième siècle, si Robert Languet, si Descartes (et pour mêler les petits aux grands),

Giordano Bruno, Campanella, Saint-Evremont, Bayle, Jurieu, Antonio Perez, J.-B. Rousseau, Jean-Jacques, Voltaire, eussent été rejetés de frontières en frontières, s'ils eussent senti à chaque pas que le sol manquait sous leurs pieds, s'ils n'eussent pas eu une seule heure assurée, si aucune garantie légale, aucune tradition, ne les eût protégés et couverts, si, à la place de la loi, l'usage au moins, le respect humain, ne les eût défendus, s'ils eussent été abandonnés à une tempête sans trêve, est-il bien sûr que, dans cette instabilité, ils eussent trouvé le repos, l'équilibre nécessaire pour produire de grandes choses?

Auriez-vous aujourd'hui leurs œuvres? Et que leur eût servi, je vous prie, de voir leur propriété littéraire assurée par des règlements parfaits, s'il leur eût été impossible de rien produire?

Sans doute, il peut y avoir des esprits doués d'une trempe extraordinaire, énergique (notre temps en a vu de ce nombre). Ceux-là, dans la situation que je viens de dépeindre, placés au ban de l'Europe, sans nul recours, ne sachant pas si l'air qu'ils respirent aujourd'hui ne leur sera pas refusé ce soir, ont su, dans une situation qui eût pu paraître accablante à d'autres, se recueillir, se posséder assez sur cette planche tremblante de l'abîme, pour produire des œuvres savantes, érudites ou inspirées.

4.

Cela s'est vu et se verra encore.

Mais qui peut compter sur de pareils efforts? Est-il bien sûr que tous les hommes dont j'ai prononcé les noms tout à l'heure en eussent été capables? Sans les offenser, il est permis d'en douter, au moins pour quelques-uns.

S'ils reparaissaient dans le monde, un grand changement les frapperait. Ces garanties qu'ils ont trouvées dans leur temps, ils ne les trouveraient plus dans le nôtre. Ce droit d'asile qui les a couverts, qui leur a permis d'être ce qu'ils furent, ils le chercheraient en vain : et qui sait si on ne leur ferait pas un crime de l'invoquer? Vainement ils seraient éloignés par l'exil du pouvoir qui le leur a infligé, l'exil ne les affranchirait pas. Ils trouveraient un autre exil dans l'exil. La main qui les a frappés s'étendrait sur eux à travers les frontières, les peuples, les gouvernements étrangers. Le même silence leur serait imposé. Car ce droit d'asile qui a fait si longtemps l'honneur de l'Europe disparaît chaque jour; bientôt il n'en restera plus aucune trace. C'est là le changement qui mérite plus que tout autre d'occuper les pensées des amis de l'humanité.

Le droit d'asile n'a plus de garantie. Être exilé d'un lieu, c'est être exilé de tous les autres. Perdre la cité, c'est être mis au ban de l'Europe entière. Voilà la nouveauté qui s'introduit chaque jour dans les faits, et par les faits, dans les mœurs, les usages; si bien, qu'une chose si monstrueuse semble déjà ne plus faire impression sur personne, ni sur celui qui la subit, ni sur celui qui la commande, ni sur celui qui n'en est que le témoin. Elle tend à changer non seulement le droit public européen, mais les mœurs, mais les âmes qu'elle a déjà remplies d'une dureté aveugle qui eût été incompréhensible à nos ancêtres. Pour nous en tenir à la question qui nous occupe, elle change surtout entièrement la condition de l'écrivain.

Rejeté de votre pays par un événement politique quelconque, j'ai dit que vous êtes rejeté de tous les autres; car suivant le droit nouveau, il ne suffit plus pour trouver une sûreté dans le naufrage de respecter les lois du pays où vous êtes ; il faut encore que vous ne déplaisiez à personne dans le monde. Si au loin, par delà les frontières, il y a une volonté, une seule, qui demande que vous soyez rejeté dans le gouffre, tenez pour certain que vous le serez, sans merci ni miséricorde. La main qui vous a frappé une fois, vous atteint, s'il lui plaît, au bout de l'Europe. Tous les rangs s'ouvrent avec complaisance pour lui faire place.

Dans cette condition toute nouvelle de l'écrivain, je demande à une assemblée d'hommes équitables, s'il n'y a rien autre chose à faire pour lui que de lui assurer sa propriété littéraire. Qui ne voit que si son âme ne lui appartient pas, c'est codifier la propriété littéraire du néant?

L'ouvrage est consacré, mais l'ouvrier devient impossible.

On assure la propriété littéraire, mais le littérateur est supprimé et avec lui la littérature.

Si l'écrivain n'a plus un point où il peut exister, la production n'est-elle pas impossible? Et vous lui assurez la propriété de cet impossible!

On voit par là qu'en isolant la question fiscale des lois de l'ordre moral, on arrive à un résultat monstrueux : un état parfait de la propriété intellectuelle et une situation absolument désespérée pour l'écrivain, pour le penseur.

On organise la richesse et l'on obtient le dernier terme de l'indigence littéraire. On réglemente la propriété intellectuelle, et l'on a pour résultat la ruine de l'esprit humain. On démontrerait à l'écrivain que nulle législation, dans aucun temps, ne lui a été plus favorable ; seulement il ne lui serait plus possible d'écrire.

On aurait ainsi garanti la production, mais on aurait anéanti le producteur avant même qu'il pût produire.

Il y aurait de très belles lois sur la vente des livres, mais il n'y aurait plus de livres possibles.

Il ne faut pas laisser usurper à notre siècle une facile renommée de justice, d'équité, de bonté morale, s'il ne fait rien pour la confirmer par ses actes. Cela ne manquerait pas d'arriver, en supposant que l'on s'accordât pour se taire sur les maux réels, cuisants, dont le spectacle n'échappe aux regards de personne. Je n'imaginerais rien de plus effrayant pour l'avenir que le libre concours d'un grand nombre d'honnêtes gens qui auraient pour but le progrès de l'espèce humaine, et qui, systématiquement ou complaisamment, garderaient le silence sur le fonds des choses, sur les cruautés et les barbaries de notre temps.

Ce silence, je l'avoue, me remplirait de crainte, non pour moi, mais pour l'avenir réservé à l'Europe, et il aggraverait immanquablement la situation que l'on prétend guérir. On aurait de nombreux congrès de bienfaisance par lesquels la conscience des meilleurs se croirait acquittée. Et comme dans ces assemblées pas une parole ne serait prononcée sur la plaie saignante, visible, de notre époque, les maux les plus réels passeraient bientôt pour chimériques. Les barbaries oubliées reparaîtraient sous la feinte civilisation de l'Europe. On glisserait vers les cruautés, les enlèvements d'hommes, les proscriptions des âges que l'on croyait ne plus revoir; et dans le même moment, on porterait aux cieux la douceur de notre siècle, ses lumières, ses progrès, sa mansuétude. Défiez-vous de la barbarie couverte par la rhétorique.

Il est certain du moins que l'on tirerait avantage de ces apparences contre quiconque oserait se plaindre. On démontrerait à l'écrivain que nulle législation, dans aucun temps, ne lui est plus favorable; seulement, il ne lui serait plus possible d'écrire.

Faut-il expliquer ceci par un exemple? Il est bien près de moi. Il y a eu un temps où tous mes ouvrages étaient contrefaits à l'étranger. Aujourd'hui cela est changé. Dira-t-on que j'y ai gagné quelque chose? Mettrai-je en balance le temps où je pouvais écrire et celui où je ne le peux plus? Où chaque parole est un motif de crainte, où la pensée, pour se faire jour, doit être détournée, torturée, enfermée, presque anéantie? Ma propriété, me dites-vous, est consacrée! Quelle raillerie! Reprenez ma propriété et rendez-moi ce que j'ai perdu, le droit de respirer et de vivre dans un pays quelconque, sous la garantie des lois.

Encore un coup, en quoi cela importe-t-il, si ma pensée, même la plus tempérée, ne peut plus se produire; si sur sept manuscrits, il y en a six qui ne peuvent voir le jour; si presque tous les sujets sont interdits; si, pour prendre le langage de l'économie politique, la matière même de l'ouvrage, je veux dire la dignité humaine, l'énergie morale, l'indépendance de l'esprit sont choses prohibées.

Là, vous dis-je, est la question. Et ce que j'avance pour moi, il n'est pas un écrivain qui ne le confirme pour son compte.

Car ici la matière de l'œuvre, c'est la pensée. L'instrument du travail, c'est la liberté garantie. Elle est aussi l'atelier ; que devient l'ouvrage quand l'atelier a disparu ?

Voulez-vous donc ne pas tomber dans les extrémités que je viens de montrer, ne séparez pas ce qui ne peut être séparé.

Si vous faites des vœux pour que la propriété littéraire soit respectée, faites-en aussi pour que l'écrivain le soit dans son existence, dans sa dignité, dans sa liberté morale. Vous voulez l'ouvrage, pensez donc aussi un peu à l'ouvrier.

Demandez, car vous le pouvez, qu'il ne soit pas rejeté de lieu en lieu, sans délit, sans recours, sans opposition.

Que si sa patrie lui est ôtée, qu'il trouve au moins un point solide à l'étranger, tant qu'il n'en violera pas les lois.

Qu'il ne suffise pas d'un mot, d'un caprice pour le repousser dans l'abîme.

Que le mot hideux d'expulsion, qui en ce moment déshonore l'Europe (et ce serait une terre maudite s'il n'était effacé !) ne soit pas ajouté arbitrairement à l'exil !

Que le droit international de proscription, ne

s'ajoute pas au droit international de propriété littéraire.

Que l'on ne se fasse pas un jeu de la vie de l'écrivain ; qu'on ne le rejette pas de frontières en frontières, comme un ballon gonflé !

Est-ce trop demander, que la sécurité, l'asile, l'hospitalité, l'humanité du seizième siècle, du dix-septième siècle ?

Vous êtes libres, vous pouvez parler ; dites ce qu'il ne m'est pas permis de dire, que l'esprit humain périt, si le droit d'asile est remplacé par le droit d'expulsion, si de pareilles choses continuent à se consommer sans qu'une seule voix s'élève contre elles.

Il ne s'agit pas là d'une question politique, locale, particulière, à laquelle vous devez naturellement rester étrangers. Il s'agit de la pensée même, sans laquelle la propriété littéraire ne peut être qu'un leurre. Il s'agit d'une cause générale, humaine, criante, qui vous enveloppe et que vous ne pouvez pas ne pas voir.

Au milieu de vos nobles rêves sur la félicité et l'humanité du dix-neuvième siècle, pardonnez-moi si je vous rappelle des plaies profondes, nouvelles. Ces barbaries ont été inconnues dans le passé qui n'a rien soupçonné de semblable.

Tâchons de ne pas les léguer à l'avenir.

On pourrait de cette question particulière s'élever à une plus générale et montrer comment, par le seul côté fiscal économique, il est impossible de résoudre les questions du monde social. Car, lorsque l'on croit avoir tout concilié, tout satisfait, l'offre, la demande, la marchandise, la matière, la production, le marché, on finit par trouver l'homme, la nature humaine dont on ne s'est pas occupé, et tout est à recommencer. Cette rencontre imprévue renverse le calcul.

PROTESTATION
CONTRE L'AMNISTIE
(30 AOUT 1859)

PROTESTATION
CONTRE L'AMNISTIE

(30 AOUT 1859)

Je ne suis ni un accusé, ni un condamné, je suis un proscrit. J'ai été arraché de mon pays par la force, pour être resté fidèle à la loi, au mandat que je tenais de mes concitoyens.

Ceux qui ont besoin d'être amnistiés, ce ne sont pas les défenseurs des lois; ce sont ceux qui les renversent. On n'amnistie pas le droit et la justice.

Je ne reconnais à personne le droit de me proscrire, de me rappeler à son gré dans mon pays, sauf à me proscrire encore. Je ne puis me prêter à ce jeu où se perd et s'avilit la nature humaine.

En rentrant aujourd'hui dans mon pays, je devrais renoncer à le servir, puisque j'y aurais les mains liées.

Les exilés, pour rentrer dans leur pays, n'ont besoin du consentement de personne. Ils sont seuls juges du moment où il leur conviendra de retrouver une patrie que nul n'a le droit de leur ôter.

La loi a été proscrite avec eux; la loi doit être rétablie avec eux.

Est-ce leur rendre une patrie, que de leur accorder, au lieu de la France qu'ils ont connue, une France sans droit, sans dignité possible, sans sécurité, dépouillée, par la violence et par la ruse, de tout ce qu'elles ont pu lui enlever?

Si tant d'années souffertes par nous, d'exils, de transportations, de déportations, ou de mort, ne doivent pas être perdues pour la justice et pour l'humanité, je réclame avant tout, pour la France, au nom de tant de tortures injustement subies, les réparations suivantes :

Je demande que les garanties ordinaires chez les peuples modernes soient rétablies pour les Français; que nul ne puisse plus être enlevé et séquestré par voie administrative, ni banni, ni transporté, soit en Afrique, soit à Cayenne, ni expulsé de son pays, sans jugement régulier et décision du jury; que la publicité des débats ne soit plus interdite; que les condamnations prononcées par les tribunaux ne puissent plus être changées et augmentées par l'arbitraire; que la peine subie de deux années de détention ne puisse plus être à plaisir transformée en un bannissement perpétuel, qui souvent, comme on l'a vu, équivaut à la peine de mort; que les biens confisqués soient rendus à leurs légitimes propriétaires; et comme garantie qui renferme toutes les autres, que la liberté de la tribune et celle de la presse soient restituées à la nation.

Quant au droit de proscription en lui-même, je demande qu'il soit considéré comme nul et non avenu, n'ayant jamais existé, n'ayant pu ni ne pouvant donner aucun titre légal ni pouvoir quelconque contre ceux auxquels il a été ou serait appliqué. Tel est en effet le seul moyen de fermer la porte à l'ère des proscriptions dans laquelle on a fait rentrer le monde. Car si l'on est quitte envers l'humanité, pour rappeler de l'exil après dix ou vingt ans ceux qui survivent, si l'on ne tient aucun compte des morts que ceux-ci laissent après eux, ni de ceux que la souffrance a minés et qui ne reviennent dans leur pays que pour y mourir; si la violence n'est plus prise au sérieux par les hommes, si elle n'entraîne contre celui qui s'y livre aucune conséquence, si elle ne réveille aucune idée de justice ni de réparation; si, au contraire, tout doit se changer en reconnaissance, qui voudra à l'avenir s'abstenir d'une violence heureuse?

C'est donc l'ère des proscriptions indéfinies qui est consacrée; et chacun faisant à son tour ce qui a été admis pour celui qui a précédé, tout changement, tout renouvellement de parti sera marqué par l'expulsion de tous les partis contraires.

Voilà la perversion absolue de la conscience humaine qu'il s'agit d'empêcher, et puisque l'Europe, même libre, se tait; puisqu'elle semble accepter le droit de proscription comme autorisé par le succès et entré dans les mœurs, c'est au proscrit de revendiquer la justice, de faire parler la conscience, non à son profit, mais à celui des autres.

Je ne veux pas que les proscripteurs d'aujourd'hui soient les proscrits de demain.

Je ne veux pas que la France et le monde retombent irrévocablement dans cette ère où chaque parti, à son avènement, expulse, bannit, extirpe en masse les partis opposés.

Je ne veux pas que ce gouffre, déjà si profond, se creuse davantage, de manière à engloutir tout ce qui reste de justice parmi les hommes.

Voilà pourquoi, moi proscrit, je proteste pour aujourd'hui et pour demain et pour les temps à venir contre ce droit de proscrire qui est le contraire du droit et ne peut rien fonder.

La conscience d'un homme semble en ce moment bien peu de chose, mais peut-être le moment viendra où l'on trouvera bon de se rappeler que des exilés ont emporté et gardé le droit avec eux, et que toute justice n'est pas encore morte sur la terre.

EDGAR QUINET.

L'EXPÉDITION DU MEXIQUE

(JUILLET 1862)

L'EXPÉDITION DU MEXIQUE

(JUILLET 1862) (1)

I

LES PRÉTEXTES

Qu'est-ce que cette expédition? Que veut-elle? Que cache-t-elle? Est-elle dans l'intérêt public, ou dans l'intérêt d'un seul? Où peut-elle aboutir? Le pays qui est lancé dans cette entreprise est celui qui serait le plus embarrassé de répondre à ces questions. Il ne sait pourquoi il fait cette guerre, ni comment il y a été engagé. Il verse son sang et celui d'autrui, et ne peut dire pour quelle cause.

J'essaierai de répondre à sa place.

Il fallait, disait-on d'abord, envahir le Mexique parce qu'il nous appelait; maintenant il faut l'en-

(1) Œuvre inédite en France pendant l'Empire. (*Note de l'Éditeur.*)

vahir pour le châtier de ne nous avoir pas appelés.
C'est la première raison.

La seconde se tire de la situation politique de
cette société. Elle s'agite et préfère l'agitation à
la servitude. Cela nous inquiète. C'est là un état
de choses que nous ne devons pas souffrir. Nous
ne pouvons endurer la liberté même à travers
l'Océan. Nous nous faisons un devoir d'imposer à
ce petit peuple le silence que nous avons accepté
chez nous. Il parle trop haut, il nous déplaît qu'il
se croie libre. Nous ferons volontiers deux mille
lieues et dépenserons, s'il le faut, nos meilleures
troupes pour lui apprendre le contraire.

On parle aussi d'une créance de trois millions,
transformée frauduleusement en une créance de
soixante-quinze millions ; et c'est pour prélever ce
bénéfice honnête que nous envoyons une armée
intrépide sommer le peuple mexicain d'avoir à
vider sur l'heure ses villes, ses villages, sa capitale, livrer son indépendance, ses institutions, sa
liberté, sa tradition, choses suspectes qu'il tient
de son histoire ; le tout devant être remplacé par
une monarchie autrichienne ; faute de quoi, la dite
nation sera appréhendée au corps et incarcérée de
père en fils, dans telle geôle ou tel Spielberg trans-
atlantique qu'il nous plaira lui choisir.

Voilà les premières raisons qu'on allègue pour
chercher si loin une occasion d'opprimer.

Ces raisons je ne les discute pas. Je dis seulement qu'elles en cachent d'autres, dont personne ne parle. Ce sont ces motifs cachés qui sont les vrais. Je vais chercher à les montrer.

En 1781, la France a mis le pied en Amérique; ce fut pour l'aider à s'affranchir; — expédition qui ouvrit l'époque nouvelle et rapporta la liberté dans le vieux monde.

En 1862, la France débarque de nouveau, mais cette fois il ne s'agit plus d'affranchir; il s'agit de faire violence. Dans les deux cas, la question renferme les intérêts de tout un monde. Le Mexique n'est qu'un point, d'où l'on espère rayonner sur un hémisphère. En 1781, la petite expédition de Lafayette et de Rochambeau devait laisser après elle tout un continent libre. En 1862, l'expédition du Mexique, si elle se développait, telle qu'elle a été conçue, aurait pour résultat tout un continent esclave, ou du moins asservi.

Entrez dans l'esprit bonapartiste, et ce que vous appelez « ses mystères politiques » se dissipera à vos yeux. C'est parce que vous ne pénétrez jamais dans cet esprit, que tout vous reste obscur dans ses projets et dans ses actes. Vous vous résignez à ne rien comprendre de ce qu'il veut, de ce qu'il fait, et vous vous remettez à l'avenir inconnu d'expliquer ce que vous désespérez de concevoir de votre vivant. Vous voyez le maître agir et vous ne vous demandez plus même pourquoi il agit dans ce sens, plutôt que dans tel autre.

Pourtant il n'exige pas de vous une si complète démission de vous-même! Il ne s'oppose pas à ce que vous le compreniez. Osez donc pénétrer un moment dans son système d'idées. Faites-vous pour quelques instants semblable à lui; cette énigme du Mexique se dénouera d'elle-même.

II

LE DEUX DÉCEMBRE EN AMÉRIQUE. — PLAN DE L'EN-
TREPRISE

On vient de vous le répéter ces jours-ci : « Le Bonapartisme n'est pas simplement une opinion politique ; c'est un culte, une adoration, une superstition. » Le principal de ces dogmes superstitieux, c'est qu'il doit réaliser la chimère du grand Empire Napoléonien. Et puisque l'Europe est assez mal avisée pour ne pas se prêter à cette félicité, il est naturel, il est inévitable, que l'on se retourne vers l'Amérique. Là doivent se trouver ces vastes espaces et les peuples soumis qu'on désespère de s'annexer en Europe. On ne parle plus de la frontière du Rhin, il faut aller chercher un Rhin dans le nouveau monde. Vous ne saurez jamais avec quelle rapidité s'éveillent les ambitions démesurées de pouvoir, les visions de domination dans un esprit rempli de ce que l'on a appelé *les Idées Napoléoniennes*.

L'occasion du projet d'invasion du Mexique a été la guerre des États-Unis. Aux premières nouvelles d'un échec des États du Nord, le Gouvernement des Tuileries se persuada que c'était fait de la grande République américaine. Du moins, il crut qu'elle était trop occupée pour mettre obstacle à une entreprise bonapartiste. Il ne s'agissait que de choisir l'endroit où l'on porterait le grand coup à l'indépendance du nouveau monde. Le Mexique parut l'endroit propice; il se remettait à peine, sous un gouvernement régulier et libéral, de ses longues guerres civiles. Avant de laisser ses plaies se cicatriser, on viendrait le frapper inopinément; et même il n'y aurait pas besoin d'une longue guerre. Car on ferait à Vera-Cruz ce que l'on a fait à Civita-Vecchia. L'exemple de l'expédition romaine profiterait ainsi à l'expédition du Mexique. On recommencerait en 1862 l'œuvre et les stratagèmes de 1849. On se présenterait en alliés. Le drapeau tricolore, n'était-ce pas la liberté, l'indépendance!

Que l'on permette seulement à des amis d'envahir, de leurs idées généreuses, le territoire, de prendre les principales villes, de contenir les autres, de disperser ou de mitrailler les patriotes! Le glaive bonapartiste peut-il jamais faire mal? On attendra pour parler en maître que la nation entière soit désarmée et prisonnière et sa capitale occupée. Peut-on pousser plus loin la bienveil-

La facilité d'illusion est si grande dans l'auteur de cette entreprise, qu'il est allé jusqu'à penser que le nom seul de Bonaparte courberait les hommes jusqu'à terre. A peine aurait-on besoin de paraître! Et l'on verrait au Mexique les anciens adorateurs du soleil, se prosterner devant le soleil couchant de la fortune napoléonienne.

III

NOUVEAUX PRINCIPES DE 89

Nous ne sommes encore qu'au début. Continuons. Il est bien entendu que la nation envahie sera trop heureuse de l'être. Elle nous portera de Vera-Cruz à Mexico, sur les mains, en répétant le cri du cirque : « Ceux qui vont mourir vous saluent! » Le Vomito-Negro se fera courtisan.

De là, nul soin, nulle prévoyance.

Les soldats de la France seront envoyés, non pour combattre, mais pour recueillir des couronnes de fleurs, d'aloès et de bananiers. D'ailleurs, nous nous associons à tout ce qu'il y a de réactions monacales et de parjures. Nous ramassons tout ce que nous pouvons rencontrer d'éléments rétrogrades, oppressifs, obscurantins, jésuitiques dans les deux mondes. Nous ramenons la vieille Autriche dans le berceau des Aztèques. Le jésuite Miranda nous précède ; Almonte nous suit. Il nous aide des haines qui s'attachent à son nom. Il menace, pour nous, d'exil, de proscription, tout patriote qui défendra sa patrie. Il jouera pour nous le rôle que Talleyrand et Fouché ont joué en 1814 et 1815, dans l'invasion de la France par les Russes, les Autrichiens, les Anglais. Après avoir déclamé pendant un demi-siècle contre ce que nous appelions la grande trahison de 1814, nous nous en faisons les plagiaires. Le Bonapartisme montre par là que lui aussi a eu sa comédie, non de dix-huit ans, mais d'un demi-siècle. Tout est bien quand il s'agit de sa cause. Violation d'un peuple étranger, destruction d'une démocratie, despotisme imposé, reniement de tout ce que nous avons juré, oppression d'un continent, c'est là ce que nous appelons maintenant nos nouveaux principes de 89. Sous cet étendard il n'est pas besoin de soldats. Nous n'en enverrons que quelques milliers.

Nous voilà à Mexico, de gré, ou de force, qu'importe? Une nation libre est effacée de la terre. C'est déjà un point satisfaisant; mais ce n'est là encore qu'un commencement. Ce peuple s'appartenait à lui-même. Il avait acheté cette liberté orageuse au prix de torrents de sang. Il s'agit de tout lui reprendre en un jour, de telle sorte qu'il paraisse lui-même complice de son reniement et de son abdication. Pour cela, rien de plus simple; nous appliquons à cette difficulté un autre de nos nouveaux principes de 1789, à savoir qu'un peuple n'est vraiment libre que s'il est asservi à l'étranger; son suffrage n'est volontaire et sincère que s'il vote sous les baïonnettes ennemies, teintes du sang des défenseurs de la patrie! Nous tiendrons l'urne de Mexico, et les Mexicains auront toute liberté, une fois qu'ils seront conquis; moyennant pourtant qu'ils feront sortir de cette urne esclave une monarchie despotique à notre usage. Appelons-la d'abord autrichienne, pour intéresser à ce grand coup toute la vieille Europe. Autrichienne, ou non, il est convenu que cette monarchie sera avant tout bonapartiste. C'est là un rideau que nous tendons, pour amuser nos alliés; mais le rideau tiré, il restera purement et simplement au pied des Andes un Deux-Décembre gigantesque qui menacera et convoitera tout un continent.

Napoléon en 1812 a manqué sa carrière; il n'a pu asservir le vieux monde. Il s'agit de réparer sa fortune en asservissant le Nouveau.

IV

LES RÉPUBLIQUES ESPAGNOLES. — UNE MONARCHIE
AUSTRO-BONAPARTISTE

Et comme la France s'est trouvée trop petite pour de pareilles imaginations, vous sentez bien que si l'on va au Mexique, ce n'est pas pour se renfermer dans cette bicoque. Nous ne nous réduisons pas à de si mesquines proportions. Ce n'est pas en vain que Fourier et les visionnaires nous ont enseigné que Mexico est la capitale naturelle du monde. Fourier voulait y placer le *Magnat* du genre humain. Pourquoi ne serions-nous pas ce *Magnat* nous-même, sauf à avoir, s'il le faut, un Vice-Magnat dans les circonstances imprévues?

Billevesées! dira-t-on. J'en rirais moi aussi, si ce n'était pour de telles billevesées que l'on fait couler le sang des hommes.

D'ailleurs un ancien Saint-Simonien, aujourd'hui sénateur, nous fait déjà remarquer presque officiellement que Mexico touche par Acapulco au Japon et à la Chine. Quoi de plus facile que de mettre cette moitié de la sphère dans le creux de la main? Tendre une seule chaîne autour du globe, de Paris à Mexico, de Mexico au Japon, n'est-ce pas là aussi une *idée napoléonienne?*

Cette conception peut être le chef-d'œuvre du gouvernement du Deux-Décembre. Le seul inconvénient que j'y découvre, c'est qu'il faudrait y engloutir la nation française.

Une fois établis sur le plateau du Mexique, nous avons à nos pieds, non les royaumes, mais les républiques de tout un monde. La tentation est trop grande pour que nous n'allions pas les détruire. Celles du Midi doivent tomber les premières. Déjà nous allons rompre avec la République de Venezuela.

C'est un ancien projet de la Restauration, dans ses plus mauvais jours, que d'asservir les Démocraties des Amériques espagnoles. Ce devait être là le complément de notre expédition contre-révolutionnaire de 1823 en Espagne, qui a tant contribué à brouiller à jamais la France et Louis XVIII. Ce projet nous le reprenons pour notre compte. Seulement à la place des monarchies bourboniennes, ce sont des monarchies bonapartistes qu'il s'agit d'imposer à ces États turbulents dont le bruit nous empêche de dormir. De Mexico nous rayonnerons sur Buenos-Ayres, le Chili, le Pérou, l'Équateur, Venezuela, Montevideo. Qu'opposera le spectre de Bolivar au nom de Bonaparte? Ce nom seul fera tomber les villes. Quand des royautés napoléoniennes se seront substituées à ces Républiques méridionales, la terre fera silence. Il sera beau alors de planter l'étendard du deux-décembre sur les Cordillières. Il aura fait son tour du monde.

Du Pérou à l'Uruguay, les Républiques du Sud iront rejoindre la République de 1848. Un souffle napoléonien les dispersera, les effacera du globe. Cette suppression de la vie politique, sur la moitié d'un continent, s'appellera le grand acte de 1862. Voilà ce que pressentent les populations de l'Amérique du Sud. Voilà pourquoi notre expédition du Mexique les a réveillées en sursaut. L'instinct américain les a averties que le Mexique ne peut être occupé par une monarchie bonapartiste, sans que tous les points du continent méridional ne soient menacés. Elles voient l'araignée dans son gîte; naturellement elles s'opposent à ce que le filet n'aille les envelopper. Déjà l'on parle de congrès de toutes les Amériques espagnoles pour aviser à une résistance commune contre l'étranger.

Ainsi le danger, réel ou imaginaire, mais immédiat, fera ce que n'avait pu faire la prévoyance éloignée des patriotes. Notre inique agression unit ceux que sépare l'immensité des distances. Buenos-Ayres s'entend avec le Chili, l'Atlantique avec le Pacifique. Nous avons donné à ces vastes continents l'occasion de craindre, de se défier, de haïr et d'armer en commun.

V

LA RACE LATINE

Comment en serait-il autrement, quand amplifiant toujours ses projets, les enflant à plaisir, cherchant une prétendue force, qui n'est que faiblesse dans ses exagérations, l'esprit bonapartiste rattache à cette question du Mexique la question de toute une race, la race latine! Quoi! vous le déclarez vous même, ou vous le faites déclarer par vos écrivains! Dans cette créance-Jecker, il s'agit de faire entrer une partie de la race humaine. C'est à titre de Latins que vous allez couvrir de votre invasion le peuple mexicain! Et tout ce qui est Latin dans le monde doit s'attendre à une violation semblable de votre part? Mais sur ce pied-là qui se croira en sûreté? Qui peut jurer qu'il n'a pas une goutte de sang latin dans ses veines, si cela suffit pour qu'il soit passé au fil de l'épée ? C'est donc comme membre de la famille que vous venez occuper le foyer, en chasser les habitants et leur imposer la loi, ou l'absence de loi, qui vous plaira le mieux! Mais cette parenté, jusqu'où voulez-vous la pousser? Quoi! tout peuple qui a de près ou de loin des mots osques, ou sabins, ou latins mêlés à sa langue, vous appartient comme à son chef! Il doit tomber sous vos coups et recevoir en martyr votre mitraille!

Vous vous en déclarez le maître! Vous changerez à votre gré son gouvernement, sa volonté! Vous vous direz les aînés de cette famille, et à titre de majorat vous réduirez les cadets à la portion servile.

Ordinairement les parents montrent leur affection en aidant de leurs conseils et de leur bourse les plus pauvres de la famille. Mais s'il s'agit de leur ôter leur patrie, d'occuper leurs champs, d'y être les suzerains à leur place, de les rançonner, de les patronner à coups de fusil, qui ne tremblerait d'avoir un parent de ce genre?

A cette heure, toute l'Amérique du Sud, bien avertie par les théoriciens de ce nouveau droit divin, sait qu'il s'agit d'elle-même dans l'invasion d'un seul point du territoire. Ce droit de parenté l'épouvante! elle le maudit! Et comme nous menaçons à la fois toutes les républiques espagnoles, il est naturel, immanquable que nous les ayons toutes contre nous.

VI

AMÉRIQUE DU NORD. — LA MONARCHIE BONAPARTISTE
ET LES ÉTATS-UNIS

Voilà ce qui regarde le Sud. C'est à titre d'ami que l'esprit bonapartiste se propose de l'écraser. Mais pour peser sur le Nord, ne pouvant invoquer ce même droit, nous invoquerons le droit contraire. C'est parce que les États-Unis ne sont pas de notre famille et de notre race, que nous ferons tout pour les abaisser ou les ruiner.

Ainsi, asservir les premiers, parce qu'ils sont parents et les seconds parce qu'ils ne le sont pas, c'est là le premier point de départ, dans la conception de l'entreprise mexicaine.

Ce devait être un grand coup de hache au cœur des deux Amériques. Il était fait pour les partager. Après quoi s'élèverait d'elle-même sur les ruines de ces démocraties une monarchie d'abord déguisée, bientôt monstrueuse, qui eût remplacé l'ancienne domination de la maison d'Espagne et eût fait rentrer un monde dans le silence.

Je comprends que lorsque les peuples à genoux

rivalisent avec les rois de flatteries et de bassesses, lorsqu'on ne peut plus rien voir qu'à travers une vapeur d'encens, de pareilles visées traversent l'intelligence et qu'il est difficile d'y résister. Quel homme a pu, ayant tous les hommes sous ses pieds, se défendre de conception de ce genre, dont on ne sent le vide et la misère qu'après avoir touché l'abîme? Tous les pouvoirs absolus ont engendré des plans d'asservissement universel. Et celui-ci n'est pas plus mal combiné que tant d'autres, auxquels la fortune a souri un moment avant de les rejeter avec mépris. Sans doute il est toujours dangereux de diriger les affaires humaines et principalement la guerre comme une aventure. Mais cela ne laisse pas de plaire à un grand nombre d'hommes. Et ici le plan n'a été déconcerté dès l'origine que parce que l'on comptait sur une chose qui ne s'est pas réalisée; la destruction et l'écroulement immédiats des États-Unis. Faux calcul que l'on aurait dû éviter, mais sur lequel on s'est abusé; tant était grande l'impatience de voir tomber cette puissante démocratie des États-Unis qui est encore l'espérance de tous les amis de la liberté dans les deux mondes.

VII

VRAIES CAUSES DE L'ENTREPRISE. — QUE LA FAUSSE DÉMOCRATIE NE PEUT SOUFFRIR LA DÉMOCRATIE VRAIE.

Ici nous touchons aux vraies bases de l'entreprise. Il vaut la peine de s'y arrêter. S'emparer du Mexique, y retremper le Césarisme, l'imposer aux républiques espagnoles, c'est la partie ambitieuse de l'entreprise.

Abaisser, ou extirper la Démocratie des États-Unis, en est la partie sérieuse, ou plutôt l'âme et la nécessité.

Car pour que les *Idées Napoléoniennes* se réalisent, il est absolument indispensable que cette vaste République disparaisse de la terre, ou qu'elle soit réduite à une faiblesse équivalente à la ruine complète ! Tant qu'elle existe, tant qu'elle rayonne, elle attire les yeux, elle entretient l'espoir de tout ce qui n'a pas renoncé à vivre libre ! Elle raffermit les courages ! Elle montre que des hommes peuvent s'appartenir et former une société régulière, sans porter aucun joug. Elle est comme le manifeste permanent de la justice. Tant que son drapeau est debout, il n'est pas permis, il est honteux, il est sacrilège de désespérer du bon droit. Elle est tout le contraire du césarisme. Elle en est la réfutation, la contradiction vivante et absolue, la condamnation.

C'est donc bien là, à ne pas s'y tromper, la tête du genre humain qu'il faut trancher d'un seul coup.

Il est une autre nécessité d'extirper les États-Unis. Cette société forme une démocratie véritable. Qu'on la blâme, ou qu'on la loue, on ne peut lui contester ce point d'être une démocratie. Et par là, elle accuse, elle démasque, elle montre à nu nos simulacres byzantins. La vraie et libre démocratie empêche que l'on ne prenne au sérieux la fausse qui met sa gloire dans sa servilité.

La réalité sur de si grandes proportions, ne permet pas qu'on soit dupe du masque. On compare malgré soi l'une et l'autre, et l'espèce humaine, en dépit de tout, fait la différence.

Pour que le mensonge soit établi, il faut que la vérité disparaisse. Pour que le mensonge d'une démocratie esclave puisse s'enraciner en Europe, il est nécessaire que la démocratie vraie soit anéantie en Amérique. Autrement que servirait d'avoir étouffé la vie publique dans le vieux monde, si on la laissait subsister dans le nouveau.

Byzance et Washington! Deux mondes opposés, incompatibles; deux époques qui s'excluent! La terre ne peut les contenir ensemble.

Le Deux-Décembre ne doit-il être qu'un succès toujours éphémère et toujours contesté? Toutes ses maximes vont se briser contre les principes de la grande confédération américaine. Nul repos, nulle sécurité pour le césarisme, tant qu'elle lui donne chaque jour un démenti superbe de l'autre côté de l'Océan. Qu'elle laisse donc la place au grand empire muet, ébauché en 1811! Qu'elle disparaisse! Et avec elle périsse aussi le fantôme incommode de Washington. Il est un danger pour l'ordre! Il est un scandale et une menace pour l'édifice bonapartiste. Ce fantôme est provoquant. A ceux qui sont asservis, il rappelle qu'ils ne l'ont pas toujours été. Il rouvre l'avenir quand on croyait l'avoir fermé. Périsse le souvenir! Périsse l'avenir avec le monde de Franklin, de Jefferson! Le grand rêve de l'asservissement universel sera alors consommé.

Ainsi l'expédition du Mexique devait être, dans la conception de son auteur, une mine chargée sous les pieds des États-Unis.

Il devait suffire d'y mettre le feu pour ébranler par la base l'œuvre de Washington. On lui supposait des pieds d'argile. Sans doute elle s'écroulerait au premier choc. Du Mexique il serait aisé de tendre la main au Texas et aux États esclavagistes. Déjà on parlait à tout propos de les reconnaître ; on encourageait par mille moyens leur rébellion. C'était aussi un de nos nouveaux principes de 89 : aider à l'esclavage, l'appuyer de nos vœux, de nos paroles, de nos encouragements, de nos armes contre les États qui voulaient le restreindre ou l'abolir. Nous avons commencé par le rétablir dans nos colonies sous le nom « d'immigration ». Dans cette guerre, entre l'esclavage et l'émancipation, le choix ne pouvait être douteux un moment pour l'esprit bonapartiste. Voilà pourquoi les échecs du parti de l'esclavage ont été toujours dissimulés, diminués à plaisir, et ceux du parti de l'émancipation grossis et amplifiés sans mesure. Toute défaite du droit est un triomphe.

Au moindre mouvement des armées des États libres, on les déclarait perdus. Avec quelle joie avait été accueillie la nouvelle de la défaite de Bull-Run ! Et celle de Mac-Clellan, on la fête aujourd'hui. C'est qu'on avait besoin de la ruine des États-Unis, pour donner une raison d'être à l'expédition du Mexique. On l'avait embarquée sur la foi de cette destruction prochaine. On espérait y assister en arrivant.

Ou l'expédition n'a aucun sens, ou l'auteur, tirant profit de la guerre intestine de l'Amérique du Nord, a cru trouver les États esclavagistes en pleine victoire, dès le printemps.

Selon lui, l'alliance avec des États à esclaves devait se faire naturellement et promptement d'elle-même. Pour garantir leur monstrueux principe, sans doute, il leur faudrait un protecteur, ou plutôt un maître.

Une fois séparés de la société de Washington, il leur deviendrait impossible de rester en République. La démocratie périrait chez eux ; la forme de gouvernement serait changée. A l'esclavage civil, ils ajouteraient l'esclavage politique. A mesure qu'augmenterait la difficulté de soutenir contre la civilisation et l'humanité cette gageure de l'esclavage à outrance, les États sécessionnistes invoqueraient une main de fer. Le Deux-Décembre porté à Mexico sur le trône de Montézuma serait volontiers cette main. Dans tous ces incidents, la grande Autocratie à deux faces, autrichienne et bonapartiste, aurait plus d'une chance de rayonner de Mexico, jusque sur les bords du Mississipi.

C'est là ce qu'a vu le Président des États-Unis, Lincoln, lorsqu'il a proposé d'unir leur cause à celle du gouvernement mexicain, par un prêt de cinquante-cinq millions de francs, à Juarez. Les États-Unis se sont sentis d'avance atteints dans notre expédition masquée. Ils ont deviné ce qu'elle cache si peu. Le même intérêt qui a excité contre elle les Amériques espagnoles ne pouvait manquer d'éclater dans les Amériques anglo-saxonnes.

Avant même que le plan eût été achevé, l'auteur avait réuni contre son entreprise, c'est dire contre nous, le Sud et le Nord de tout un monde! Telle est la conception qui jette une partie de notre armée au delà de l'Atlantique dans une situation intolérable, sur des rivages pestilentiels. Conception où l'on retrouve toutes les embûches que le pouvoir absolu se tend à lui-même, plans gonflés et vides, copie d'un passé servile. Illusions, fumées perpétuelles, que doivent payer de leurs vies des milliers d'hommes; jeu coupable où s'amuse l'arbitraire et où se dépensent le sang et l'or de la France.

Il est question de refaire la monarchie taciturne, absolue, ténébreuse de Philippe II ; mais dans cette imitation esclavagiste, la France jouera le rôle de l'Espagne ; les Tuileries prendront la place de l'Escurial. Tel est le plan ; voyons l'exécution.

VIII

EXÉCUTION DU PLAN. — PREMIÈRE ILLUSION

Si de pareils desseins s'étaient montrés d'abord dans leur ensemble, l'Europe, malgré sa complicité habituelle, eût pu difficilement les approuver. La première condition était de les cacher au monde. Voilà pourquoi ces projets secrets ont été d'abord masqués derrière l'Angleterre et l'Espagne. L'idée bonapartiste a voulu être flanquée de ces deux alliés. C'est avec la flotte anglaise et la flotte espagnole que l'on a approché des côtes américaines. Remarquez bien que dans cette première partie de l'exécution il n'est bruit que d'une alliance à trois.

Ce concert de l'Angleterre et de l'Espagne sert à rassurer le monde contre toute arrière-pensée. On part ensemble, on aborde ensemble. Les flottes jettent l'ancre. Mais alors, que se passe-t-il? Les deux alliés refusent de prendre part à l'entreprise. L'Angleterre et l'Espagne la désavouent! Elles se retirent avec précipitation! Elles refusent de couvrir les projets qui se révèlent.

On a beau mettre en avant cette idée incroyable de monarchie autrichienne. Le piége est trop grossier. Il n'a trompé personne.

Derrière ce fantôme, l'Angleterre et l'Espagne voient froidement la réalité, c'est-à-dire le projet de domination absolue sur le nouveau monde au profit d'un Philippe II° bonapartiste.

Et comme nul intérêt ne les pousse à réaliser les rêves d'un nouvel Escurial, elles en discernent d'abord le faux et le néant. Ce qui pour un esprit courtisan paraît une grande conception, ne leur paraît à elles qu'une grande aventure; funeste, si elle n'était impossible. D'un côté, le chef de l'armée espagnole rembarque ses troupes, de l'autre la flotte anglaise s'éloigne. Les deux gouvernements approuvent leurs agents.

Ainsi, première illusion :

On voulait se couvrir de l'Angleterre et de l'Espagne dans l'embûche tendue au Nouveau-Monde. L'Angleterre et l'Espagne ont rejeté le rôle de complices. Elles ont démasqué l'embûche.

Le piége est resté, mais c'est celui qui l'avait tendu, qui y est tombé!

Si du moins il y était tombé seul, et s'il ne s'agissait pas de la France!

IX

SECONDE ILLUSION

Après cette première illusion, une seconde plus dangereuse allait bientôt disparaître à son tour. Le plan entier reposait sur cette idée : que les peuples d'Amérique, et en particulier le peuple mexicain, s'inclineraient sans défense devant la renommée du Deux-Décembre, qu'ils l'acclameraient du rivage et l'enracineraient eux-mêmes dans leur territoire aussitôt que l'occasion en serait donnée.

L'Amérique, déjà décembrisée, n'attendait que le moment de rejeter ses libertés, ses institutions, pour proclamer à son tour sa servitude.

Du jour au lendemain, des nations entières passeraient de la liberté à l'obéissance aveugle. Comment croire, comment imaginer que des populations pauvres, dispersées, incultes, refusent le joug que portent avec complaisance les peuples souverains, qui se disent les plus civilisés. Que l'on débarque seulement. Le prestige du joug agira à dix-huit cents lieues de distance.

On sait ce que sont devenues ces visions. Il est quelquefois dangereux de trop mépriser les hommes. On reçoit alors des leçons de ceux qui semblent le moins en état d'en donner.

Le peuple mexicain, que l'on croyait pouvoir fouler aux pieds, ce pauvre ver de terre, s'est soulevé contre tant de mépris; il a éprouvé quelque chose de l'indignation du peuple espagnol, lorsque en 1809, une politique de la même famille, déchaîna les Espagnes contre nous; et aujourd'hui, en 1862, nous voilà menacés d'une guerre d'Espagne à deux mille lieues de la France! Prenez garde! Il y a aussi en Amérique des Baylen!

Je n'ai point à raconter ici comment éclatèrent dès les premiers pas, les vices de l'entreprise. La population soulevée, les villes désertes à notre approche, Vera-Cruz rempli de nos cadavres, les communications coupées, la résistance d'Orizaba, la retraite obligée des nôtres, l'inquiétude, les faux bruits sur ce groupe d'hommes jetés au hasard dans un autre continent, au milieu des hostilités de toute une nation que l'on a forcée d'être ennemie. Que pouvait le courage le plus intrépide des nôtres contre la situation impossible où les avait placés la légèreté, l'illusion, le vertige d'une politique sans contrôle et sans frein?

Se barricader dans les villages, repousser les attaques, donner le temps d'arriver aux renforts que l'imprévoyance retenait encore en Europe, voilà ce qui était possible. Ils l'ont fait avec le sang-froid, l'abnégation héroïque qu'aucune position désespérée ne leur ôtera jamais! Et je ne parle pas de ceux qui, sans avoir eu la joie combattre, ont été tués obscurément par le climat sur ce littoral meurtrier, où les arrêtait le soulèvement des populations indigènes. Était-ce là ce qu'avait promis l'auteur de l'entreprise? Elle ne pouvait avoir de sens que par l'empressement de la foule à passer sous le joug. Et où était cet empressement servile? En face, l'armée nationale, des guérillas qui se forment et nous harcellent de tous côtés, une indignation unanime, nos approvisionnements déjà rendus difficiles, nos convois coupés et pillés, sont-ce là les prodiges que devait accomplir en se mourant le prestige du Deux-Décembre? « On a été trompé! » s'écrie le général français dans sa proclamation.

A la bonne heure! Ce mot est celui de la situation même.

Mais qui a fait l'erreur? Qui a jeté, non pas un homme, mais une nation dans cette nouvelle expédition de Strasbourg et de Boulogne? Je viens de le dire. C'est celui qui depuis onze ans paraît seul à la place de trente-huit millions de Français!

Comme l'important est de dissimuler ses fautes, au lieu de les avouer on les aggravera. Pour masquer l'erreur du chef, on la poussera jusqu'au bout. On n'avait envoyé que cinq mille hommes, on en enverra trente mille, cinquante mille s'il le faut, jusqu'à ce que le peuple mexicain soit noyé sous le nombre, et que l'échec d'amour-propre de l'auteur soit racheté par des milliers de vies!

Car c'est là le fond du pouvoir absolu : il n'a jamais tort : il peut au besoin dépenser des flots de sang humain. Pourquoi compterait-il? S'il perd sur une carte, il jouera sur l'autre ; mais jamais il ne se retirera d'une erreur qu'après l'avoir épuisée. Le peuple mexicain ne veut pas de nous, rien de plus notoire. Donc, il faut l'envahir. Nous nous sommes trompés. Donc, il faut nous tromper encore, nous enfoncer plus avant dans l'illusion, dans le faux, dans l'injustice.

Sous les gouvernements absolus, couvrir l'aveuglement du prince, s'est toujours appelé : *Sauver l'honneur du drapeau!* Encore un des traits de l'esprit bonapartiste. Il n'a jamais su s'arrêter que dans le gouffre. Je n'ai pas le goût de lui donner des conseils de salut et pourtant je dois lui dire : ceux qui applaudissent aujourd'hui de tels projets, parce qu'ils vous supposent puissant, seront les premiers à vous insulter, dès que vous ne le serez plus! C'est par ces sortes d'entreprises insensées, par ces visions théâtrales, par ces attaques déloyales, par ces surprises contre l'indépendance des peuples, par ces défis à la conscience, par cet acharnement dans l'injustice, que vous avez déjà péri une fois sous la colère du monde, entraînant après vous la France dans la ruine. Songez-y. Instruisez-vous par votre histoire.

Question d'honneur! dites-vous? Moyen assuré par lequel un maître absolu enchaîne à toutes les fantaisies qu'il lui plaît de concevoir, une nation aussi susceptible que la nôtre. On engage une affaire d'avant poste; dès lors plus de paix, ni de trêve. Il faut envahir tout le territoire. A-t-on osé vous disputer la frontière? Il ne faut plus s'arrêter que dans la capitale. Appliquez cette méthode à de grands États, à l'Allemagne, à l'Angleterre, à la Russie, et dites-moi, je vous prie, où cela vous conduit? Ne faut-il traiter de la paix que dans les capitales étrangères? Est-ce là votre nouveau principe? Dans ce cas, il n'est plus une seule querelle, qui ne doive devenir une guerre à fond. La France a signé plus d'une fois des traités qu'elle croyait glorieux, et qui deviennent des opprobres selon vous.

Celui de Campo-Formio est-il une honte, pour n'avoir pas été signé à Vienne?

N'appliquerez-vous ce principe d'oppression qu'aux petits États? Que devient alors ce prétendu point d'honneur? Parce qu'un peuple a osé défendre ses frontières contre l'invasion, faut-il qu'il soit extirpé de la terre? Qui a jamais douté que trente-huit millions d'hommes ne puissent en réduire et asservir six ou sept millions? Vous le savez comme moi; la gloire n'a rien à voir dans cette affaire.

X

LES RÉSULTATS. — QUE L'AMÉRIQUE NE VEUT PAS ÊTRE DÉCEMBRISÉE

En dépensant à profusion le sang des Français, vous pourrez donc vous établir sur le plateau de Mexico ; qui en doute ? Des troupes incomparables répareront à force de courage une partie de vos fautes. Mais il en est que toute l'intrépidité du monde ne peut corriger, et ce sont celles qui viennent de l'essence même de votre projet. C'est alors que le vide de votre entreprise éclatera de nouveau de manière à convaincre les plus aveugles. Car vous serez entré au fond de votre propre piége, et vous ne pourrez ni y rester, ni en sortir, sans un immense dommage ; ce qui est le caractère de toutes les combinaisons où l'on met l'esprit d'aventure à la place de l'esprit de justesse et de réflexion.

En effet, ou vous sortirez de Mexico, ou vous y resterez. Dans le premier cas, que deviendra l'action que vous prétendez y exercer ? Si vous ne devez pas occuper à demeure la capitale, c'est donc une fumée que vous poursuivez? Alors il eût été plus sage de vous en abstenir; car vous compromettez vos amis, les Miranda, les Almonte, ceux-là mêmes qui se vantent de vous ouvrir les portes, et vous vous mettrez dans l'impuissance de rien faire pour eux; vous abandonnerez à la haine, à la vengeance des patriotes, ceux qui vous auront livré leur pays.

Espérez-vous laisser une trace impérissable par un asservissement de quelques mois, ou même de quelques années? Détrompez-vous. Vous savez que pour asservir les hommes, il faut longtemps peser sur eux! Sinon, ils se relèvent pleins du ressentiment de tout ce qu'ils ont eu à souffrir!

Une servitude passagère, telle que celle que vous établiriez, n'aboutirait qu'à leur rendre l'indépendance plus chère, plus exigeante, plus intraitable, dès que vous seriez obligé de retirer le joug en retirant vos forces. Croyez-vous graver sur l'airain l'oubli de la liberté en si peu de jours? Vous ne ferez ainsi qu'enraciner tout ce que vous prétendez détruire.

Voulez-vous donc entrer à Mexico pour y rester? Examinons les suites d'une résolution de ce genre. Je ne sais si contre le cri unanime, vous persévérerez à élever cette monstruosité d'une monarchie austro-bonapartiste, qui tendra les bras sur l'Amérique du Sud et l'Amérique du Nord pour les lier l'une à l'autre, dos à dos, au tronc de votre empire mexicain. Je dis seulement que toutes les forces de la France s'useraient vainement dans cette chimère. Laisserez-vous au Mexique un semblant républicain pour abriter la domination du Deux-Décembre? Peu importe! Les faits ont assez parlé, ils vous l'ont dit : Le Nouveau-Monde ne veut pas être Décembrisé; il ne le sera jamais! Vous n'ignorez pas non plus, que les Américains du Mexique, comme ceux du reste du continent, ont en exécration d'obéir à l'étranger.

C'est donc une guerre nationale, perpétuelle, incessante que vous déchaînez contre la France, guerre sans relâche, que nous avons appris à connaître en Espagne; où tout est ennemi; où le courage, la discipline, la supériorité des armes, deviennent impuissants contre le fanatisme, l'exécration, l'acharnement des hommes et des choses. Qui voudra être le roi Joseph de cette nouvelle guerre d'Espagne, à deux mille lieues de la mère-patrie et promener sa couronne errante à travers les guérillas de la Tierra-Fria aux rivages empestés de Vera-Cruz?

Il est bien évident que si l'armée régulière mexicaine renonce aux batailles rangées, ce sera pour se disperser en embuscades. Et combien le pays favorisera une résistance nationale! Vous ne pouvez vous étendre sur le littoral comme en Algérie. Il faut dès le commencement de l'occupation pénétrer au loin dans l'intérieur, qui seul est habitable à des troupes européennes ; mais dans cette longue ligne de Vera-Cruz à Orizaba, à Mexico, à Acapulco, sur combien de points les communications ne seront-elles pas perpétuellement menacées ? Prétendez-vous tout occuper ? Alors ce n'est pas trente mille hommes qu'il faut envoyer, mais cent mille. Une base d'opération pestilentielle, où les soldats succombent à mesure qu'ils arrivent, une ligne si étendue qu'elle est impossible à garder, partout, en tête, en queue, en flanc, une population indignée, pleine de ressentiments légitimes ; voilà le champ de bataille éternel que vous avez choisi pour des Français !

Et que sera-ce, si la nation mexicaine, ainsi provoquée, déchaînée par vos invasions, sent qu'elle est appuyée des vœux, des passions, des colères des deux Amériques ? Que sera-ce, si, comme il est impossible d'en douter, le secours d'hommes ou d'argent lui vient ouvertement du Nord et du Sud de l'Amérique ? Pour vous y opposer, vous êtes déjà obligé de vous étendre jusqu'à Tampico, de la Mer-Vermeille à Venezuela ! Où vous arrêterez-vous ?

Déjà le congrès des États-Unis prête la main au gouvernement du Mexique. Et si l'Union sort victorieuse de la guerre civile, croit-on qu'elle verra avec indifférence ce monstre d'une monarchie absolue se dresser sur la tête des deux Amériques? Les millions d'hommes armés, aguerris, instruits par la victoire, prétend-on qu'ils acceptent sans murmurer la servitude qu'ils n'ont jamais connue?

Encore une fois, prenez garde ! Attenter ouvertement à la liberté et à la démocratie des États-Unis, cela est sérieux ! A force d'égarements on peut ramener d'anciens fléaux ! La nature des éléments n'a pas changé; comme il y a des *Baylen* dans le Sud, il y a au Nord, si sous avancez trop loin, des *Bérésina* et des *Leipsick!*

C'est donc la guerre avec un continent tout entier; ou plutôt c'est un chancre rongeur que vous attachez au flanc de la France.

Une pensée personnelle qui ne rend de compte à qui que ce soit bouleversera le monde à la légère, follement, par la seule loi de son bon plaisir, dans le seul intérêt de sa fantaisie et de l'asservissement général! Et le globe se taira! Et chacun sera tenu d'admirer ce qui fera l'indignation de l'espèce humaine, dès qu'elle aura recouvré l'intelligence avec la conscience !

Les affaires de l'humanité seront jouées sur un coup de dé; une grande nation engagée et lancée comme une partie de chasse !

Napoléon, après Waterloo, rentré seul à la

Malmaison, parlait de continuer l'aventure dans l'Amérique du Sud, à Caracas, en Californie, à l'Équateur. Est-ce cette politique désespérée qu'il s'agit déjà de reprendre en 1862 ?

XI

LE DROIT. — LES NATIONALITÉS

J'ai montré que l'entreprise est déraisonnable. Les fondements lui manquent. On ne peut en combler les vides qu'en y jetant aveuglément les forces vives de la France. Je n'ai encore rien dit du droit.

Tout le monde aujourd'hui s'accorde complaisamment à le proscrire de la question. Il est pourtant inévitable d'en faire mention, au moins, en quelques mots.

La principale armure du Deux-Décembre, pour ceux qui veulent s'abuser, ça été la question des nationalités. Or, le Deux-Décembre par cette expédition jette sa cuirasse, achève de se découvrir. Il se montre tel qu'il est. En foulant aux pieds le Droit sur une aussi vaste échelle, il dit assez qu'il se croit en cette occasion dispensé de feindre. Les nationalités n'ont été pour lui qu'un instrument de règne; bonnes à relever, bonnes à écraser, selon qu'elles le servent ou le contrarient.

C'est là ce qu'il faut que sachent les deux mondes.

Si quelque chose de grand s'est accompli dans les deux Amériques, c'est la libération des races, l'indépendance des peuples à l'égard les uns des autres. On ne voyait point là un prince étranger régner sur une nation étrangère. Au prix de flots de sang, le Nord s'était affranchi de l'Angleterre et le Sud de l'Espagne.

Il n'y avait plus, comme en Europe, de populations attachées par la force à des gouvernements issus de la conquête. Point d'Irlande, de Pologne, de Hongrie, d'Italie, de Venise, de Servie, rivées par la violence à des conquérants et à des maîtres.

L'héritage cruel des longues dominations était un des fléaux de l'Europe; les peuples américains ne le connaissaient plus; et c'est là assurément un des plus grands faits de la civilisation, vers laquelle l'Europe tend peu à peu, à force de sacrifices et de douleurs, sans avoir pu s'en approcher encore. La Pologne, l'Italie, la Hongrie, la Grèce, se sont déchiré les entrailles pour atteindre à cette indépendance, à cette autonomie, où les nations américaines ont été portées par des circonstances plus favorables et des guerres plus heureuses.

Les maîtres anciens, les Espagnols et les Anglais, après une longue domination, ont eux-mêmes reconnu l'impossibilité de faire peser de si loin un joug étranger ; et la nécessité leur a enseigné qu'ils n'avaient rien de mieux à faire qu'à reconnaître et à saluer l'indépendance des continents qu'ils avaient si longtemps gouvernés comme des colonies. Depuis ce moment, les Amériques ont été libres du consentement des deux mondes.

Si jamais la volonté d'en haut a éclaté sur la terre, ça été dans cet acte d'affranchissement.

La France aussi y avait mis glorieusement la main!

Que faut-il donc penser d'une entreprise qui va directement contre ce que le genre humain a accompli avec tant d'éclat et de grandeur ? Après que l'Angleterre et l'Espagne se sont brisées l'une et l'autre dans un effort impie pour prolonger une domination condamnée par l'expérience, après qu'elles ont été instruites par l'événement à respecter les libertés conquises contre elles-mêmes, que faut-il penser de cette manie de refaire la servitude, là, où elle a été détruite avec l'approbation des maîtres et des sujets? Et qu'est-ce que cette main autrichienne et bonapartiste qui doit rétablir par delà les mers le joug qui s'est rompu entre les mains des Espagnols et des Anglais? C'est défaire ce qu'avait fait la France, de plus noble et de plus magnanime. C'est marcher contre la civilisation, c'est vouloir obliger Dieu et les hommes à reculer.

J'admets que vous réussissiez à reconstituer au Mexique, à votre choix, une Pologne esclave, ou une Hongrie esclave, ou une Venise esclave. C'est donc ainsi que vous résolvez la question des nationalités? Là où elles existent indépendantes, les asservir à un maître étranger, c'est donc là ce que vous appelez les affranchir? Je n'en avais jamais douté; mais il est bon que les deux Mondes en fassent l'expérience solennelle.

Je sais que le bruit a couru que si vous enchaîniez les Mexicains à l'Autriche, c'était pour les troquer contre Venise. Et il n'a pas manqué d'esprits crédules pour se fier à ce trafic. Ce serait, en effet, le comble de l'art d'asservir les hommes, si vous pouviez intéresser tous ceux qui sont esclaves à mettre en esclavage tous ceux qui sont libres. Vous promettriez de troquer les premiers contre les seconds; vous donneriez à l'Autriche Mexico contre Venise, la Suisse contre la Hongrie, à la Russie les États-Unis contre la Pologne, Tessin contre Tyrol, Genève et Vaud contre Vorarlberg.

Dans ce marché d'esclaves, les peuples se livraient les uns les autres; l'Italie, à peine née, ferait des vœux pour la servitude de la France à perpétuité. Il n'y aurait plus dans le monde un seul homme qui ne fût complice, ou instrument de l'anéantissement de tous les autres. On échangerait partout le Nord contre le Sud, le Levant contre le Couchant ; la vie contre la mort. Après la comédie jouée, il ne resterait plus que des cadavres ; on appellerait cela des égaux. Il n'y aurait plus de peuples, et les nationalités battraient des mains : *Plaudite cives!*

J'admets encore que la force des choses soit vaincue, que tous vos projets réussissent contre l'humanité, contre les éléments même. *La loi de sûreté générale* sera imposée aux deux mondes, elle pèsera du haut des Cordillières sur les deux Amériques. Il n'y aura plus dans l'univers une seule bouche d'où puisse sortir une vérité indépendante. Mais alors les choses parleront à la place des hommes, elles vous accuseront, car vous-même vous les aurez provoquées.

S'ériger de ce côté de l'eau en défenseur des nationalités et aller les étouffer au delà de l'océan, ces prétentions sont trop contradictoires pour ne pas se briser l'une l'autre. Le théâtre est trop vaste, les spectateurs trop nombreux, pour que l'esprit public soit trompé davantage. Quand on soutient ici l'expédition romaine et la théocratie, là, Almonte et plus loin les esclavagistes, on a sa ligne tracée. Personne ne s'y méprendra.

En Europe, vous avez amusé les nationalités par

des espérances, des promesses, des leurres; en Amérique vous les étouffez par des actes. Quelque aveugles que les hommes soient devenus, ils font pourtant encore la différence de ce qui n'est que parole et de ce qui est action effective; et ils ne pourront s'empêcher de conclure que vous aidez à l'indépendance par des mots, à l'asservissement par des faits.

L'expédition que vous avez conçue achèvera de se montrer alors dans tous ses vices, puisque ne pouvant être utile qu'à un seul homme, elle n'atteindra pas même ce but. C'est à vous seul qu'elle devrait servir; elle ne nuira à personne autant qu'à vous.

XII

ABUS DES GRANDS MOTS. — UN DOMMAGE POUR LA FRANCE

Cependant le dommage est grand aussi pour la France, et c'est là ce qui m'a mis la plume à la main.

De quel droit pouvons-nous accuser encore les coalitions armées contre nous, quand nous refaisons exactement ce que nous avons dénoncé, maudit à tout propos, depuis la fin du dernier siècle jusqu'à ce jour ?

Y a-t-il eu dans notre langue assez d'invectives, assez de paroles indignées contre les invasions de notre territoire par de prétendus alliés qui devaient nous apporter la délivrance, la justice, la civilisation ! Nous avons vécu de ces indignations; nul ne les a plus entretenues que le Bonapartisme. Et ce que nous avons tant abhorré, nous le pratiquons à notre tour ; nous nous faisons gloire de tout ce que nous avons condamné, exécré chez les autres ! Nous aussi nous allons montrer à un peuple indépendant notre amitié en le constituant à coups de canons !

Voter sous l'invasion, cela nous a manqué pour être libres en 1814 et 1815.

Qui nous eût dit que les bonnes doctrines de la coalition, de la Sainte-Alliance, nous seraient rendues un jour par le Bonapartisme? Et que faire violence à un peuple, nous appellerions cela justice, liberté, civilisation, idées généreuses; toutes paroles qui nous faisaient horreur quand elles étaient un appas dans la bouche de nos ennemis.

Rien ne nuit plus à une nation que d'abuser des paroles les plus sacrées, lorsque après les avoir invoquées pour se défendre, on s'en fait un moyen d'asservir les autres.

Malheur aux peuples qui se renient! C'est ainsi qu'ils s'usent et vieillissent en quelques jours.

XIII

L'EXPÉDITION ROMAINE ET L'EXPÉDITION MEXICAINE.
— CONCLUSION

Il y a treize ans, je profitai des derniers jours de liberté en France pour combattre l'expédition romaine, alors qu'elle n'était encore qu'un projet. Je montrai dans son exécution l'obstacle invincible à la constitution de l'Italie, le fer enfoncé dans la plaie, l'or et les forces de la France employés à empêcher un peuple de naître et de se former, et en résultat l'impossibilité flagrante de continuer l'entreprise ou d'y mettre un terme.

Je disais que l'on serait condamné à n'oser ni rester ni sortir; que l'on ne recueillerait pour récompense que la défiance et la haine de la théocratie que l'on prétendait sauver; et que rien au monde n'aurait été fait de plus injuste contre un peuple ni de plus stérile pour le despotisme.

Voilà ce que j'établissais quand j'avais la liberté de parler ou d'écrire; et de ces assertions, il n'en est pas une seule qui ne soit devenue évidente pour ceux-là même qui y étaient alors le plus opposés.

Aujourd'hui, quoique je doive désespérer de faire pénétrer une pensée dans mon pays, je regarde néanmoins comme un devoir strict de ne pas me taire. Ayant passé une grande partie de ma vie à plaider pour des nationalités qui avaient alors peu de chances de renaître, je tiens pour un devoir de ne pas garder le silence quand il s'agit de nationalités formées que l'on entreprend de détruire.

Et ce que j'ai dit en 1849 de l'expédition du Président de la République française contre Rome, je le répète aujourd'hui en 1862 avec cent fois plus de raison sur l'expédition contre le Mexique : injustice, mépris de tous les droits, inutilité, stérilité, absolutisme caché sous de grands mots, voilà par où ces deux expéditions se ressemblent.

Mais si dans la première on a pu se couvrir d'un masque religieux, rien de semblable n'est possible dans l'entreprise contre le Nouveau Monde. Là, point de domaine de saint Pierre à sauver sur le penchant des Andes. Point de consciences alarmées qu'il s'agit de satisfaire. Il ne reste là qu'une violation laïque, en plein jour, d'une nationalité.

Personne, j'imagine, ne songe à s'embusquer à Mexico dans l'ombre du Saint-Siége. La théologie n'embrouille pas la question. Elle est plus simple ; nous rentrons dans le cas du despotisme ordinaire :

tromper pour asservir. Et de bonne foi, est-ce pour cela que la France est faite?

L'expédition de Rome a été le prélude du Deux-Décembre contre les libertés de la France. L'expédition du Mexique est le prélude d'un nouveau progrès dans le même sens ; c'est-à-dire d'un coup d'État contre les libertés du genre humain. Quel est l'État indépendant qui ne doive s'attendre, puisque l'océan n'est plus une barrière, à être foulé aux pieds? Si toute indépendance est une agitation, et toute agitation un danger, l'État le plus libre, le plus digne, sera le plus menacé, car il sera le plus odieux. Après avoir fait, pour étouffer la République au Mexique, deux mille lieues, croit-on que l'on s'abstienne d'en faire au besoin vingt ou trente pour l'écraser en Suisse?

Si mon avis l'eût emporté en 1849, contre l'expédition romaine, beaucoup de maux eussent été épargnés à l'Italie et à la France !

Si mes paroles étaient entendues aujourd'hui, de plus grands maux encore seraient épargnés à la France et au Nouveau Monde. D'autant que la puissance du mal s'accroît par le mal qu'on a fait. Mais il serait déraisonnable d'espérer de nos jours que le cri d'une conscience suffise pour conjurer des fléaux volontaires.

Les choses suivront donc leur cours, tel que l'a voulu la fantaisie d'un seul homme. Qui souffrira des fautes de cet homme ? L'armée. Qui les expiera ? La France.

Dernier avertissement. Les adversaires de la France triomphent de la voir embarquée dans de telles entreprises, où elle a contre elle la force des choses et la force du droit.

Ils l'encouragent à persévérer; ils la pressent d'aller au loin jouer sa fortune et sa vie sur ces loteries sanglantes. N'est-ce pas assez pour faire cesser le vertige ? Que l'on entende au moins les ennemis de la France, s'il n'est plus permis à ses amis de lui parler.

POLOGNE ET ROME

(AVRIL 1863)

POLOGNE ET ROME

(AVRIL 1863)

―――――――――――

I

PRIÈRE AU CLERGÉ CATHOLIQUE

J'ai assisté à la renaissance de la Grèce, de l'Italie, de la Roumanie ; je demande au ciel de me laisser voir encore la résurrection de la Pologne.

Cette résurrection dépend surtout du clergé catholique. Trop longtemps il m'a donné raison quand je l'accusais de repousser le droit moderne et de se ranger du côté du plus fort. Je le supplie aujourd'hui de me confondre, et je lui dis, les mains jointes :

Vous avez une occasion solennelle, unique, non seulement de nous fermer la bouche, mais de nous obliger de vous rendre grâces. Profitez-en ! C'est vous qui, au dernier siècle, avez abattu le cœur de la Pologne, et par là vous avez contribué à la perdre. Refaites-la!

Vous le pouvez plus que personne. Redressez ce cadavre, évoquez ce Lazare, et nous serons forcés de vous bénir.

Il est vrai que je ne vous demande pas seulement des mots, des quêtes, des sermons lointains dans l'enceinte d'une église. Je vous demande ce dont vous êtes si riche, quand vous le voulez, DES ACTES!

Vous avez eu cent fois des actes pour le despotisme, ayez-en une fois pour la liberté. Vous avez su faire une Vendée contre-révolutionnaire, faites une Vendée polonaise! Souvenez-vous de ce que vous avez pu pour la cause du passé; armez-vous des mêmes armes pour la cause de l'avenir.

Écrasez-nous de votre victoire. Je l'appelle, je la salue, je la reconnaîtrai.

Prenez la croix, marchez en tête. Que votre tocsin retentisse du haut de Saint-Pierre de Rome, et qu'il se propage de la Vistule au Niémen, dans chaque ville, dans chaque village de la Pologne!

Que tout un peuple, à ce signal, sorte des sillons et qu'il soit libre! qu'il soit libre par vous!

A vous restera l'honneur, à vous la puissance.

Vous aurez obtenu deux choses : vous aurez la

gloire d'avoir sauvé une nation et vous convaincrez d'illusion vos adversaires. Il s'agit de montrer que la force que vous avez exercée pour comprimer, vous la possédez aussi pour affranchir.

EDGAR QUINET.

Veytaux (Suisse), 7 mars 1863.

II

PREMIÈRE RÉPONSE A MONSEIGNEUR L'ÉVÊQUE
D'ORLÉANS

Monseigneur,

Vous vous reprochez, en terminant votre lettre, de vous être laissé entraîner à trop d'hostilités de langage. J'espère bien échapper à un regret pareil, et il est vrai que chez moi la même violence serait impardonnable; car, si vous paraissez animé contre moi d'une haine sincère, je puis assurer que je n'en ressens aucune contre vous.

Pour autoriser le ton de votre polémique, vous vous couvrez, dès les premières lignes, d'une phrase que j'écrivais, dites-vous, il y a quelques années. Vous me donnez ainsi, dès le début, un trop grand avantage. Je n'en abuserai pas; il m'est trop facile de répondre : cette phrase, que vous citez avec tant d'assurance et que vous frémissez de retracer, est un texte altéré, falsifié. Ceux qui vous ont fourni contre moi cette belle arme auraient dû vous prévenir que c'est là une arme faussée dont vous pouvez vous blesser vous-même. Ils se sont joué de votre bonne foi comme de celle du public. J'ai dédaigné de leur répondre ; mais, puisque vous m'écrivez en évêque, j'ai la certitude que vous leur répondrez pour moi (1).

Cet autre mot vous blesse, « que vous vous rangez du côté du plus fort ». Vous m'opposez que vous êtes en Italie avec le Pape. Je vous l'accorde. Vous êtes à Rome partisans de votre propre cause : quant à ce qui se passe ailleurs, vous savez que je ne puis en parler.

Ma *Prière au clergé catholique* a été pour vous l'objet d'un de vos plus grands étonnements. Vous ne savez si ce fut un hommage ou un défi. C'est à vous qu'il appartient d'en décider. Faites ce que je vous demande et l'hommage naît de lui-même. J'y suis forcé. Voilà dans quelle embûche volontaire je me suis lié, au grand étonnement de beaucoup de personnes qui partagent votre surprise en

(1) J'ai écrit assez de choses qui peuvent déplaire à un évêque pour avoir le droit de demander qu'on n'y ajoute rien. Les expressions rapportées ici ont été employées à caractériser l'esprit rabelaisien d'un ouvrage du seizième siècle: *les Différents de religion*, de Marnix de Sainte-Aldegonde; et leur sens était clairement déterminé par cette conclusion: *Tel est le but de Marnix*. Naturellement, on a supprimé cette fin. On a changé le commencement auquel on a substitué un « *il faut* » qui n'est pas dans mon texte. Et, pendant des années, cette phrase, dénaturée et mutilée, a servi telle quelle de machine de guerre contre moi. Par ce procédé bien connu, on peut faire dire à un écrivain tout ce que l'on veut. J'ai combattu ouvertement ; je n'ai jamais outragé. Il m'importe que cette différence soit maintenue.

se séparant de vous sur tout le reste. Vous parlez de piége. Oui, le piége est pour moi : il est en votre pouvoir de m'y tenir embarrassé, et vous n'avez besoin pour y réussir que de tendre efficacement la main à un peuple qui se meurt. Quelle énigme est-ce là? direz-vous.

Elle est bien simple. Un évêque doit la comprendre :

C'est que la vie et les tristesses mêmes dont vous parlez m'ont appris une vérité que je ne savais pas assez, et dont je me suis juré de ne me départir jamais. Cette vérité, la voici : lorsque l'humanité crie, il faut d'abord secourir l'humanité et sortir des entraves de l'esprit de parti, auquel on ne doit permettre de se donner carrière qu'après que le cri de la nature humaine a été entendu. Et plût à Dieu que ce principe n'eût jamais été obscurci!

Je crois aussi que la marque qu'une opinion, un parti sont dignes de commander les hommes et de diriger une nation, c'est lorsqu'ils se montrent capables de dominer leurs préventions, leurs répugnances, leurs intérêts passagers, et de laisser parler avant tout la pitié et l'intérêt pour une cause saignante qui ne peut attendre une heure ! Voilà, selon moi, le signe de la grandeur, c'est-à-dire de la puissance. Voilà comment l'on témoigne que de grandes destinées vous attendent, auxquelles on ne sera pas inférieur. N'écouter, ne subir que l'esprit de parti, marque assurée de faiblesse et de stérilité. S'identifier avec la grande cause humaine partout où elle apparaît, y sacrifier même son avantage immédiat, surtout ses haines, c'est au fond la plus vraie, la plus solide politique; et la donner pour base à son parti, c'est l'élever à la plus grande hauteur où il puisse être placé.

Telle est ma croyance. Ne comprenez-vous pas maintenant ma *Prière au clergé*, et que j'ai voulu atteindre deux choses qui ne sont contradictoires que pour des yeux aveugles? Premièrement, avant tout, sauver un peuple (et personne, je le répète, ne le pouvait plus que vous). Secondement, attester que les amis de la liberté savent faire trêve à leurs ressentiments, c'est-à-dire pratiquer la vertu la plus nécessaire pour la direction des choses humaines. En provoquant cette émulation, j'ose dire que si je vous invitais à une occasion glorieuse pour vous, j'en procurais une semblable à la démocratie; et de cette rivalité pouvait sortir une renaissance de l'esprit public. L'humanité et la politique trouvaient également leur compte sur ce terrain, où je proposais à chacun de se rallier à une cause aimée et acceptée par tous.

Votre réponse est-elle bien celle qui devait être faite à ma *Prière* dans votre propre intérêt? Je ne le crois pas. Vous aiderez la Pologne, si je vous garantis qu'aucune révolution n'y pénétrera. Vous déchaînerez les aigles, si je retiens les vautours. Mais, outre que les aigles sont, comme vous le savez, de la même famille que les vautours, il s'ensuivrait que vous refusez d'aider jamais aucun peuple en péril : car où est celui que l'on puisse soustraire à toute chance de révolutions? Demandez-moi plutôt de le soustraire à l'atmosphère de notre siècle!

Est-ce ainsi, Monseigneur, que nous imitons le bon Samaritain? Je vous crie : Un homme est là, aux prises avec des meurtriers! Ils l'ont entouré et couvert de plaies; il se noie dans son sang; si nous tardons un moment, il est mort! Ne nous inquiétons que de le sauver! Qu'il vive par vous, par moi, peu importe! mais qu'il vive! Non! ce n'est pas vous, pontife, qui pouvez répondre de sang-froid : « Avant de secourir cet homme, informons-nous s'il ne verra pas plus tard une mauvaise compagnie; s'il n'a pas, par hasard, quelque ami dangereux qui le détournera de nos voies; avant de nous armer pour lui, que nous sachions d'abord s'il n'est pas en liaison avec quelqu'un qui pense autrement que nous. »

Encore une fois, non! vous ne pouvez pas dire cela, Monseigneur, non plus que moi! je ne puis affirmer que l'esprit de notre siècle n'arrivera pas jusqu'à la Pologne. Vous avez poussé trop loin l'esprit de parti. La véhémence de l'écrivain vous a emporté. Sauvons d'abord ce juste ; d'autres après nous se disputeront son âme. Cette bonne œuvre nous restera de l'avoir au moins arraché aux meurtriers.

Et, véritablement aussi, vous me donnez trop raison quand vous faites si implacablement le procès à tout ce qui s'appelle révolution ! J'ai toujours prétendu que vous êtes inconciliables avec l'héritage de la Révolution française ; qu'elle et vous avez deux génies qui s'excluent absolument. Beaucoup de bons esprits ont voulu se faire illusion et ont résisté aux preuves par lesquelles je m'obstinais à les convaincre. Mais vous vous chargez de leur ôter leur dernier refuge ; et, à ce point de vue, vous me donnez une trop ample satisfaction. Je ne voudrais pas de cette victoire que je semble remporter par surprise. Quoi ! même dans la Vendée, les aigles, les bons, les géants ne sont que d'un côté ! Et les vautours, les méchants, les niais sont de l'autre ! Et ces niais s'appellent Kléber, Marceau, Hoche !

Je vous disais : Pour de si grands maux que ceux de la Pologne, ce n'est pas trop, croyez-moi, que l'accord momentané de toutes les forces vives qui se font la guerre sur un autre terrain. Unissons-nous au moins dans ce grand acte de charité universelle envers un peuple. Nous vous en laisserons volontiers l'honneur, pourvu que nous fassions cesser la servitude. Le souvenir d'une grande action entreprise en commun est capable d'atténuer des divisions que nous avons peut-être tort de croire fondées sur la force même des choses. A cela, Monseigneur, comment répondez-vous ? « La guerre ! toujours la guerre ! jamais de « trêve ! Le bien, si vous vous en mêlez, devient « le mal ! » Voilà ce que vous nous dites en d'autres termes.

Après cette tentative de ma part, qui osera la renouveler ? Et n'ai-je pas bien sujet de dire que vous me donnez trop raison, puisque vous ne laissez aucune place à l'espérance d'une réconciliation future ?

Je ne toucherai pas à l'ancienne histoire de Pologne. Il n'est pas un Polonais qui ne sache que le premier coup a été porté par vous, quand vous avez aliéné les Cosaques de l'Ukraine, et que le dernier a été l'encyclique de 1831, qui a interdit même l'avenir ! Il ne s'agit pas de récriminer sur ce qui a été. Le passé est passé ; il s'agit de sauver le présent. Une grande, une magnanime action peut racheter en un jour le dommage fait en trois siècles. Cette action, à laquelle je vous convie aux dépens de mes intérêts immédiats, où est-elle ? qui l'a vue ? Est-il bien vrai que vous fassiez tout ce que vous pouvez faire ? que vous ne sauriez aller au delà ? Vous voudriez, dites-vous, paraître dans les conseils ! Hélas ! ma dernière attente était modeste. J'ai cru que du moins vous, princes de l'Église, vous voteriez la pétition dont on a fait tant de bruit. Quoi! pas même un vote pour une supplique! Je ne savais pas que cela fût si difficile.

Toutefois, Monseigneur, vous espérez ! Et ici, du moins, vous ne pouvez m'empêcher de me rencontrer avec vous dans une vertu qui n'est pas la moins difficile en des temps tels que les nôtres. Car, moi aussi, j'espère ! Et c'est parce que je sens depuis longtemps l'absence de la patrie, que j'étais prêt à de si grands sacrifices pour rendre une patrie à ceux qui n'en ont plus.

Après que vous avez effacé à demi les injustices de votre plume, n'appelez pas poésie ce que les hommes que nous devons prendre pour modèles ont toujours appelé pitié, justice, miséricorde, amour du bien public.

Vous m'opposez les réalités de votre vie. Je ne suis pas étranger à ces réalités, et mon chemin est probablement plus rude que le vôtre. Mais que font là nos personnes? Oubliez la mienne, et ne voyez que ce que je vous propose.

Songez encore, quel deuil éternel si la Pologne délaissée ou négligée par les raisons accessoires que vous faites valoir, pouvait dire un jour comme Jeanne Darc à votre collègue de Beauvais :

« Évêque, je meurs par toi! »

Veuillez, Monseigneur (et c'est vous qui me condamnez malgré moi à cette formule qui n'est guère à votre usage ni au mien), agréer l'hommage des sentiments que j'ai l'honneur de vous offrir.

EDGAR QUINET.

Veytaux (Suisse), 26 mars 1863.

P. S. Personne en France, Monseigneur, ne m'ayant envoyé votre lettre, je ne la connais que depuis vingt-quatre heures. Vous me pardonnerez d'avoir été par là dans l'impossibilité de vous répondre plus tôt. On a voulu m'épargner, sans penser que je dois être accoutumé à de pareilles blessures, et même à de plus vives.

III

SECONDE RÉPONSE A MONSEIGNEUR L'ÉVÊQUE D'ORLÉANS

Monseigneur,

Ma prière n'a pas été entendue ; je tiens comme vous la discussion pour fermée. Nous ne pouvons réciproquement nous convaincre. Les préventions personnelles ont beau disparaître, l'incompatibilité des choses n'en apparaît que mieux. Et c'est ce qu'on verra toutes les fois que se trouveront en présence l'esprit moderne et l'esprit immuable de Rome.

Quittons donc ce débat où court risque de se stériliser l'esprit même de la France.

Je regrette, il est vrai, qu'il vous ait été impossible de découvrir en France un ouvrage français si aisé à rencontrer en Belgique, en Hollande, en Allemagne, en Suisse, en Italie. Toutes les fois que vous en citez une phrase entière et non un mot isolé, je vous rends grâces.

J'ai recherché dans la *Révolution religieuse au*

dix-neuvième siècle (1) ce qui arriverait si la Providence appliquait à l'Église les lois de l'Église. Cette seule idée d'être jugé par ses propres lois a paru le comble de l'audace à toutes les âmes ecclésiastiques. Mais que dirais-je d'un livre que mes adversaires seuls peuvent lire et que je n'ai pas même le droit de citer?

Je dirai que je le revendique hautement, comme celui de tous mes ouvrages où j'ai fait entrer le plus de vérités acquises au prix d'une dure expérience. Si j'avais à sauver quelques pages de moi, je choisirais celui de mes livres que vous m'opposez avec tant de passion, car c'est là que je me suis le plus préoccupé des intérêts de la conscience humaine, et que j'ai pu parler avec le plus d'indépendance à mes amis et à mes ennemis.

Au reste, ne laissons pas, Monseigneur, notre discussion s'égarer sur des sujets aujourd'hui hors de question. Souffrez qu'en terminant, je la ramène à son point de départ.

Pour sauver la Pologne, il faut constater les causes qui l'ont perdue. Ces causes, dont les histoires sont pleines, sont les suivantes :

C'est vous qui, en 1724, par le supplice des magistrats protestants de Thorn, avez déchiré la Pologne et rendu hostiles les puissances protestantes.

---

(1) *Introduction aux Œuvres de Marnix.*

C'est vous qui, en 1765 (1), dans l'affaire des dissidents, avez agrandi la plaie.

C'est vous qui, dès 1717, en refusant (2) l'égalité des droits et l'admission aux charges à ceux qui ne pensaient pas en religion comme vous, avez ouvert la porte à la Russie...

C'est vous qui, par là, avez donné au despotisme russe le droit ou l'occasion de se proclamer plus tolérant, plus juste, plus humain, plus libéral que vous. La tyrannie vous a dû de paraître de loin un affranchissement ; dès lors, vous savez comme tout s'est précipité en peu d'années.

D'abord, l'impératrice Catherine II et les Russes se sont insinués en Pologne et l'ont foulée aux pieds, en ayant toujours à la bouche les mots sacrés : Tolérance, égalité, civilisation, idées généreuses, indépendance, amour du genre humain, progrès, lumière. Le vocabulaire entier de la liberté a été employé à masquer l'esclavage : « *Vous serez heureux malgré vous !* » disait-on (3).

C'est avec ces mots et d'autres semblables que les Russes ont endormi leur proie.

Quand elle a paru engourdie et suffisamment macérée, ils ont eu recours à l'expédient que voici : environner de troupes russes les assemblées (4) ;

---

(1) Rulhière, *Histoire de Pologne*, t. II, p. 283
(2) *Ibid.*, t. II, p. 452-455.
(3) *Ibid.*, t. II, p. 326.
(4) *Ibid.*, t. II, p. 417-455.

leur extorquer, sous les baïonnettes, des vœux de servitude, et, si elles ne se montraient pas assez complaisantes, les violer ouvertement ; arracher à leurs siéges les députés des Diètes et des Diétines (1) ; enlever dans la nuit les chefs des opposants pieds nus, et les transférer en Sibérie, par exemple les Zaluski, les Soltik, les Rzewuski (2).

Ce second coup, porté avec audace, il a fallu le couvrir par la ruse ; c'est à quoi Catherine II et son agent Repnine ont réussi en rendant la Pologne elle-même complice apparente de sa ruine. Pour cela, la politique russe a inventé un troisième moyen, qui a consisté à imposer, pour les Diètes et les Conseils, des listes (3) de candidats officiels, connus des historiens sous le nom de « *commissaires législateurs* (4) ». Ceux-ci furent appelés à voter les *lois cardinales* (5) de la servitude, auprès du portrait de l'impératrice, en présence du livre ouvert de l'*Esprit des Lois*, de Montesquieu (6), d'où rayonnait sur le trône des tzars une fausse aurore des principes de 89.

Ainsi fut trompé le monde. Par cette suite de mesures dont chacune couvrait l'autre, la Pologne s'est trouvée enchaînée, en apparence par ses

(1) Rulhière, *Histoire de Pologne*, t. II, p. 425-424.
(2) *Ibid.*, t. II, p. 475-478.
(3) *Ibid.*, t. II, p. 497.
(4) *Ibid.*, t. II, p. 410.
(5) *Ibid.*, t. II, p. 466-468.
(6) *Ibid.*, t. II, p. 470.

propres mains, et sa chute a pu être donnée à
l'opinion abusée comme un suicide. N'est-ce pas
là, Monseigneur, la vérité rigoureuse, telle que les
historiens l'ont révélée et qu'il est impossible de
la contredire ?

Si la ruse, la fraude, la perfidie ont été les principaux artisans de cette ruine d'un peuple, qu'en conclurons-nous ? Que ce qui doit le relever, c'est un effort tout contraire, c'est-à-dire un esprit de franchise et de vérité.

Je soutiens que la diplomatie seule ne peut fournir cet esprit ; qu'il faut le chercher dans le génie de la nation appelée à guérir elle-même ses plaies ; qu'en un mot, le salut, pour elle, est de déchirer ce linceul de mensonge sous lequel elle a été étouffée, et de repousser cette complicité avec laquelle on a voulu la faire entrer dans la mort.

Vérité ! lumière ! ce n'est pas l'affaire de la diplomatie ! Il faut le concours ardent de toutes les énergies morales d'un peuple indigné. Est-ce le servir que de condamner ces indignations sous les noms trop faciles à prononcer de *démagogie et d'impiété* ?

On a coalisé, pour égorger la Pologne, tous les mensonges ; il faut, pour la faire revivre, l'alliance de toutes les vérités, de toutes les sincérités.

Vous paraissez reconnaître, Monseigneur, en finissant, que vous ne pouvez rien dans une si grande cause, et vous vous démettez entre les mains des chancelleries, ou plutôt du hasard. Cet aveu d'impuissance dépasse, je le confesse, ce que j'avais imaginé.

Les philosophes, auxquels vous faites une guerre sans trêve et sans merci, l'emportent sur vous en ce qu'ils ont une tâche certaine à remplir; ils ont été trompés au dix-huitième siècle; ils sauront détromper le dix-neuvième.

Veuillez recevoir, Monseigneur, l'hommage des meilleurs sentiments que vous puissiez désirer de moi.

EDGAR QUINET.

Genève, 19 avril 1863.

LE PANTHÉON

(NOVEMBRE 1866)

LE PANTHÉON

(NOVEMBRE 1866)

I

Il y avait, en 450, une bergère de Nanterre qui prophétisait. A l'approche d'Attila, elle annonça que le Barbare ne toucherait pas à Paris. Les habitants, ne la voyant armée que de sa houlette, se crurent trahis et voulurent la lapider. Mais l'événement l'ayant confirmée, et la houlette s'étant trouvée plus forte que le marteau d'Attila, les Parisiens firent de la bergère leur sainte et leur patronne. Cette première Jeanne d'Arc, qui échappa au bûcher, s'appelait Geneviève.

Voilà la légende que l'architecte Soufflot fut chargé de vêtir de pierre au milieu du dix-huitième siècle. La première pierre fut posée par Louis XV, en 1764, peu de jours après la mort de madame de Pompadour. Mais quel rapport y avait-il entre le cinquième siècle et le dix-huitième, entre Attila et

Louis XV, entre sainte Geneviève et madame de Pompadour, entre les Parisiens de Chilpéric et les Parisiens de l'*Encyclopédie?* Comment les accorder dans une même pensée? Était-ce bien le même peuple, la même foi? Par quel prodige trouver dans l'Art une formule assez ample, une courbe assez vaste pour comprendre dans un seul édifice les extrémités opposées des temps, la barbarie et la civilisation raffinée, les Huns et les encyclopédistes, la crédulité et le scepticisme, la légende et la philosophie? L'architecture est-elle capable de donner à un peuple l'impression simultanée de son enfance et de sa virilité?

Tel est le problème qui se présenta lorsque l'esprit du dix-huitième siècle mit au concours le plan d'une église à ériger sous l'invocation de la bergère des Mérovingiens. A la solution de cette énigme était attachée la grandeur originale dans la conception du monument. Mais le problème, presque impossible en lui-même, l'était plus encore vers la fin du règne de Louis XV.

L'architecte Soufflot ne se préoccupa en rien de ce passé lointain.

Comme tous les hommes de son temps, il prit exclusivement son point d'appui dans le monde abstrait. Ce qu'il a le plus oublié, c'est la *donnée* historique de l'édifice; ce qui se montre le moins dans son monument, c'est la patronne et la sainte à laquelle il est érigé.

Voilà une des raisons pour lesquelles ce monument ne touche pas à la première vue ; il ne se lie à aucun passé ; la vieille France en est absente.

Soufflot n'a pas bâti son édifice sur la légende. Il a vécu, en pleine lumière, non avec les chartes et les chroniques du moyen âge, mais avec Montesquieu, Rousseau, Buffon, Voltaire, ces quatre colonnes du siècle de l'esprit. La pensée de ces hommes pénètre partout dans son édifice. N'y cherchez pas les ténèbres volontaires des arceaux gothiques. Vous ne pouvez échapper à la curiosité de la raison. Tout le monument est immergé dans la lumière du dix-huitième siècle. Elle circule autour de la colonnade ; elle monte, elle scintille sous le dôme. Ce rayon obstiné de l'esprit vous accompagne jusque dans les tombeaux. Si le monument a un caractère, c'est d'être bâti de lumière. Mais au milieu de cette clarté, où est l'autel du mystère ? Je n'en vois pas la place.

L'architecte ne s'est pas préoccupé des convenances et des nécessités du culte, plus que de la tradition. Ce qu'il a voulu, c'est lutter non de foi avec les siècles passés, mais d'audace avec les nouveaux. Aussi n'oubliez pas que c'est à Rome, en face du dôme de Michel-Ange, qu'il a conçu l'idée du dôme du Panthéon de Paris. Eh quoi ! lutter d'audace avec Michel-Ange? Oui. Porter aussi haut que lui la coupole du Panthéon romain pour y abriter la pensée de tout un siècle, c'était l'ambition de chaque architecte, depuis que le dôme de Saint-Pierre s'était levé à l'horizon. Le quinzième siècle ne s'était-il pas abrité tout entier sous la coupole de Sainte-Marie-des-Fleurs de Florence, le seizième sous celle de Saint-Pierre et, plus tard, les trois îles d'Angleterre sous le dôme de Saint-Paul de Londres? Soufflot a voulu donner une hospitalité de ce genre à la pensée de son siècle.

Il a même osé beaucoup plus. Car cette coupole hardie que Brunelleschi, Michel-Ange, Wren avaient assise sur de vastes massifs, Soufflot, avec la témérité ou la légèreté de son temps, a voulu l'appuyer seulement sur quatre colonnes. Elles ont fléchi, dit-on; la force leur a manqué. Il a fallu leur porter secours, les raffermir par de lourds piliers. Pourtant l'édifice a résisté. Il est debout; et son second caractère est l'audace. Ajoutons : c'est une audace heureuse.

Si l'architecte se fût souvenu de sainte Geneviève, peut-être eût-il gardé quelque chose de l'humilité des anciennes églises romanes. Peut-être eût-on revu le porche d'une vieille basilique. De modestes dômes romans, retenus encore près de terre, s'essayant à monter, eussent précédé et annoncé la coupole maîtresse.

J'eusse aimé, pour ma part, à voir pour ornements, sur les murailles, la houlette et la quenouille de Geneviève mariées au marteau d'Attila. Mais non! Dès les premiers pas, vous entrez dans les splendeurs corinthiennes.

Voyez ce péristyle. Est-ce bien ici le seuil d'une bergère? Que ferait-elle au pied de ces colonnes orgueilleuses? Si encore elle pouvait se réfugier dans leurs cannelures, comme dans le tronc crevassé d'un vieil arbre! Qu'a-t-elle besoin du luxe de ce portique pour filer ici les destinées de la France? Où placer là en esprit sa bergerie et sa hutte? Qu'a-t-elle besoin de cette colonnade dans la nue? Ces voûtes sont-elles faites pour les cantiques d'une gardeuse de brebis? Elles semblent bien plutôt résonner des échos des derniers chants d'un Tyrtée ou, peut-être encore, d'une *Marseillaise*.

Non, ce n'est pas ici la maison d'une bergère. Qu'a donc fait l'architecte? A quel dieu a-t-il élevé ces colonnades et ce dôme? Est-ce un temple de la nature, ou de la science ou de l'esprit? Personne ne répondit à cette question, tant que dura la France de l'ancien régime. Le monument de sainte Geneviève resta une énigme dont l'architecte lui-même ignora le secret. Personne ne put dire quel était le dieu inconnu auquel avait été érigé le nouvel autel. Après avoir disputé quelque temps sur la témérité de la coupole de Soufflot, on cessa d'en parler. Le dix-huitième siècle allait finir, et le monument le plus important qu'il ait élevé, ne s'adaptant à aucune des convenances du temps, resta étranger à la vieille France, qui acheva de passer à ses pieds sans le regarder ni le comprendre. Son nom n'est mêlé à aucun des actes de l'ancienne monarchie. Placé au-dessus de Paris, relégué au loin, dans un faubourg, près des murs, on eût dit d'un temple perdu dans le désert.

Qui donc révéla le sens de cette énigme de pierre? Qui lui donna son vrai nom? La Révolution française. Pour cela il fallut la mort de Mirabeau. Le 4 avril 1791, l'Assemblée constituante, en face de ce grand mort, eut une inspiration magnanime. Elle chercha autour d'elle où déposer les restes tièdes encore de son orateur. Elle leva les yeux vers la montagne de Geneviève; avec la sûreté de l'esprit héroïque, elle découvrit que cette église est un temple de la gloire. L'enthousiasme lui tint lieu du sentiment de l'art. Elle vit ce qui avait échappé à l'architecte lui-même, qu'il avait préparé d'avance une demeure aux morts illustres que devait évoquer une divinité jusque-là inconnue, la Liberté. Dans un transport civique, elle baptisa le monument, qui parut pour la première fois recevoir une âme et un sens. Elle l'appela le Panthéon.

Dès lors, tout s'expliqua, sitôt que l'église devint un temple de renommée. Voilà donc pourquoi cette vaste enceinte nue ressemblait à un forum. C'est la place où se réunira le peuple pour rendre son jugement sur les morts. Voilà pourquoi cette colonnade portait si haut ses splendeurs; pourquoi la coupole se dressait comme une couronne sur la tête de Paris. Ne voyez-vous pas qu'il s'agit ici de l'apothéose, non d'une bergère, mais de la France, de la Patrie, sous la figure des grands hommes qui vont surgir au souffle du monde nouveau? Ce que l'on avait blâmé comme un luxe superflu pour la prophétesse de Nanterre, ne devenait-il pas nécessaire pour glorifier les hommes de gloire? Y avait-il des colonnes assez hautes, des chapiteaux assez fiers, des guirlandes assez riches pour célébrer ceux à qui la patrie terrestre devait des honneurs terrestres? Les défauts que l'on avait trouvés dans l'église devenaient autant de beautés dans le Panthéon.

Pour en prendre possession, on y porta Mirabeau. Il devait être le premier habitant de ce palais de la gloire humaine. Et qui n'eût cru, en effet, que cet homme puissant allait s'en emparer pour toujours? Qui jamais entrera, comme lui, tout vivant dans l'immortalité? Quelles acclamations sur son passage! Quel cortége d'une nation entière! Mirabeau sera le premier hôte de ces sépulcres; il inaugurera le Panthéon. Qu'il y dorme en paix, confiant dans la liberté conquise et dans la postérité! Tout un peuple veillera à jamais sur ses restes.

C'est ainsi que la France voyait alors l'avenir. Au moment où la Constituante jeta la dernière couronne sur Mirabeau, elle croyait voir s'avancer après lui une longue succession de grands citoyens encore inconnus, qui devaient, en leur temps, être apportés et rangés sous ces voûtes. Elle se figurait que la plus noble ambition des générations à venir serait d'avoir une place dans ces catacombes de la France nouvelle. Chacun se sentant disposé à mourir avec joie pour sa cause, ne trouvait rien de plus beau que de préparer à la mort un splendide édifice; mort que chacun se représentait alors héroïque, sereine, chargée des guirlandes et des bénédictions du monde. C'est dans cet élan d'héroïsme vers l'avenir que la Constituante acheva de donner son esprit au Panthéon par ces mots :

Aux grands hommes, la patrie reconnaissante!

Illusion! chimère! rêve qui n'a duré qu'un jour, je le sais; mais je n'en vois pas qui marque mieux l'élévation des esprits, à cette première heure de la régénération de la France. Rien ne semblait plus simple que d'évoquer d'illustres descendants, qui ne pouvaient manquer de surgir et de se disputer bientôt l'entrée de ces tombeaux. La flétrissure était alors si loin des cœurs! On se croyait si sûr de former une postérité héroïque. La plus belle récompense devait être une place choisie dans la mort.

Les grandes époques croient facilement aux grands hommes; les petites ne croient volontiers qu'aux petites gens. Aux caveaux délaissés des rois de Saint-Denis, on opposait une nécropole de grands citoyens.

La principale beauté du Panthéon, c'est d'avoir Paris à ses pieds et d'être ainsi en spectacle permanent au peuple. Ceci n'avait pas échappé aux hommes de la Révolution. Consacrer un Panthéon n'était pas à leurs yeux une œuvre de vanité politique. C'était un monument pour l'éducation d'une nation par l'exemple de ses morts illustres. De tous les côtés de la ville les yeux se tourneraient vers les tombes populaires qui renfermeraient l'âme éternellement vivante de la France. Les morts y trouveraient leur récompense et les vivants leur voie vers l'avenir. A l'entrée de la Révolution se dressait ce grand phare éclatant de la mort pour éclairer le chemin. La demeure des grands hommes serait pour le peuple fourmillant à leurs pieds un encouragement, un espoir, et, s'il le fallait aussi, un remords.

II

Mais qu'entendait la Constituante par ce mot : les grands hommes?

Emportée vers l'avenir, elle eût admis dans son Panthéon bien peu des hommes de l'ancien régime. Au risque d'être injuste envers la vieille France, elle n'eût admis, je crois, que quelques hommes de paix et de science : L'Hospital, Descartes, Fénelon, pour ne pas renier ce passé jusque dans ceux qui ont les premiers travaillé à le détruire. Je doute qu'elle se fût inquiétée beaucoup de se trouver des ancêtres. Son temps lui eût suffi. Ce qu'elle voulait, c'était bien moins glorifier le passé qu'évoquer l'avenir.

Suivant l'esprit de 89, quels étaient les hommes envers qui la patrie devaient être reconnaissante? J'essayerai de le dire.

Il est frappant que, dans notre siècle, on a classé les plantes, les animaux suivant certains caractères généraux; on a établi une échelle d'organisation, d'après laquelle on les range dans un ordre qui paraît être celui de la nature même; mais les grands hommes? qui nous en donnera une classification exacte? Où est le Linnée qui nous dira suivant quel ordre nous devons les placer, quels sont parmi eux les premiers et les derniers? Ne consultez que les temps de décadence, le choix est bientôt fait. Pour ces temps-là, le plus fort est le meilleur. Toute gloire est bonne qui éblouit; tout homme est grand qui asservit les hommes.

Telle n'eût point été la réponse de 89. La Constituante, si on lui eût fait la question, eût classé les grands hommes d'après la justice qu'ils ont fait entrer dans le monde. Elle eût placé le plus haut celui qui a représenté le mieux l'idée du droit, de la conscience universelle, celui qui l'a le mieux défendue par ses actes; après lui, les hommes de lumière, ceux qui ont découvert par la philosophie des vérités nouvelles, dans la société d'abord, puis dans la nature; après eux, les hommes qui ont été l'ornement de leur siècle par l'art et par la poésie. La Constituante, toute à la politique, ne leur eût donné, je crois, à la manière de Platon, que le troisième rang. Quant aux hommes de bruit, aux hommes d'épée, sans caractère civil, elle avait si peu de goût pour eux ou plutôt tant d'aversion, que je crains bien qu'elle n'en eût admis qu'un petit nombre dans son monument, qui devait être avant tout le monument de la liberté et de l'humanité.

Voilà aussi le seul point par où la Révolution, à

son origine, eût pu s'entendre avec sainte Geneviève. C'est la houlette désarmée de la bergère qui a vaincu Attila. De même ici après treize siècles. Qui a repoussé le Barbare avec une houlette, je veux dire avec une idée, avec une vérité nouvelle, avec une parole, avec une philosophie désarmée, celui-là a droit de bourgeoisie éternelle sous les voûtes du Panthéon de la Constituante.

Ainsi, elle en eût ouvert les portes toutes grandes à quiconque représente le bien, le vrai, le beau. Infailliblement, elle les eût fermées à qui s'est servi de sa gloire pour opprimer ; elles les eût fermées à qui représente exclusivement la force triomphante, sachant bien que les peuples n'ont pas besoin d'apprendre à l'adorer. Elle tenait que ceux qui ont usé de la force en ont presque toujours abusé, que, d'ailleurs, avides et impatients de domination, ils ont eu leur récompense de leur vivant. En les excluant du Panthéon de la France nouvelle, elle eût voulu que les pierres portassent témoignage de l'esprit nouveau, dans lequel l'épée doit céder à la pensée. Dans l'opinion de ce temps-là, le dôme et le cloître militaire des Invalides appartenaient aux hommes de guerre. Qu'ils laissent aux hommes de paix le temple de la paix.

Dans les anciens monuments, un reste de barbarie est de donner la première place aux conquérants. Ici, l'originalité, la nouveauté eût été de les exclure pour ne laisser paraître que la gloire de ceux qui ont tout fait avec rien, c'est-à-dire avec l'esprit. Et quelle leçon pour un peuple toujours amoureux du plus fort, que ce dédain de la force et ce culte du bon droit dans le faible! Par là, c'eût été le monument de l'ère moderne, comme la comprenaient et l'appelaient les Français à cette première aube de la justice.

Si cette défiance de la Constituante contre la force ouverte a été justifiée ou condamnée par les événements, la postérité le dira; mais il faut louer le sculpteur David d'avoir compris dans son fronton l'intention première des fondateurs du Panthéon. Parmi les hommes illustres qu'il a choisis pour représenter le monde nouveau dans son bas-relief, presque tous sont désarmés et appartiennent à l'ordre civil. Je ne vois ici qu'une seule épée. S'il n'en eût mis aucune, la leçon eût été plus parlante.

III

Après Mirabeau, quels sont ceux auxquels la Constituante a décerné le Panthéon? Entre tous les hommes de l'ancienne France qui a-t-elle choisi pour lui servir de compagnon? Par ce jugement, elle va achever de marquer le caractère qu'elle veut donner à son édifice. Est-ce l'autorité politique au prix de la justice et du sang? Est-ce la tyrannie du génie? Est-ce la toute puissance des armes qu'elle veut introniser ici? Est-ce Richelieu? Est-ce Turenne? Est-ce Condé? Est-ce Charlemagne? Non. C'est d'abord Voltaire, puis J.-J. Rousseau. Voilà le sceau de lumière qu'elle donne au Panthéon; cette fois, l'empreinte est si bien marquée, qu'il sera désormais impossible de la lui enlever.

Le 10 juillet 1791, les restes de Voltaire, cachés jusque-là dans un cimetière de campagne, sont portés au Panthéon. N'était-ce pas l'esprit même du dix-huitième siècle et de la civilisation moderne qui allait prendre possession de son temple? Ce char antique, sur ses roues de bronze, attelé des douze chevaux blancs du char de la Lumière, ce cortége d'hommes vêtus à la romaine, montraient un dernier effort pour se dérober aux passions présentes. Ce n'était plus la simplicité tragique du convoi de Mirabeau. Les esprits étaient remplis de la fuite du roi et du retour lamentable de Varennes. La seconde fête de la fédération devait être célébrée dans trois jours. Entre ces tragédies, Paris se donna tout un long jour de sérénité radieuse en suivant l'*apothéose* de Voltaire, parmi les masques *scéniques*. On fit faire à sa statue une première station sur les ruines de la Bastille. Toute la ville semblait dire : « Vois comme nous t'avons vengé! » Moment unique où la Révolution française, apaisée et confiante, s'éclaira subitement du sourire de Voltaire. Le bon sens, la raison, la justice, la modération dans le triomphe, se communiquaient à tous. Le regard de Voltaire dissipa pour un jour les incertitudes, les anxiétés, les colères, même les terreurs. On se sentait si sûr de vaincre, ayant pour soi un tel otage de la vérité et de l'immortalité!

Tout autre fut le triomphe ajourné de Rousseau. Il n'arriva au Panthéon que le 11 octobre 1794. Mais dans l'intervalle tant de choses s'étaient passées! cet espace de trois ans renfermait tout un siècle. Les restes de Marat (qui croirait que la réaction se couvrit un moment de cette apothéose?) s'étaient montrés sous ses voûtes; ils en avaient chassé ceux de Mirabeau, pris en flagrant délit posthume de connivence avec la cour. Maintenant, J.-J. Rousseau apparaissait comme la purification après les profanations. Mais qu'il y avait loin de là à la foi des premiers temps! On avait appris à douter des plus grands. On craignait que le mort ne conservât encore quelque secret terrible qui déconcertât les apothéoses. Cependant, le moyen de douter de Voltaire et de Rousseau! Après l'orage ils restaient là, tous deux réconciliés, hôtes immortels de la Révolution dont ils gardaient l'enceinte. Ils étaient seuls, après le grand tumulte. Mais ils suffisaient à remplir le Panthéon. Qui pourrait jamais les en arracher?

La Révolution était finie; du moins on le croyait, et personne pourtant, ne demandait pour aucun des chefs de la Révolution l'entrée de son monument. Encore moins eût-on osé demander que les chefs de partis opposés fussent couchés les uns à côté des autres, sur le même lit de pierre. On eût craint que les morts se réveillassent et que la bataille ne recommençât entre eux. Soit modestie, soit haine, la Révolution, qui avait élevé un monument aux grands hommes, laissait à l'avenir le soin de le peupler. Il restait comme une pierre d'attente; il représentait l'espérance lointaine, le bonheur ajourné, ou plutôt la religion civile qui devait être le couronnement et la fin de la vie publique.

Monument de Janus, au double visage, l'un tourné vers le passé, l'autre vers l'avenir, il change de nom, suivant la différence des temps! Regardez! Église ou temple, sainte Geneviève ou Panthéon, il pourrait à lui seul dire si la Révolution est vaincue ou victorieuse.

L'Empire parut l'avoir oublié; puis tout à coup Napoléon y fit entrer l'un de ses plus vaillants généraux, Lannes. Si la nation eût été consultée, elle lui eût donné pour compagnons de tente, Hoche, Kléber, Marceau, Joubert. Lannes resta seul à son tour et comme dépaysé dans ce séjour de la paix. D'ailleurs, que pouvaient devenir des honneurs funèbres qui ne dépendaient plus que de la faveur et de l'amitié du prince? En mêlant à Voltaire et à Rousseau des dignitaires obscurs, sans lendemain, on ôta bientôt au Panthéon son auréole. Le nom lui resta, la pensée en fut retirée. Ce ne fut plus ni Sainte-Geneviève ni le Panthéon, mais une chose sans âme, tombée en désuétude, sépulcre vide d'une révolution morte.

Cela ne suffit pas à la Restauration; et ici comme ailleurs, la franchise de ses haines la trompa! C'est elle qui, en rendant au Panthéon le nom de l'ancien régime, lui rendit sa signification politique et civile. Le peuple, idolâtre des mots, recommença à s'attacher à ces pierres, dès qu'il vit comme elles lui étaient disputées. En ôtant l'inscription : « Aux grands hommes, » la Restauration parut vouloir ôter jusqu'à l'espérance. Quand elle eût pu si bien se couvrir de ces mots, elle aima mieux les tourner contre elle. Heureux que l'on n'ait pas su alors jusqu'où elle poussait la fureur de se perdre. Elle osa ouvrir les tombeaux de Voltaire et de Rousseau, en piller les restes, en remplir des sacs, les jeter au loin, je ne sais dans quel égout, près de la Seine. Représailles des sépultures royales et des spectres dispersés de Saint-Denis. Que serait-il arrivé si nous l'eussions surprise en flagrant délit, la main dans ces tombeaux ? Mais, avec un reste de prudence que l'on n'aurait pas imaginée dans ses témérités, elle avait choisi la nuit pour cette œuvre de nuit. Le secret de cette victoire clandestine sur des ossements fut si bien gardé, qu'il n'a été révélé que de nos jours et au milieu de l'indifférence à laquelle nous nous sommes accoutumés. Les tombeaux ont continué à être visités trente ans après qu'ils étaient vides. Ce secret, cette peur, ce silence, cette nuit, voilà notre excuse. Vous ne pouvez, du moins, nous accuser d'avoir laissé volontairement et sciemment jeter au vent les cendres de nos grands hommes comme leurs idées.

IV

Ainsi a fini le beau rêve de la Constituante; l'éducation morale d'un peuple dans la liberté par le souvenir consacré des meilleurs.

La Constituante et la Convention ne voulaient pas seulement des tombes cachées dans des souterrains ; elles voulaient des œuvres d'art, bas-reliefs, statues, fresques, tableaux, tout un ensemble de monuments décoratifs, qui eussent fait du Panthéon le Campo Santo, le Santa Croce et le Westminster de la France. Et qui peut dire, par exemple, que le *Serment du jeu de Paume*, par David, n'eût pas acquis un nouveau sens sous cette coupole : J'eusse aimé à voir ici tant de serments jurés, solennels de tout un peuple. Taillés dans le marbre ou peints à la fresque sur les murailles; le vent ne les aurait pas emportés au premier souffle. Ils auraient duré plus d'un jour.

Cette manière sérieuse de concevoir la vie et de prendre la mort à témoin fut une des idées les plus grandes de la Révolution française. C'est aussi celle qui est le mieux anéantie, celle qui est e plus loin de nous, qui nous parle le moins, qui nous est le plus opposée, qui nous sépare le plus de 89, qui montre le mieux combien notre esprit est différent, et de quelles hauteurs nous avons été précipités.

Faire crédit à un être idéal, la Patrie, au point d'accepter pour payement et loyer de nos services la reconnaissance idéale des générations à venir, qui voudrait aujourd'hui de ce contrat ? Qui pourrait seulement le concevoir ? L'homme qui le proposerait, on l'accuserait d'être mystique.

La pensée de porter notre vie au delà du présent, de prendre notre levier dans le tombeau, de donner un aliment quelconque aux belles actions par l'appât d'une noble mort, de chercher une raison de vivre au delà de la vie, dans l'émulation des grandes choses et l'ambition du sépulcre, ces idées et toutes celles de ce genre sont extirpées de l'âme humaine, au moment où je parle. Il est même difficile de les rendre de manière à les faire sentir, tant elles nous sont devenues étrangères et hostiles ! Notre langue actuelle se refuse à les exprimer. Oui, ces idées-là sont mortes ; je le reconnais, je l'avoue. Mais êtes-vous bien sûr qu'elles ne renaîtront jamais ? Quoi ! vraiment ? deux tombes spoliées et vides, des restes jetés à tous les vents ! Est-ce là tout ce que la France peut faire pour ses grands morts ? « La Patrie reconnaissante » n'est-ce qu'une sépulcrale ironie ?

Pourquoi donc n'aurions-nous pas, à notre tour, notre Westminster et notre Campo Santo ? La France n'a pas, comme les Pisans, rapporté sur ses vaisseaux de la terre du saint sépulcre. Cela est vrai. Mais, n'a-t-elle pas soulevé assez de noble poussière dans le monde pour enterrer dignement ses héros ?

Et qui donc se plaindrait de voir sainte Geneviève donner la main à Jeanne d'Arc, l'Hospital à Turgot, Descartes à Montesquieu, Voltaire à Rousseau, Hoche à Vauban, Buffon à Laplace, à Cuvier, à Geoffroy Saint-Hilaire? Quelles processions de nouvelles panathénées ne serait-ce pas que les siècles et les temps réconciliés entre eux sur ses murailles, par l'entremise des grandes figures qui, en dépit de nous, ne périront point ? Il y aurait au moins une pierre, un nom, pour ceux qui, sans avoir obtenu la gloire, ont mérité un souvenir. Voyez comme l'indifférence entraîne et dégrade tout de nos jours, les hommes et les choses! Peut-être, à aucune époque du monde, pareille faculté d'oublier pour être oublié n'a été donnée aux générations.

Dira-t-on que notre passion de l'égalité est si grande, que nous sommes envieux des tombeaux, et que c'est la raison pour laquelle la conscience publique a si mal protégé ses hôtes du Panthéon? Vous ne pouvez le dire, puisque au contraire partout s'érigent obscurément, à des hommes obscurs, des statues, des bustes, encouragés bien souvent par la vanité ou la complaisance municipale. Mais ne serait-il pas à propos que les plus grands au moins et les meilleurs fussent réunis et rapprochés quelque part, comme dans la conscience publique? Il ne nous serait pas inutile, je crois, de les entendre ici converser entre eux du bord d'un siècle à l'autre.

Pensez-vous que Galilée ne gagne rien à se trouver près de Dante, Machiavel près de Michel-Ange, dans Santa Croce; et Fox près de Pitt, Shéridan près de lord Chatham, dans Westminster. Ces amitiés dans le marbre et dans la mort ne disent-elles rien aux vivants ? Pour moi, je l'avoue, je serais prêt à user de clémence envers Mirabeau. Je croirais que ses restes ont été assez châtiés d'une proscription de soixante-treize ans dans l'égout de Clamart. Je consentirais à le rétablir dans sa demeure funèbre. Seulement, je lui infligerais pour supplice d'avoir à perpétuité sous ses yeux la figure de la conscience et de l'intégrité dans son adversaire et son juge, La Fayette.

Il ne me déplairait pas de voir madame Roland à côté de madame de Staël. J'aimerais à rencontrer Arago s'entretenant avec Condorcet et Lavoisier, ou, de nouveau, Chateaubriand entre ses deux amis de la dernière heure, Lamennais et Béranger. Je pousserais plus loin encore la tolérance envers ceux qui ont servi la liberté, la dignité humaine, et donné un exemple de ce que nous avons le plus oublié : le courage civil. Je souffrirais volontiers Malesherbes entre Vergniaud, Manuel et le général Foy. Je n'oublierais pas les écrivains qui ont honoré la presse dans le combat de chaque jour ; car j'ai appris ce que devient une nation quand ils se taisent, et je graverais avec amitié le nom de Carrel à côté de celui de Paul-Louis Courier. Je me souviendrais aussi que lorsque nous portions à bras la bière de Benjamin Constant, j'entendis un long cri s'élever : « Au Panthéon ! » Je ne lui refuserais pas la place qui a été donnée à Shéridan.

Quant à ceux qui ont versé à flots le sang humain, même avec de justes colères, même sans le vouloir, même sous le coup de la fatalité antique, qu'en ferez-vous ? Ici, l'antiquité répond pour moi. Que ceux-là ne dépassent pas ce seuil. Ils ressemblent à Oreste. Ils sont destinés, comme lui, à errer autour des degrés du temple, sans pouvoir y entrer.

Jamais l'art n'aurait eu un plus noble but. Il s'agirait de ressusciter l'âme engourdie, enténébrée d'un peuple. Le ciseau et le pinceau feraient peut-être le miracle qui semble refusé à la plume et à la parole humaine. Un peintre (1), d'un talent

(1) M. Chenavard.

sévère, avait consacré sa vie à un projet de ce genre. Il avait osé peindre la Bible tout humaine de ce Vatican renié de la liberté civile. Où sont ces tableaux? Où sont les scènes dans lesquelles revivaient, dit-on, les principales époques d'affranchissement de l'esprit moderne, comme une préparation au travail et au vœu de la Constituante? Est-ce une fatalité que ces murailles rejettent jusqu'aux offrandes de la liberté dans l'art?

Je sais qu'il faut que le temps ordonne lui-même ses Panthéons, et que l'on ne peut improviser l'immortalité. Mais, Dieu merci! la France n'est pas d'hier. Elle a vécu assez pour pouvoir passer au crible les noms illustres, et discerner ceux qui lui ont été ou utiles ou funestes. Que risquerait-elle à commencer au moins ses justices par ceux qui nous dominent de loin et sont étrangers à nos temps? Qu'a-t-on fait de Descartes? Rapporté par grâce à Saint-Germain des Prés, il attend encore son éloge funèbre, qui lui a été refusé. Où est le monument de Montesquieu? Où est celui de Buffon? On ne se commettrait pas trop à faire ici réparation à leurs mémoires.

A quoi bon, direz-vous! Ces gloires-là sont hors de notre horizon d'aujourd'hui. Elles se passent de nous, et le présent seul nous intéresse. Il s'agit des hommes qui ont vécu depuis la Révolution française ou qui l'ont préparée. Voilà ceux qu'il s'agit de juger. Et qui en fera le discernement ? Pour l'essayer, il faudrait que leur œuvre fût consommée. Car, tout morts qu'ils sont pour nous, ils sont encore dans la mêlée ; ils continuent de combattre et de haïr. Et puis, où ramasser leurs os ? Il ont été si bien dispersés à tous les vents !

Allez, cherchez ceux de Mirabeau, de Condorcet, de madame Roland. Essayez de retrouver ceux de Voltaire et de Rousseau. Qu'en a-t-on fait ? Nous ne savons. D'ailleurs, qui nous assure qu'Agrippa d'Aubigné à Genève, Bayle en Hollande, Carnot à Magdebourg, madame de Staël à Coppet, ne préfèrent pas leurs tombes de proscrits à des justices funèbres qui se sont fait trop attendre ? Peut-être nous diraient-ils : « Il est trop tard ! » Et si nous ne pouvons les apporter ici, où serait la sanction du monument ! Où serait le respect ? Vain projet de diviniser l'humanité. Elle se rit de son culte. Qui donc commanderait ici le silence et la pitié des morts, si les morts sont absents ? Craignez que l'on ne prenne, sans eux, leurs sépultures pour un musée.

Voilà l'objection principale. C'est au temps à venir d'y répondre. Pour moi je la constate et je me tais. Car, tout ce que j'aurais à dire suppose un premier Panthéon, un édifice moral, celui de la conscience, de la patrie idéale, de la liberté politique dans le cœur et la maison de chaque homme. Les colonnes en seraient vivantes et n'auraient besoin ni de piliers ni de mains de fer pour se soutenir dans la nue. Tant que cet édifice n'existe pas dans l'intérieur de chaque Français, ne songeons pas à rouvrir la maison commune de la gloire civile et de l'immortalité. Aussi longtemps qu'il est de dogme, dans la conscience humaine, que le plus fort seul a raison, un Panthéon est impossible. Il est bien sûr qu'il resterait vide, même rempli jusqu'au faîte d'un peuple de marbre. Que serviraient, dites-moi, des hommes de pierre à des hommes de pierre? Les morts sont patients; qu'ils attendent.

Veytaux, 1ᵉʳ novembre 1863.

FRANCE ET ALLEMAGNE

(1867)

FRANCE ET ALLEMAGNE

(1867)

I

POINT DE VUE DE L'ALLEMAGNE

Il faut renoncer pour toujours à écrire sur les affaires publiques, ou dire aujourd'hui sa pensée sur les événements d'Allemagne, car ils dominent de haut tout ce qui s'est fait de nos temps, et jamais rien ne se passera de plus grave pour nous.

Je voudrais chercher ici impartialement les conséquences enveloppées de ces événements, au point de vue de l'Allemagne et de la France.

Il n'est pas trop tard pour parler encore de ce qui est non pas une crise, mais un état nouveau du monde. Je resterai en dehors de toute passion et de tout esprit de parti. Mais, dans des circonstances peut-être décisives, je regarde comme un devoir de ne pas demeurer étranger à des affaires que je n'ai cessé de suivre de près depuis 1831;

et je dois avant tout montrer comment j'y suis forcément ramené par le jugement anticipé que j'en portai, il y a trente-cinq ans, dans les termes suivants (1) :

« C'est en Prusse que l'ancienne impartialité et le cosmopolitisme politique ont fait place à une nationalité irritable et colère. C'est là que le parti populaire a fait d'abord sa paix avec le pouvoir. En effet, ce gouvernement donne aujourd'hui à l'Allemagne ce dont elle est le plus avide : l'action, la vie réelle, l'initiative sociale. Il satisfait son enjouement subit pour la puissance et la force matérielle.

« Le despotisme prussien est intelligent, remuant, entreprenant ; il ne lui manque qu'un homme qui regarde et connaisse son étoile en plein jour ; il vit de science autant qu'un autre d'ignorance. Entre le peuple et lui, il y a une intelligence secrète pour ajourner la liberté et accroître en commun la fortune de Frédéric. Outre cela, un avantage incontestable, et qui rachète mille défauts, le despotisme prussien a le privilége de tenir dans sa main l'humiliation de la France et de lui rendre le long affront du traité de Westphalie ; car il sait que c'est lui qui a brisé à Waterloo l'aile de la fortune de la France.

(1) Extraits d'*Allemagne et Italie*, Œuvres complètes.

« L'unité, voilà la pensée profonde, continue, nécessaire qui travaille ce pays et le pénètre en tous sens. Religion, droit, commerce, liberté, despotisme, tout ce qui vit de l'autre côté du Rhin pousse à ce dénoûment.

« Quelle est la pensée vivante qui est à cette heure sous chaque toit ? Cette pensée est l'unité du territoire de la patrie allemande; ce cri est l'abolition des frontières artificielles, le renversement des limites arbitraires, derrière lesquelles ils sont parqués eux et leurs produits, sans lien, sans industrie possible.

« Déjà l'une des assemblées politiques a voté un contrat dont la conséquence immédiate est de conférer à la Prusse le protectorat matériel de tout le reste des nations germaniques.

« Cette unité n'est point un accord de passions que le temps détruit chaque jour ; c'est le développement nécessaire de la civilisation du Nord.

« Et nous, qui sommes si bien faits pour savoir quelle puissance appartient aux idées, nous nous endormions en pensant que jamais elles n'auraient l'ambition de passer des consciences dans les volontés, des volontés dans les actions, et de convoiter la puissance sociale et la force politique.

« Voilà cependant que ces idées, qui devaient rester incorporelles, se soulèvent en face de nous comme le génie même d'une race d'hommes ; et cette race elle-même se range sous la dictature d'un peuple, non pas plus éclairé qu'elle, mais plus avide, plus ardent, plus exigeant, plus dressé aux affaires. Elle le charge de son ambition, de ses rancunes, de ses rapines, de ses ruses, de sa diplomatie, de ses violences, de sa gloire, de sa force au dehors. C'est donc de la Prusse que le Nord est occupé à cette heure à faire son instrument.

« Oui, et si on le laissait faire, il la pousserait lentement et par derrière au meurtre du vieux royaume de France.

« Le monde germanique n'attend plus qu'une occasion. Or, encore une fois, quelle est la nation placée par l'Allemagne pour épier et chercher cette occasion ? C'est celle qui porte à sa ceinture les clefs de notre territoire, et qui garde dans sa geôle la fortune de la France. »

Voilà ce que j'écrivais en octobre 1831. Ces paroles se sont si bien réalisées, que l'on pourrait croire qu'elles ont été écrites hier. Comment a-t-il été possible de marquer ainsi trente-cinq ans à l'avance ce qui s'accomplit de nos jours et sous nos yeux ? L'empire allemand qui se dresse devant nous était-il visible en 1831 ? S'annonçait-il dans les cours, dans les chancelleries ou dans la presse ? Non, assurément. Mais si les documents politiques se taisaient, il y avait des signes dans le fond des choses. C'était comme une rumeur à voix basse qui partait on ne sait d'où. Elle n'avait ni forme ni consistance. C'étaient des conversations rares, des paroles interrompues, des enthousiasmes subits qui jaillissaient et disparaissaient comme l'éclair.

On pouvait les résumer dans ce mot : la grandeur de l'Allemagne.

Tels furent les documents qui s'offrirent à moi (car je n'en eus pas d'autres) pour calculer l'avénement de la race allemande; documents qui, sans doute, eussent semblé méprisables aux diplomates de ce temps-là, et qui se sont trouvés plus féconds en vérités que tous les rapports des chancelleries.

Il m'est nécessaire de rappeler ce souvenir et de constater combien l'événement a répondu exactement à l'idée que je m'en formai d'avance. Car c'est là mon point de départ et ma raison pour juger des choses actuelles. Lorsque, dans les sciences naturelles, un naturaliste voit sa théorie confirmée plus tard par un fait, tout le monde trouve à propos qu'il le déclare. C'est ainsi que l'expérience vient au secours des idées.

Pourquoi n'en serait-il pas de même dans la politique? Pourquoi un homme ne pourrait-il pas dire : « L'expérience et les événements ont confirmé les vues, les idées que j'ai exprimées il y a plus d'un tiers de siècle? » Cela est d'autant plus nécessaire, que c'est la seule réponse à ceux qui accusent la philosophie politique d'être de trop dans le monde. Quand elle a vu juste et de loin, pourquoi ne pas le dire ? Ce serait se trahir soi-même. Assez de gens sont intéressés à laisser croire qu'il n'y a de bon conseiller que le hasard.

En vertu des mêmes idées que tout a confirmé, je suis tenté de regarder au delà du présent ; et je demande d'abord ce que deviendra cette puissance nouvelle, qui, surgie d'hier, occupe déjà tous les esprits.

Avant tout, tenons pour certain que cette formation de l'unité germanique ne peut plus être empêchée par qui que ce soit au monde. La voilà lancée avec la force de projection d'un boulet de canon. Elle ne se laissera arrêter ni par des articles de journaux ni par des notes diplomatiques.

Son seul embarras était de trouver l'occasion de naître. Cette occasion lui a été donnée. Il ne s'agit plus désormais pour elle que de grandir encore. Cette difficulté n'est rien en comparaison de la première.

Vous demandez pourquoi cette unité formidable, préparée, annoncée de si loin, a été si lente à se produire. Qui empêchait la Prusse d'aller plus tôt au devant de la fortune? Je réponds : Ce qui a retenu longtemps le gouvernement prussien, ce qui lui ôtait l'envie de brusquer la fortune, c'était la crainte de rencontrer quelque part la liberté et la Révolution. L'affaiblissement des consciences semblait n'être un souci que pour le philosophe. Dans la réalité, ce vide moral, agrandi de jour en jour, était fait pour donner carrière aux grandes ambitions.

Le gouvernement prussien a eu le mérite et la sagacité de comprendre que cette déroute des esprits en Europe avait entraîné une diminution de l'intelligence; que c'était là un moment précieux; qu'il s'agissait d'en profiter; que les esprits étaient au premier occupant; qu'un jour de succès déciderait de tout ; que les plus hostiles deviendraient les plus complaisants dès qu'ils auraient senti le fer.

Il a marché, il a vaincu. Les âmes se sont aussitôt courbées. L'unité de l'Allemagne, qui n'avait pu se former dans la justice et dans le droit, est née d'une guerre abhorrée, puis applaudie dès qu'elle a réussi.

Vous vous étonnez que la démocratie allemande se réconcilie si vite avec qui la foule aux pieds. Mais est-ce là un trait particulier à l'Allemagne? C'est bien plutôt un des caractères généraux de notre temps. Les peuples, après tant de défaites, ont gardé un sentiment profond de leur faiblesse. Surpris d'une si miraculeuse impuissance, ils acceptent de tomber en tutelle. Peut-être au fond de cette abdication gardent-ils l'espoir de se servir de leurs maîtres. Le cheval prie l'homme de se mettre sur son dos, espérant atteindre ainsi je ne sais quelle proie au bout de la carrière. Il compte alors se débarrasser du frein et du cavalier. Ce marché-là date du commencement du monde. Je ne sais ce qu'en pense aujourd'hui, à travers ses hennissements, la bête de somme.

Quoi qu'il en soit, l'empire allemand est fait. Quel sera l'avenir de cet empire si longtemps ajourné, enfin acclamé dès qu'il s'est imposé? Je croirais volontiers qu'en beaucoup de choses, il ira contre le but de ses auteurs.

Ils ont cru servir les intérêts d'une aristocratie féodale. Ne soyez point surpris s'il arrive le contraire. Aucune nationalité ne s'est développée sans que l'industrie n'ait grandi avec elle ; et l'industrie, en croissant, a pour premier effet de limiter ou d'abaisser l'aristocratie.

L'Allemagne n'échappera pas à cette règle qui est jusqu'ici sans exception. Les parties éparses du grand tout teutonique se rapprochent et se fondent; la richesse générale augmentera; la puissance héréditaire des grandes familles en sera diminuée. Le parti féodal se sera blessé par ses armes.

Quel peut être, d'ailleurs, le caractère d'un despotisme prussien imposé à la race allemande? Je serais bien étonné s'il parvenait à extirper de cette race les besoins de l'esprit, et s'il réussissait à l'empêcher de penser.

Il est vrai que l'Allemagne se donne, dès les premiers pas, un grand démenti. Kant lui avait appris à chercher la liberté et la prospérité dans une fédération d'États sur laquelle il revenait sans cesse. Cette vue du penseur allemand est renversée par ce qui vient d'arriver en Allemagne; de même que les plans de liberté formés par les sages de la Révolution française ont échoué en France : des deux côtés, même démenti donné aux espérances et aux prévisions des meilleurs.

Est-ce donc que l'avenir doit infailliblement renier ceux dont le passé s'honore le plus? Non, sans doute. Mais le monde, qui n'a pu atteindre le but par la voie droite, y revient par des détours frauduleux, dont la raison se scandalise. Kant et Mirabeau ne tenaient pas assez compte de ce qui reste chez nous du vieil homme servile.

L'Allemagne n'a pu atteindre à la patrie allemande en passant par la justice et par la liberté. Elle y arrive par le chemin de l'injustice et de l'arbitraire. Par là, elle montre à son tour, quoi que nous en disions, combien notre Europe est encore barbare.

Au reste, les Allemands sacrifient en ce moment la liberté, non pas seulement au bien-être, au lucre, mais à l'idée de la grandeur nationale; cela seul pourrait leur donner avec le temps une supériorité décidée sur ceux qui feraient le contraire.

Convaincus, d'ailleurs, qu'ils ont conquis le gouvernement des esprits en Europe, ils tiennent pour certain depuis longtemps que tout émane d'eux, science, poésie, art, philosophie; que le monde est devenu leur disciple. A cette souveraineté intellectuelle qu'ils s'imaginent posséder, que manquait-il encore? La force. Ils viennent de s'en emparer. A leurs yeux, ce n'est pas seulement un empire de plus dans le monde; c'est la substitution de l'ère germanique à l'ère des peuples latins et catholiques, relégués désormais sur un plan inférieur.

Cet empire, en effet, est protestant. C'est assez dire qu'il ne peut recommencer le passé sous la forme de l'arbitraire des États catholiques. Par exemple, il ne peut graviter autour de la papauté ni la refaire de ses mains. Combien de libertés ne sera-t-il pas obligé de laisser vivre : liberté de conscience, liberté de penser, c'est-à-dire toutes celles dont s'honore le plus l'homme moderne. Le droit divin ne sera qu'une prétention chez les protestants. Il ne peut y être un principe. Voilà les raisons dont se bercent les libéraux, les démocra-

les allemands. Cela explique pourquoi ils acceptent si aisément leurs défaites.

Combien de fois l'avénement de cet empire n'avait-il pas été appelé depuis 1813, par les écrivains et les penseurs nationaux, comme une éternelle représaille contre l'empire de Napoléon ! C'est depuis ce temps que les vues humaines, équitables de Kant ont été abandonnées pour l'hégémonie de la Prusse, ou plutôt pour l'ambition de la force. Il est presque exact de dire que tous les poëtes allemands ont évoqué le pouvoir colossal de l'unité germanique, et qu'ils ont tout sacrifié de loin à cette idole. Obscur sur le reste, Hegel était clair lorsqu'il parlait de cet État prussien, le modèle et le résumé de la civilisation moderne. Cette philosophie de glace s'échauffe lorsqu'elle touche à ce sujet.

Que conclurons-nous de là? Que le pouvoir nouveau n'aura point à faire la guerre à la pensée humaine, sous le nom d'idéologie; et, puisque les générations contemporaines font si bon marché d'elles-mêmes, il peut arriver qu'elles seules soient sacrifiées, et que l'avenir de la civilisation réduite à l'idée de force ne soit pas annulé par leur chute. Il leur plaît de n'être rien pour sauver l'orgueil du grand tout. Ne disputons pas sur ce point avec elles. Ce vœu-là semble bien près de s'accomplir.

Ajoutons que le machiavélisme allemand ne

semble pas fait pour durer. Ces deux mots, si bien unis aujourd'hui, se contredisent ; il y a entre eux l'épaisseur des Alpes.

La grande question est de savoir si le mouvement d'idées produit par la race allemande, et qui se résume dans ce mot : grandeur spirituelle, sera extirpé par le despotisme politique ; si cette nation sera poussée par la violence à des plagiats stériles, si elle oubliera et reniera en un jour ce qui a fait jusqu'ici sa gloire; ou si la vie morale déposée dans ses poëmes et ses philosophies ne passera pas en partie dans son avenir politique.

On peut croire à cette dernière hypothèse. Une si grande littérature n'aura pas existé inutilement pour ne laisser aucune trace dans la conscience générale.

En ce cas, l'Allemagne aurait gagné une marche sur la France pendant son sommeil. La civilisation changerait d'axe. Le mouvement social, commencé au nom de Montesquieu, de Voltaire et de Rousseau, se continuerait au nom de Kant, de Gœthe et de Schiller.

Considération bien grave, que je soumets aux Allemands. Jusqu'à cette heure, le despotisme prussien a été violent, inique ; mais il n'a pas pris la peine d'être faux. Il s'est servi d'armes ouvertes : l'audace, la témérité, le défi ; il ne les a pas empoisonnées par le mensonge ; or, c'est le mensonge seul qui corrompt l'avenir. Jusqu'ici le principe du droit, celui de la vie morale peut donc encore être restauré et sauvé.

Mais prenez garde à ceci : le moment décisif n'est pas encore venu. C'est celui où le despotisme aurait besoin de se déguiser, de changer de nom, de langage, de prendre le masque de la liberté et de la démocratie. A ce moment, tout menace de se fausser, de se dénaturer.

Que feront alors les Allemands? Ce sera l'heure des embûches. Veulent-ils y tomber? Quand le despotisme se masquera de démocratie, la démocratie, toujours complaisante, épousera-t-elle le despotisme pour se donner un soutien?

Si jamais pareilles épousailles se font, dites pour toujours adieu à ce que vous avez connu de la vie allemande : probité de l'intelligence, pénétration, grandeur de l'esprit, génie, gloire. Tout disparaîtra, tout se noiera dans la confusion du bien et du mal, du juste et de l'injuste, du vrai et du faux. Qui peut se figurer un byzantinisme allemand? Le mélange des vices du Midi et des vices du Nord, c'est trop à la fois. Machiavel réfuté par Frédéric et réalisé par le Tugendbund, par la Société de la Vertu! De grâce, pour vous, mille fois plus encore que pour nous, épargnez au monde cet avenir!

Quel changement amènera dans le monde l'élévation de la patrie allemande? Difficilement l'esprit militaire réussira à tout absorber en pays germanique, comme cela arrive si aisément dans les races latines. La rapidité même de la victoire de Sadowa empêchera qu'il se forme des légendes et des idolâtries au profit du vainqueur. Le coup a été si foudroyant, qu'il a ôté aux individus le temps de s'immortaliser dans les imaginations populaires.

D'ailleurs, chez les Allemands, la gloire militaire ne dégénère pas en superstition parce qu'elle est dominée par la gloire des réformateurs, des poëtes et des artistes. Luther, Gœthe, Schiller, passeront toujours avant Blücher. L'éblouissement de l'uniforme, qui fascine d'autres peuples, n'est pas la principale magie de l'autre côté du Rhin. Je peux donc concevoir un empire fondé par le fusil à aiguille, et qui pourtant serait incapable de tout absorber dans le militarisme. Il resterait en dépit de lui d'autres forces que l'épée.

Une chose plus difficile à calculer est ce que deviendra l'immense orgueil teutonique se donnant carrière et croyant voir à ses pieds, du haut de ses victoires nouvelles, les nations latines comme autant de nains au pied d'un château-fort. Je craindrais pour ce grand corps l'infatuation. Où ne pourrait-elle pas le conduire? Quand il touchera à la fois la Baltique et le Danube, quelles pensées, quelles ambitions ne s'éveilleront pas dans le géant?

Comment échappera-t-il à l'aveuglement? Si puissant et si neuf, quelle tentation de se mesurer à son tour avec le monde, et, pour sortir du rêve, de palper des royaumes? Avec un front de fer, du Holstein au Tyrol, il est malaisé de n'avoir que des pensées modestes et de renoncer à étendre le bras par delà le Rhin.

Lors même que la modération l'emportera, qui voudrait y croire? Combien de fois la France ne se réveillera-t-elle pas en sursaut, croyant entendre les pas de son gigantesque voisin? Ou bien, si elle s'endort sans précaution, ce sera le signe d'une mortelle apathie... et quelle tentation pour le monde allemand d'en profiter! Ainsi, dans tous les cas, le péril est le même pour nous. Qu'il soit dans les imaginations ou dans la réalité, peu importe! le présent semble avoir légué d'immanquables tempêtes à l'avenir.

II

POINT DE VUE DE LA FRANCE

J'ai montré le point de vue de l'Allemagne; parlons de celui de la France.

Ici, le plus extraordinaire n'est pas l'événement en lui-même, malgré ses conséquences. Qu'une race d'hommes jusque-là partagée se rapproche et s'unisse en une seule masse: le fait est frappant, il est grand, il est plein de menaces pour les uns, d'espérance pour les autres. Mais il n'est pas sans précédent et sans analogie dans le passé: où donc est le motif de s'étonner? Le voici.

C'est, en effet, je crois une chose sans exemple que l'avénement de toute une race d'hommes se soit consommé sans que le peuple le plus voisin, le plus intéressé à connaître le premier ces changements, ait été averti par aucune voix. Jusqu'ici, lorsque de grandes masses d'hommes se concentraient tout à coup en un seul corps, il était toujours arrivé que l'État le plus voisin en était instruit de loin et à l'avance; que le pressentiment populaire, la diplomatie, la passion et la raison politique s'unissaient pour prévoir, pénétrer, révéler, signaler une aussi grande métamorphose; dès lors, le danger était aussitôt évité qu'aperçu. Un royaume, un empire, celui d'une race d'hommes, ne venait pas subitement au monde sans que son apparition fût annoncée à l'État le plus proche par ses hommes politiques, par l'émotion de l'esprit public, par les yeux toujours ouverts de la presse, ou par le grand cri de la tribune. Alors, quand le fait était consommé, les précautions étaient prises; ou, si l'on voulait le tenir pour irrévocable, on s'épargnait au moins la stupeur.

Ici, au contraire, n'est-il pas vrai que toutes les règles de la sagesse ordinaire ont été déjouées? N'est-il pas vrai qu'un fait aussi énorme que l'Allemagne unifiée s'est dégagé de la poussière de Sadowa, sans que la France ait été avertie? N'est-il pas vrai que cette unité germanique, si visible depuis longtemps, s'est dressée à nos yeux, du soir au lendemain, sans qu'une seule sentinelle ait crié: Qui vive?

Or, je dis que c'est là ce dont il faut nous étonner; car rien de pareil ne s'est vu jusqu'à nos jours.

Avoir sous ses yeux, à sa porte, une race humaine qui se groupe en faisceau, et n'en rien soupçonner! Mieux que cela, prendre cette formation militaire de quarante millions d'hommes pour une forêt qui marche, destinée à vous abriter du vent du nord, ou pour un troupeau d'agneaux ; le dire, le répéter, le publier chaque matin, jusqu'à ce que le troupeau bêlant se change en une armée de neuf cent mille soldats postés sur vos flancs, adossés à la Russie ; et la France, à son réveil, qui en croit à peine ses yeux !

De quel nom appeler ce prodigieux sommeil ? Car c'est un sommeil, et non pas une connivence, comme quelques-uns ont pu le croire.

Il y a pourtant quelque chose de pire que le sommeil : c'est l'égarement. Se figurer, par exemple, que les Prussiens se sont donné la peine de vaincre à Sadowa pour nous protéger sur le Rhin ; et contre qui ? contre les Mongols ? Voilà, je pense, le dernier degré du vertige. Qu'avons-nous fait au monde pour être frappés d'une pareille cécité de cœur et d'esprit ? Ne jouons pas, je vous prie, avec nous-mêmes. Non, l'Allemagne ne se constitue pas pour nous. Non, elle ne se tourne pas contre la Russie. Et pourquoi ? Par une raison très simple.

Quand un homme a reçu une blessure profonde sur une partie du corps, il croit naturellement que c'est de ce côté qu'il va être assailli de nouveau. On ne voit le péril que du côté où on l'a déjà éprouvé une fois. Au contraire, on ne le redoute pas là où il ne s'est jamais fait sentir. Or, la Russie étant l'alliée de l'Allemagne depuis plus d'un siècle, ayant mêlé son sang au sang allemand dans les grandes guerres dont le souvenir domine tout, la Russie, dis-je, ne paraît pas un danger aux yeux des Allemands. Où voient-ils donc le côté menaçant pour eux ? Ne vous y trompez pas : ils le voient toujours là où ils se souviennent d'avoir été frappés au cœur. Et quelle nation leur a porté le coup ? quelle nation les a conquis et les a tenus sous le joug ? La France de 1806 à 1813. Aussi est-ce toujours contre la France qu'ils s'arment et se mettent en défense, même quand ils n'en ont aucun sujet. Cette observation est capitale pour nous. Il ne nous est pas permis de nous abuser un instant sur ce point. Toute idée fausse à cet égard nous est, non pas nuisible, mais mortelle. Avez-vous oublié que la Russie était avec la Prusse et la grande Allemagne à Leipzick ? Voilà, sans parler des intérêts communs, le lien sacré entre eux. Ne croyez pas qu'un lien pareil se brise en un jour.

Se persuader qu'un semblable passé qui, à leurs yeux, est d'hier, n'exerce plus aucun empire ; que la grande Allemagne se fait contre le czar, à notre profit, pour nous garantir sur le Rhin ; non, vous ne l'admettrez pas un seul instant. Si une pareille pensée, sophistique, contraire à l'évidence, maladive, néfaste, se produisait avec autorité, si elle gagnait les intelligences, si elle entrait jamais dans l'esprit des Français, oh! alors, je le dis avec la conscience d'un homme qui jusqu'ici n'a été trompé dans aucun de ses pressentiments, malheur à nous! Cette idée monstrueuse serait un de ces aveuglements avant-coureurs qui précèdent la chute, non pas seulement des rois, mais des peuples.

C'est bien assez d'avoir été surpris par l'événement, n'y ajoutons pas le sophisme. Un aveuglement si absolu jusqu'à la dernière heure, une méprise si miraculeuse, suffisent pour étonner et affliger à la fois. Car cela prouve que l'esprit a perdu sa vigueur; que les vues se sont obscurcies; que les fausses habiletés ont étouffé la vraie, celle qui sauve et qui grandit les peuples. Et le remède, direz-vous? Avant tout il faut sortir de notre léthargie. Autrement, il est certain que, si nous échappons à ce danger, ce sera pour tomber dans un autre.

Nous unirons-nous à l'Autriche? Ce serait épouser la défaite méritée. Irons-nous comme quelques-uns nous le conseillent, nous ruer sur la Suisse, sur la Belgique, c'est-à-dire sur les petits peuples désarmés qui nous entourent, et prendre sur eux notre revanche du tort que les puissants nous ont fait? Quelles généreuses compensations! Quel beau couronnement à nos idées de justice! Ce serait là sans doute notre nouveau 89. Mais ces petits peuples répugnent à une communauté d'avenir avec nous. Ils se sont fait une vie propre, nationale, distincte de la nôtre. Nous ne les attacherions que morts à notre unité. Où est l'avantage pour nous de nous donner, par la force, des membres morts?

Considérez que le changement qui s'accomplit de l'autre côté du Rhin ne consiste pas dans l'acquisition de terres nouvelles, il consiste principalement dans l'essor de l'esprit national, dans la création subite d'un nouvel être moral, la patrie allemande. Ceux qui ont été vaincus se disent, qu'après tout, ils l'ont été par des compatriotes; les blessures reçues portent ainsi leur guérison avec elles-mêmes.

Il ne s'agit pas de conquêtes purement matérielles, comme dans les temps ordinaires. Mais les membres épars d'un même corps se réunissent et s'animent d'une même vie. Il en résulte une force immense, et cette force se développe chez des peuples dont il est aisé d'exciter les ressentiments contre nous. La balance de la civilisation oscille en ce moment, ou plutôt elle penche brusquement du côté de l'Allemagne.

Que mettrons-nous dans l'autre bassin pour rétablir au moins l'équilibre? L'épée de Brennus ne suffirait plus. Quelques enclaves de la rive gauche du Rhin? Saarbruk ou Luxembourg? Il a suffi de prononcer quelques noms de villages pour éveiller un long cri du Rhin à l'Elbe. D'ailleurs, encore une fois, l'Allemagne grandit en ce moment par une idée commune à tous les Allemands, convoitée depuis le commencement de ce siècle, poursuivie sous les formes les plus opposées, enfin obtenue et réalisée, ou près de l'être : la Patrie, l'Unité, la Nationalité. Il s'agit de faire contre-poids à une pensée par une autre pensée, également ajournée, toujours convoitée, toujours reprise, et qui soit pour la France ce que l'unité est pour l'Allemagne. Dites si vous en voyez une autre que la Liberté perdue et recouvrée. Pour moi, je n'en vois pas qui puisse peser encore autant qu'un univers.

Vous demandez toujours de quoi il est question. La chose est bien aisée à dire. Il s'agit de l'avénement d'un monde qui vient de se révéler, et qui a la ferme intention de vous subordonner en tout.

Il est vrai que les libéraux prussiens vous assurent du contraire, et je crois volontiers à leur sincérité. Ils vous affirment que ce grand mouvement d'hommes sur le Rhin et au delà se fait tout à votre avantage ; que c'est pour protéger votre sommeil qu'un million de soldats allemands sont debout ou prêts à se lever, à votre seuil, sur le pied de paix. Ces mêmes libéraux vous invitent à dormir. Ils vous répondent de l'événement ; ils vous garantissent l'avenir, comme si du moins le présent leur appartenait. Je consentirais à accepter leur garantie, s'ils étaient les maîtres. Mais le sont-ils ? Ont-ils fait les événements ? Non, ils y étaient opposés. Ont-ils dirigé les armées? Ils protestaient contre la guerre. Disposent-ils des volontés? Ils ont obéi à celles d'autrui. Tout s'est fait sans eux, malgré eux. Qui vous dit qu'il n'en sera pas de même demain ou après-demain? Singulière garantie que celle d'hommes qui ont été eux-mêmes dominés, maîtrisés, emportés par les entreprises de leurs adversaires. Ils se sont mis en tutelle, et ils vous assurent de leur toute-puissance. Ils se sont convertis au plus fort, et ils vous promettent leur faveur auprès de la fatalité à laquelle ils se résignent. Mais si cette même fatalité voulait un jour votre déclin, rien n'empêche qu'ils ne s'y résignent avec plus de philosophie et de patience encore.

Avouons, que tout se contredit de tous côtés, entre les paroles et les actes, comme si les événements échappaient à leurs auteurs. Le droit a disparu, chacun s'arme en toute hâte contre le hasard. L'Allemagne unie ne parle que de paix, et elle se hérisse de soldats. Nous ne parlons que de confiance, et nous doublons notre armée.

Nous n'avions que quatre cent mille hommes, il nous en faut au moins un million. Notre tranquillité est si complète que nous nous ingénions à découvrir un nouvel armement. Il nous faut pour exprimer avec effusion notre satisfaction secrète un ban et un arrière-ban ; il faut changer les mœurs de la nation, au point de la mettre tout entière sous le drapeau. Car nous venons de nous apercevoir, pour la première fois, que les armées permanentes, legs de l'ancien régime, ont un grand défaut, qui est de ne pas suffire, dans les moments critiques, à la défense du territoire. Ce que nous n'avions pas vu dans les temps ordinaires, l'excès de sécurité nous le fait enfin comprendre. Nous entrons dans le système prussien, landwehr, milices, par amitié pour la Prusse. Elle s'est montrée l'État novateur vraiment moderne : nous nous convertissons au fusil à aiguille, à ses institutions militaires, pour lui faire plaisir.

Songez cependant que chaque institution porte le sceau de son origine. La landwehr prussienne est née, en 1813, de l'enthousiasme pour la délivrance de l'Allemagne. Ce baptême populaire a protégé l'institution et l'a fait passer dans les mœurs. En France, il ne peut en être ainsi. Comment remplacer l'élan spontané des masses qui a précédé la législation prussienne ?

Là est la difficulté. Quel sceau, quel esprit donnerons-nous à la landwehr française ? Chez nous, c'est la loi qui précédera les mœurs : c'est le gouvernement qui précédera le peuple. Cette seule différence d'origine peut aisément en amener de très grandes dans l'esprit de l'institution, et la dénaturer. Par exemple, un danger est d'augmenter le militarisme, que la véritable landwehr a pour effet de contre-balancer par l'élément civil. Le système prussien suppose un esprit public très vivant, un patriotisme qui poursuit un grand but. Mais enrégimenter toute une nation sans éveiller l'esprit public, ce serait faire exactement le contraire de la Prusse.

Que l'on se représente tout un peuple sous le drapeau sans qu'il sache pourquoi : la discipline et le silence des rangs deviendraient le fond de la vie ordinaire et civile. Au lieu de porter la cité dans l'armée, on porterait l'armée dans la cité. La patrie ne serait plus qu'une caserne.

L'institution se tournerait contre elle-même. Voilà l'écueil. Je ne puis que le signaler ici.

Sur ce principe, jugez le projet de loi. Aussi longtemps que la langue française conservera le sens accoutumé des mots, que peut être une *garde nationale* mobile ? C'est un corps puisé dans l'élément civil, représentant l'élément civil, ou, plutôt, comme son nom l'indique, « la vie nationale ».

Cela suppose un corps formé de tout le monde, principalement d'hommes nouveaux, jeunes dans la carrière militaire, étrangers à l'armée de ligne.

Maintenant, comment cette institution peut-elle devenir le contraire de ce qu'elle est par sa nature même ? Le projet de loi en fournit le moyen. Supposez, avec ce projet, un corps composé, en *grande partie*, d'anciens soldats qui auraient fait leur temps dans la ligne, et dites-moi si un seul des caractères de l'institution serait maintenu. Ce ne serait pas le citoyen qui donnerait son esprit au corps nouveau, ce serait le vieux soldat. Au lieu d'une *garde nationale* mobile, vous auriez un corps de vétérans. Il serait juste au moins de lui donner ce nom. L'analogie d'un corps pareil ne serait ni avec la garde nationale mobile, ni avec la landwehr de 1813, ni avec aucune institution démocratique et moderne. Ce serait un retour aux vétérans de l'époque des Césars.

De tant de paroles qui réfutent les actions, et de tant d'actions qui réfutent les paroles, il y a une conclusion à tirer. Essayons de la mettre dans tout son jour. Nous avons été conduits aux extrémités où nous sommes par l'engourdissement de l'esprit public, par le défaut d'observation, par le silence de la presse, et par cette cause qui les enferme toutes : à savoir que l'intelligence politique a baissé dans les individus comme dans les masses.

La conséquence évidente est qu'il faut relever l'esprit public, réveiller l'intelligence, rouvrir les yeux et les oreilles, faire sentinelle, quand un monde nouveau, facilement hostile, nous environne, reprendre goût à la lumière: ôter la rouille à notre esprit, laisser les petites habiletés, revenir aux grandes : toutes choses qui ne se peuvent sans liberté. Car, si nous ne faisons rien de cela, il est bien hors de doute que les mêmes causes produiront les mêmes effets, et pis encore ; qu'après avoir échappé à une première embûche, nous tomberons dans une seconde. Nous aurons beau avoir un million d'hommes sur pied ; ils ne nous empêcheront pas d'être trompés par l'événement comme nous l'avons été. Ce ne sont pas les fusils à aiguille tout seuls qui verront clair à notre place et qui nous avertiront. C'est l'habitude de suivre les grandes affaires, c'est la raison publique plus exercée, c'est le patriotisme redevenu l'intérêt et la chose de chacun ; voilà ce qui nous rendra le terrain perdu au Mexique et sur le Rhin.

Voyez donc l'exaltation de la race allemande, sa joie de saisir ses destinées. Il n'est ni femme ni enfant qui n'en soit possédé. Je veux bien qu'en cela tous obéissent à l'appel de la civilisation, à une mission de grandeur qui se révèle à eux par la victoire. Mais c'est à condition que nous serions pris nous-mêmes d'une émulation semblable, d'être et de rester un grand peuple. Qu'ils s'élèvent, c'est leur droit. Je ne le conteste pas. Mais leur élévation doit servir à la nôtre ; car le dommage serait grand pour le monde, et le profit frauduleux, si l'Allemagne surgissait, et si la France baissait.

12.

Non, une Allemagne nouvelle suppose une France nouvelle, je veux dire plus vivante, plus éclairée, plus ouverte aux idées et aux pressentiments. Concluons donc que la liberté n'est plus seulement pour nous un ornement de fantaisie ou, comme on le dit, un couronnement ; elle est désormais la sentinelle, le refuge, le salut, la nécessité.

Suivez ici les événements, et voyez comme ils s'enchaînent et confirment tout ce qui précède. Au milieu de la campagne d'Italie, nous nous sommes arrêtés brusquement à Villafranca, sans vouloir achever la victoire. Pourquoi? Tout le monde en fut surpris. Nous laissons interrompue la grande œuvre de l'affranchissement de l'Italie des Alpes à l'Adriatique. Qu'arrive-t-il alors ? Ce que l'on pouvait prévoir.

Un autre peuple nous succède. Une nation du Nord, la Prusse, nous remplace dans notre œuvre. Elle entre au vif, et pour la première fois, dans les affaires et l'alliance du midi de l'Europe, où nous devions dominer seuls. Elle se couvre du grand manteau de la nationalité italienne.

D'un seul coup, à Sadowa, elle fait trois choses: sa propre fortune d'abord, puis elle force l'Autriche de lâcher prise dans la Vénétie, et, par là, elle se donne l'immense avantage d'achever l'Italie, c'est-à-dire de moissonner ce que nous avions semé ; chose impossible, si nous avions terminé nous-mêmes ce que nous avions commencé. Mais les entreprises qu'on laisse interrompues à moitié chemin se tournent toujours contre leurs auteurs. C'est ce qui nous est arrivé.

En aucun cas, nous n'aurions dû laisser à un autre peuple, moins encore à un peuple du Nord, d'une autre race, l'honneur et le soin d'achever l'Italie.

Car la reconnaissance ne s'attache qu'à ceux qui finissent les entreprises heureuses. Eux seuls en recueillent le fruit. Cet honneur de faire revivre l'Italie devait nous appartenir tout entier, à nous seuls, par la parenté de race et l'alliance naturelle. En le partageant, ou en le laissant échapper, nous avons fait deux choses. Premièrement, nous avons laissé le midi de l'Europe glisser de nos mains ; secondement, nous avons donné à l'Allemagne absolutiste l'occasion de s'unir et de se former.

A quoi bon, dira quelqu'un, ces conseils ? Que vous ont servi tant d'avertissements sur l'expédition romaine, sur l'expédition du Mexique, tant de paroles jetées au vent depuis un tiers de siècle sur l'ambition de la Prusse et de la race allemande ? Cela a-t-il rien empêché ? Il en sera de même aujourd'hui. Les peuples, comme les individus, ne veulent pas qu'on les avertisse trop tôt ; il leur plaît de vivre au jour le jour. Malheur à qui leur montre d'avance le péril où il leur plaît de tomber !

Il est vrai, le silence me plairait davantage. Mais qui ne se sentirait troublé à la seule pensée d'un déclin, même passager, de la France? Qui pourrait y consentir?

J'ai encore ceci à ajouter :

Beaucoup de gens montrent à tout une résignation philosophique qui frappe les étrangers. Mais les vertus des philosophes ne conviennent guère à une nation. Il faut qu'elle ait des passions, au moins celle de l'avenir, sans quoi elle cesse bientôt d'avoir des idées.

En même temps que la population cesse de s'accroître, si la France laissait échapper la vie morale, que faudrait-il attendre? On verrait les esprits les plus violents, pris d'un engourdissement inexplicable, déclarer que les patries ne sont qu'un mot, et que le genre humain a seul le droit de les intéresser.

La démocratie française se ferait cosmopolite. Mais comme elle serait la seule qui se détacherait du sol natal, elle serait immanquablement dupe de toutes les autres, et principalement de la démocratie allemande qui, restée toute neuve, a conservé toutes les passions et toutes les ambitions à la fois, celles de classe et celles de race.

En dépit de nos fautes, l'action de la France se ferait sentir longtemps encore sur les nations latines, rapprochées de nous par la langue. Mais le moment viendrait où ces nations s'apercevraient que la civilisation a passé en d'autres mains. Elles se tourneraient vers l'astre nouveau ; elles convergeraient vers la race qui se dirait notre héritière; et un déclin même passager de la France entraînerait la chute de toute la race latine.

Comme, dans le nouveau monde, la race germanique pèse sur l'Amérique du Sud, il en serait de même de l'ancien.

L'Angleterre et l'Allemagne unifiée pèseraient sur la France, l'Italie et l'Espagne, comme les Anglo-Saxons des États-Unis pèsent sur l'Amérique méridionale. Alors, il serait vrai de dire que le jour de la race germanique est arrivé.

III

POINT DE VUE DE L'EUROPE

Reste à marquer l'influence des derniers événements sur l'Europe et la société en général.

Rien de plus étrange et de plus instructif que le jugement que l'Europe en a porté, avant ou après la victoire. Jamais perturbation semblable des opinions. Tel était Autrichien le matin qui était Prussien le soir. On pourrait se donner le plaisir de ce complet désarroi de l'esprit européen. Ces soubresauts de la conscience en des sens opposés, suivant l'heure, suivant la pluie et presque toujours d'après le succès, qu'est-ce que cela, sinon la négation de la conscience? Combien faut-il de temps pour que le mal devienne le bien, et l'injuste le juste? un mois? un jour? une heure? Ce spectacle nous a été donné; frêle base, si je ne me trompe, pour les libertés futures. L'Europe entière a été prise en flagrant délit de reniement, dix fois dans la même semaine, comme s'il n'y avait plus aucune règle morale établie entre les hommes. Je constate ici cette même éclipse de la conscience humaine que j'ai remarquée dans toutes les grandes chutes de la liberté publique.

L'impossibilité où le monde a été de discerner le droit, de s'y fixer un instant, de s'en éclairer, a donné la démonstration palpable du vide qui s'est accompli dans l'âme humaine. Interrogée, elle n'a répondu que par la force et la fatalité. Aucune lumière n'a jailli des esprits. On les a vus se plier à tout, c'est-à-dire s'évanouir. Le fusil à aiguille a seul rempli la scène. Il a seul parlé, pensé, jugé, philosophé, persuadé, converti. Mais, dans cette nuit de l'esprit, une chose doit réjouir les gens de bien. Ils ont pu voir que l'abaissement de la conscience a entraîné l'abaissement de l'intelligence. Plus l'instinct du droit a diminué, plus aussi s'est perdu l'esprit pratique. Aucune époque n'a eu moins de droiture, et aucune n'a été plus aisément dupe. Il n'est donc pas vrai que l'habileté croît en raison inverse de la conscience! Cette seule vérité ne pouvait être payée trop cher.

Il a bien fallu couvrir ce risible désarroi de l'esprit humain démoralisé, et l'on s'est naturellement hâté de donner les plus beaux noms aux victorieux.

Après Sadowa, M. de Bismark s'est appelé 89.

Le roi de Prusse s'est appelé la Révolution

française. Car une chose caractérise notre temps : la peur qu'on y a des Révolutions fait accepter toutes les défaites du droit, et, comme on a besoin de les masquer, on en fait hommage à la Révolution que l'on déteste. Le droit fait peur s'il se montre sous la forme du droit ; on ne l'accepte que s'il est corrigé par une visible iniquité. Qu'est-ce, en effet, que le sophisme par lequel on compare les annexions prussiennes au 89 français ? Où est, je vous le demande, la ressemblance ? Notre 89 a-t-il donc contraint par les armes la Normandie, la Provence, la Bourgogne, d'entrer dans l'alliance de la France ? N'est-ce pas par un vote unanime, solennel, pacifique de la Constituante, que tout s'est accompli chez nous ? Les provinces françaises, déjà unies, se sont librement confondues en une seule loi. Et c'est là ce que vous assimilez aux annexions sanglantes de la Prusse ! Et vous appelez ces deux choses opposées d'un même nom : le droit nouveau de 89 ! Est-ce donc l'Allemagne qui a demandé formellement d'être battue ? Besoin étrange de tout brouiller, jusqu'à ce que les peuples, aveuglés, hébétés, ne sachent plus où se prendre, et se donnent, eux aussi, à la fatalité.

Mauvaise conscience, mauvaise histoire. Sauvons donc au moins le passé. Non, ce n'est pas en 89 qu'il faut chercher des analogies avec la composition actuelle de l'Allemagne : c'est dans l'ancien régime. C'est lui qui réunissait par la force des armes les provinces et les membres hostiles. Ainsi se sont formées les grandes monarchies du quinzième et du seizième siècle, par la conquête, par des ventes de peuples, par des trafics de princes, dans lesquels la volonté publique n'était comptée pour rien. Au lieu d'appeler cela le droit nouveau, il faut donc l'appeler le droit de l'ancien régime, celui dont le monde ne veut plus depuis trois siècles ; et c'est parce que la Prusse rejette le monde en arrière de trois siècles, que sa victoire, parée de la plus belle philosophie de l'histoire, a tant de peine à s'autoriser et à se couvrir de l'exemple et du nom de la Révolution française.

Laissons là ces fausses ressemblances. Une monarchie qui conquiert des peuples par la force ouverte, c'est le droit de la vieille Europe : voilà la vérité.

Mais le droit nouveau, dites-vous, naîtra de cette confusion. Il est caché sous ce masque. A la bonne heure ! J'aimerais mieux pourtant qu'il parût une seule fois à visage découvert.

Dans une victoire telle que celle de la Prusse, a-t-on bien calculé tout ce que perdent moralement les peuples qui se laissent faire violence ?

Ils se convertissent sincèrement à la victoire. Je le veux bien. Mais cette conversion forcée les corrompt. Ils se rendent ingénument au succès comme à la Providence. D'accord. Mais ils y perdent la meilleure partie d'eux-mêmes : conscience du droit, fierté, dignité, caractère, c'està-dire la seule chose qui fait les peuples libres. Je les vois entrer tous ou presque tous en Europe, par la porte basse. Elle est assurément la plus commode. Mais qu'ils ont de peine après cela à relever la tête !

Les penseurs allemands, qui savent tant de choses, ignorent encore celle-ci, qui ne le cède en importance à aucune autre. Ils croient que les peuples, après s'être reniés du jour au lendemain, brisés, ployés, mutilés par la violence, peuvent se redresser et recouvrer en un moment ce qui leur a été arraché : le sentiment de la justice, celui de leur bon droit.

Non. Un ressort se brise dans cet attentat contre la conscience publique, et ce ressort ne se redresse pas. Les peuples apprennent à douter d'eux-mêmes, à n'écouter que l'oracle du plus fort. C'est ainsi que l'Europe peut achever de perdre tout caractère.

Nous avions pour l'Allemagne plus d'ambition qu'elle-même. Nous aurions voulu qu'elle entrât dans le monde du dix-neuvième siècle, par une autre porte que par la porte surbaissée du quinzième. Nous aurions voulu que son unité se fît, non comme au temps de Louis XI et de Richelieu, par la contrainte, mais comme il convient à une époque qui se dit affranchie par le concours de la volonté de tous. Là eût été un gage certain d'avenir et d'innovation.

Mais des peuples forcés d'acclamer le vainqueur et de lui payer tribut, des peuples qui saluent le soir ce qu'ils ont maudit le matin, il n'y a rien de plus vieux dans le monde. Nous avons beau forger pour cela un nom barbare et impossible, Démocratie autoritaire : comme si une autorité quelconque mise à la place de la loi n'était pas la négation et l'extirpation même de la démocratie, telle que les hommes l'ont toujours entendue !

Le mot barbare ne rajeunit pas la chose. Il y a trois ou quatre mille ans qu'elle s'appelle servitude volontaire, et ce nom lui restera. Est-ce bien là le chemin par où l'on va à la liberté ? Personne n'est encore arrivé au but par cette voie. Les Allemands étaient dignes d'en prendre une meilleure.

Ainsi l'expérience d'aucun peuple ne sert à un autre peuple. Ils reprennent l'un après l'autre la même route. Ils se jettent dans le même moule. Ce que l'Espagne a fait au seizième siècle, la France au dix-septième, l'Allemagne le refait au dix-neuvième siècle. L'idée de former une seule masse compacte les emporte tous. Ils n'examinent pas si ces masses deviennent, oui ou non, impénétrables à la justice, à la liberté. Ils espèrent devenir les plus forts, et cela suffit. Toute autre considération s'évanouit, parce qu'il s'est établi que le droit en lui-même ne protège plus personne. Ce que nous avons entendu tant de fois dans le passé, on le répète aujourd'hui à la Prusse : Soyez forte. Faites toutes vos fantaisies. Écrasez tout, sans marchander. Nous y mettons seulement pour condition que vous deviendrez, le lendemain, le plus doux, le plus modeste, le plus humble des États. Et, en vérité, rien ne sera plus facile, quand vous n'aurez plus rien à convoiter.

Pour moi, j'ai vu tant de fois la démocratie européenne et la liberté dupes de ce beau marché, que je ne puis m'empêcher de craindre qu'elles ne le soient encore en cette occasion. Si chaque fois qu'un peuple nouveau entre en scène il tient à honneur de recommencer le passé, dans ses plus mauvais jours, attendez-vous à un laborieux avenir. Dans l'ambition de former une grande unité nationale, il y a deux choses : premièrement, le désir d'être assez fort pour être respecté, et cela est légitime ; deuxièmement, le plaisir de commander aux autres, et il est juste que ce plaisir de vanité soit acheté par un peu de servitude.

Je n'ai rien dit des petits États; on les suppose déjà engloutis et disparus. Un mot pourtant sur ce qui les touche.

Supposons l'existence de deux ou trois empires assyriens en Europe; les petits États, qui seraient conservés par hasard, ne pourraient continuer de vivre qu'à la condition de se faire oublier. Ils devraient aspirer à être le moins possible. La première garantie pour eux serait de rester indifférents à tous les grands intérêts de droit et de justice qui se disputeraient le monde. La pensée ne devrait jamais s'y prendre à ce qui se passe au delà de leur horizon. Le cœur et l'esprit devraient s'y resserrer autant que les frontières, et la principale vertu des hommes serait partout de devenir étrangers à l'humanité.

Voilà ce qu'il m'est donné d'entrevoir dans les conséquences des choses qui viennent de se passer. Puisse l'avenir prochain me démentir dans tout ce qui n'est pas un pressentiment heureux pour la justice et pour la liberté de la France et du monde!

FRANCE ET ITALIE

(1867)

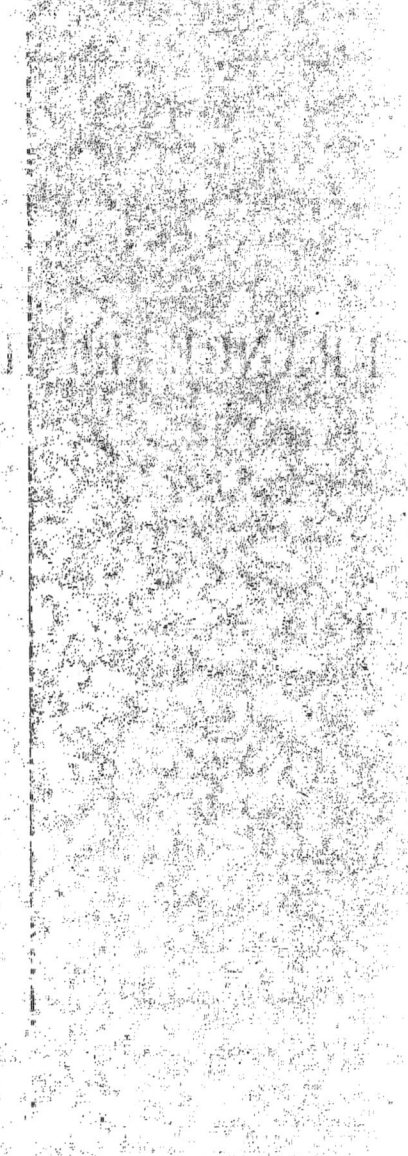

FRANCE ET ITALIE

(1867)

Le prisonnier de Ham m'écrivait, en 1844 :
« Il n'y a rien à craindre pour la liberté, tant que
« la France possède dans son sein des hommes
« tels que vous, qui rappellent aux peuples leurs
« droits et leurs devoirs. »

Ces mots me reviennent aujourd'hui en mémoire, au moment de prendre la plume.

Que doit faire un écrivain qui voit son pays s'engager, les yeux fermés, dans le chemin de la décadence ? — L'avertir. — Oui, sans doute. Et si les avertissements ne servent à rien, si les cœurs se sont endurcis, si les oreilles se sont fermées ? — Recommencer, comme si rien n'avait été dit, étouffer ses dégoûts, compter sur la nature humaine, sur ses retours, sur sa force de renaissance et de vitalité. — Je le veux bien. Subissons donc le supplice de démontrer pour la centième fois l'évidence.

Quelqu'un a parlé de ses émotions patriotiques pendant la bataille de Sadowa. M'est-il permis de dire quelque chose des miennes, au bruit de la seconde expédition romaine ?

Il y a bientôt vingt ans, j'ai montré quelles devaient être les conséquences de la première expédition romaine de 1849, au moment où elle se préparait. Ses conséquences se sont déroulées ; elles ont même passé mon espérance ; elles durent encore, elles continuent, elles s'aggravent ; je les savoure chaque jour depuis seize ans, je n'en parlerai pas.

Aujourd'hui, je chercherai seulement quelles doivent être pour nous les suites de cette seconde expédition romaine.

La première nous a coûté la liberté ; fasse le ciel que la seconde ne nous coûte pas plus cher !

Un point marque d'abord la différence et la marche des temps : personne aujourd'hui ne semble plus s'étonner de ce qui nous parut si incroyable en 1849. Je veux dire une société moderne telle que la France, qui identifie sa cause avec celle de la théocratie. Quand cette identification se produisit pour la première fois, la conscience publique en fut ébranlée jusque dans ses plus intimes profondeurs. Aujourd'hui rien de pareil.

On calcule les chances de cette expédition militaire comme de tout autre opération en Chine ou en Cochinchine. Mais son caractère spécial, unique, son incompatibilité avec l'esprit laïque et le droit moderne, on l'a oublié. Il faut pourtant s'en souvenir.

Des événements tels que la première expédition romaine, l'expédition du Mexique et la seconde expédition romaine, ne sont pas de purs caprices. Chacun d'eux laisse après lui sa trace : tous ils s'enchaînent. Un seul pourrait n'être qu'un accident. Pris dans leur ensemble, en se répétant comme un mal chronique, ils marquent une direction à laquelle il devient de plus en plus difficile d'échapper. Des entreprises de ce genre, formées dans le même esprit, conduisant l'une à l'autre, finissent par creuser le lit et la fosse où les peuples descendent. C'est à la longue ce qui s'appelle pour chaque nation sa destinée. Comment rompre le charme ?

Quand vous faites une entreprise pour soutenir ou imposer, en quelque lieu du monde que ce soit, une théocratie, veuillez, je vous en conjure, tenir compte de ceci : de réaction en réaction, vous pouvez vous trouver rejetés en dehors des conditions les plus formelles de l'État moderne, telles que toute la civilisation les proclame et les comprend de nos jours.

Il faut pourtant qu'une nation se fixe un point quelconque au delà duquel elle ne veut pas rétrograder. Sinon, de recul en recul, elle peut être ramenée en des régions stériles, mortes, où la vie sociale n'est plus possible.

La première des conditions de l'État moderne est de respecter en moi ma conscience, ma religion, ma foi, ma vie morale. Mais lorsque vous m'obligez de concourir au maintien, à l'autorité d'une théocratie quelconque, par le fer et par le feu, que faites-vous? C'est tout mon être moral que vous brisez : c'est ma foi, à laquelle vous m'obligez d'attenter. Toutes ces vérités intérieures pour lesquelles je n'ai cessé de travailler et qui sont ma vie, vous m'obligez de les renverser moi-même! Vous faites bien plus qu'offenser ma religion ; vous me contraignez de l'offenser moi-même, de la combattre, de l'anéantir...

L'État me promettait tout le contraire. Il ne devait jamais, disait-il, intervenir dans ce for intérieur, dans le monde de la conscience, qui m'appartient bien plus que mon foyer ; car il est moi-même tout entier, la seule chose que je ne puisse céder, même à ma patrie. Lors donc, que vous me rivez à une théocratie, que vous m'obligez de faire des vœux pour elle, pour ses armes, vous me placez entre ma patrie et une religion qui n'est pas la mienne, qui est l'ennemie de la mienne. Je dis et je répète, que vous sortez ainsi des conditions de l'État moderne ; et quand je parle en mon nom, il est bien évident que j'entends parler au nom de quiconque n'est pas catholique ultramontain.

Homme moral, for intérieur, qu'est-ce que cela ? réplique-t-on. Vaines délicatesses de conscience ; bonnes en 1849 ; qui ne sont plus de saison aujourd'hui. C'est de notre intérêt qu'il s'agit. Voilà tout. Tant pis si votre homme moral est sous notre char ! Nous passons et le broyons. Entendez-vous ?

Oui, j'entends ; et c'est justement de votre intérêt, et de cela seulement que je veux vous parler. Si vous voulez bien penser que, depuis quarante ans, je n'ai jamais cherché que votre intérêt ; que j'y ai quelquefois sacrifié le mien ; que je ne vous ai jamais ni trompés, ni flattés, peut-être donnerez-vous quelques minutes de votre attention à ce que j'ai à vous dire.

Écoutez-moi. Si vous étiez seuls en Europe, ou si du moins personne ne songeait à rivaliser avec vous, et même à vous subordonner, vous pourriez, sans danger immédiat pour votre sécurité et votre avenir, rétrograder brusquement à votre gré jusque dans le moyen âge, étreindre une théocratie, vous attacher cette meule au cou, et surnager peut-être encore longtemps.

Vous pourriez quitter le terrain du monde moderne, et s'il vous plaisait, reculer jusqu'à Philippe II, à l'Armada et au désert de l'Escurial. Vous ne perdriez ainsi que votre liberté, votre existence intérieure, vos droits encore incertains et mal acquis. S'il n'y avait pas de puissance rivale autour de vous, oui, vous pourriez rentrer en paix dans le moyen âge, et vous asseoir au pied de la théocratie d'Innocent III, sans avoir à craindre d'être précipités par personne en dehors du soleil des vivants, et relégués au troisième, au quatrième rang parmi les peuples qui, acharnés au passé, n'ont plus d'histoire.

Mais cette supposition, il faut y renoncer. Vous n'êtes pas seuls en Europe; les temps ont changé depuis 1849 : ils ont même changé du tout au tout depuis un an. Comment cela ? Vous le savez ; il n'est plus possible de marquer de l'étonnement.

Vous ne parlez que de cette puissance nouvelle que Sadowa a révélée, la Prusse et l'Allemagne ; chaque matin vous demandez ce qu'elle fait. Elle épie vos mouvements, elle observe vos contradictions ; elle se félicite quand vous quittez le terrain moderne, impatiente de vous y remplacer ; elle attend vos chutes, et elle appelle de ce nom chaque pas que vous faites en arrière vers des temps et des choses qui ne sont plus les nôtres.

Quelle joie de vous voir rentrer dans ces entreprises impossibles, dans ces restaurations théocratiques qui vont se briser contre l'esprit de notre siècle ! Entendez donc les félicitations de tous vos ennemis ; ce sont les mêmes qui vous ont encouragés à l'expédition du Mexique. Ils étaient si heureux de vous voir vous consumer et disparaître au delà de Vera-Cruz à la recherche de l'empire de Montézuma. Aujourd'hui, ils vous encouragent de même à réparer dans Rome l'irréparable, à vous river aux ruines, à vous user dans l'impossible (1).

Car ils trouvent trois immenses avantages dans cette nouvelle expédition romaine. Le gouvernement prusso-allemand sait, comme vous, que la théocratie romaine est la clef de voûte de toute réaction européenne : à ce titre, il vous approuve de faire l'œuvre du pouvoir absolu.

En second lieu, il sait que cette œuvre ne va pas sans attirer les haines de l'Italie, et il est charmé que vous vous chargiez de ces haines. Par là il profite de votre action ; il espère qu'elle vous rendra odieux. Enfin, voici le point le plus important qui renferme tous les autres, celui sur lequel vous ne pouvez trop réfléchir : la Prusse et l'Allemagne aiment à vous voir vous enfoncer dans la théocratie, vous identifier, s'il se peut, avec elle, parce que vous leur abandonnez ainsi

(1) Voyez le *Times*.

tout le terrain libéral ; qu'elles se pressent de vous y remplacer au moins en paroles ; que cette conquête est pour elles un autre Sadowa, sans combat; qu'elles comptent gagner ainsi dans l'opinion du monde moderne tout ce que vous avez consenti à perdre.

Quelle est en effet la prétention ou l'ambition de ce monde allemand, qui vient de se soulever de terre comme une force de la nature ? Quelle est la mission qu'il se donne? Quel est le titre dont il se pare pour se faire accepter des peuples? Quel est son mot d'ordre, sa raison d'être ? Je ne serai démenti par personne, quand je dirai que ce titre, cette mission, cette ambition, c'est de représenter par excellence, quoi, encore un coup? l'État moderne.

Interrogez leurs livres, leurs discours, leur langage même de chancellerie ; tout revient perpétuellement à ceci : que l'empire allemand représente par excellence l'État moderne, c'est-à-dire l'État laïque, séparé de toute théocratie; que lui seul peut donner la vraie liberté des cultes et de conscience ; qu'il est en cela l'héritier philosophique du grand Frédéric et de Kant ; que les autres États ne peuvent donner que l'ombre de ces libertés, principe et source de toutes les autres. Et il faut avouer que cet État, avec ses vues, s'est bien gardé de faire ni expédition du

Mexique, ni expédition romaine. Il aurait cru se suicider par des entreprises accomplies au nom d'une secte ou d'une Église. Au lieu de cela, il s'est assis sur le terrain civil et laïque. Il s'est bien gardé de mettre sa main dans la main de pierre d'une théocratie quelconque : il sait que ces étreintes de pierre ne lâchent plus le vivant.

Ai-je donc besoin d'en dire davantage pour démontrer ce qui est plus clair que la lumière, à savoir : que nous faisons nous-mêmes la fortune de la Prusse et de la race allemande; que nous abdiquons entre leurs mains toutes les fois que nous abandonnons le sol sacré de l'indépendance en matière religieuse, pour nous mettre au service d'un pape, d'une congrégation, d'un saint-office, d'une théocratie, d'une encyclique, d'un syllabus, d'un pouvoir temporel, dès qu'ils viennent à branler au souffle du monde moderne? Que diriez-vous d'une armée qui, ayant une position inexpugnable, l'abandonnerait à l'ennemi par préférence pour une position impossible à tenir? — Voilà ce que nous faisons.

On voit ainsi que notre seconde expédition romaine vaut à la Prusse un second Sadowa. Sans bouger, elle prend notre place; et nous, qu'avons-nous fait? Nous nous sommes jetés sur notre fer.

Si jamais, en effet (ce qu'à Dieu ne plaise!) la lutte que tout le monde pressent venait à éclater, j'ai certes toute confiance dans les forces de mon pays. Je veux le croire invincible. Pourtant, veuillez aussi retenir ces paroles : Ce jour-là, tout ce qui existe au delà du Rhin, journaux, chancelleries, tribunes, rois, peuples, n'aura qu'un seul texte, et le voici : « La Prusse et l'Allemagne, c'est l'État moderne; la France, c'est le Syllabus. Peuples, voyez et choisissez. »

L'Allemagne a-t-elle jamais envoyé au loin ses armées pour imposer à un peuple la domination spirituelle et temporelle d'un Luther ou d'un Calvin? Non. Elle s'est maintenue en dehors de toute question d'Église ; elle n'a point fait alliance avec une communion, ni avec une ruine en particulier: là est son terrain : c'est celui de l'avenir.

Voilà certainement le camp retranché où s'établira l'Allemagne, pour peu que les choses se brouillent entre nous. Encore une fois, je compte sur notre force; mais je dis qu'en face de tant de difficultés et d'hostilités qui se lèvent contre nous, il n'est pas sage de renoncer à la force morale, de la transporter du côté de l'adversaire; il n'est pas sage de se dépouiller de l'alliance, de la complicité du genre humain pour se faire exclusivement le bras séculier d'une Église qui, pour être nombreuse, n'est pourtant plus qu'une Église particulière. Il n'est pas sage, quand on pourrait avoir le monde pour soi, de s'enfermer dans la

Rome du moyen âge, et de laisser à la Prusse, à l'Allemagne, le vaste champ de la liberté et les grands horizons que poursuit par mille voies l'esprit humain. Il n'est pas bon pour une armée de se laisser enfermer dans une ville, dans un défilé étroit où la famine peut faire tomber les armes des mains les plus fortes. Il est encore moins bon pour un peuple, une race d'hommes, de se blottir dans un défilé, de se cloîtrer dans un parti religieux où la famine de l'esprit, de l'intelligence, peut, à la longue, avoir raison de la nation la mieux douée, pendant que les autres tiennent librement la campagne, ouvertes à tout, prètes à tout, en communication, non pas seulement avec une Église, mais avec la terre entière !

Telle était autrefois notre situation. Pourquoi l'avons-nous perdue ?...

J'en étais là de ces lignes, et déjà j'en reçois la confirmation. Je m'interromps pour chercher dans les journaux allemands le premier mot de la Prusse. Que viens-je de voir? Si le gouvernement de Berlin se tait encore, il laisse parler la maison prussienne. Et avec quelle rapidité le sentiment public a saisi l'occasion que nous lui avons fournie ! Avec quelle intelligence ! avec quelle inspiration soudaine ! Cela rappelle les marches de la campagne de l'année dernière. A peine j'ai eu le temps de pressentir la pensée d'outre-Rhin; la voilà déjà réalisée.

Que disent, en effet, les organes de l'opinion allemande? Ce que je viens de dire. Ils achèvent les paroles que j'avais ébauchées. Ils se font les défenseurs du *droit moderne*. Voilà le premier mot. Le second est pour l'unité italienne ; ils proclament qu'elle est un des *éléments de l'ordre européen*. Bien plus, et pour tout couronner, ils établissent la solidarité entre l'*unité italienne* et l'*unité allemande*. Offenser l'une, disent-ils, ce serait offenser l'autre. Que peut-on objecter de plus ? *La grande patrie allemande* bat des mains à *la grande patrie italienne*. La première est *solidaire* de la seconde.

Entendez-vous? dirai-je à mon tour. — Comment embrasser plus de choses, donner plus d'espérances, tendre plus d'amorces, occuper un plus grand terrain stratégique ; rallier à soi plus de gens, conquérir plus de choses et d'âmes, en moins de mots ?

Avais-je tort tout à l'heure de dire que cette marche rapide est celle de Sadowa? Et comment l'Italie n'écouterait-elle pas ceux qui lui tiennent ce langage. Ils parlent avec respect de tout ce qu'elle aime ; ils l'encouragent dans tous ses vœux. Ils semblent n'avoir qu'un cœur et une cause avec l'Italie. Voilà donc la race allemande, peuple et gouvernement, qui fait le grand pas, qui nous prend notre place au soleil dans l'affection des peuples. Les Germains et les Latins unis contre nous, quelle plus grande nouvelle attendez-vous encore?

Sentiment national, incompatibilité du droit des peuples avec l'intervention étrangère, but unitaire, progrès indéfini dans la liberté et dans l'indépendance, — le gouvernement et le peuple prussien nous ont pris tous les mots les plus sacrés qui fascinent le monde! Et nous, que nous ont-ils laissé? De quoi parlons-nous? Intervention, occupation mixte d'Autrichiens, de Français, de Bavarois, d'Espagnols, ou occupation isolée, débarquements de troupes étrangères, garnisons d'étrangers au centre de l'Italie pour un temps fixé, ou pour un temps illimité! Mais tout cela, c'est la vieille Italie : c'est le retour à ce qu'elle a appris à haïr depuis qu'elle a recommencé à respirer. Entre ces deux langages, comment ne ferait-elle pas de différence? L'un la rive au passé qu'elle maudit, l'autre lui ouvre l'avenir qu'elle convoite. Et comment, pour ma part, ne serais-je pas navré de douleur en voyant mon pays perdre en un jour l'affection de toute une race d'hommes, quand cette affection nous était le plus nécessaire pour balancer sinon l'hostilité, au moins l'ambition d'une autre race?

N'est-il donc pas évident, comme la lumière, que nous perdons tout à rétrécir, à diminuer chaque jour la base sur laquelle notre France s'appuie?

Dans tout ce qu'elle a fait de durable et de fort, par exemple, dans ses codes, dans ses institutions civiles, elle se montrait le représentant, non pas d'une caste ou d'une race seulement, mais de la raison européenne ou plutôt universelle. C'est là ce qui lui avait gagné le cœur du monde. Elle pouvait tendre la main à différentes races, à différentes nationalités, et compter au besoin sur l'assentiment de toutes !

Aujourd'hui, quelle différence ! Les autres parlent au nom de tout le monde civilisé ; nous autres, au nom du monde catholique ! Nous ne parlons plus de nous-mêmes que comme d'un fragment brisé de notre unité. A nous entendre, la France n'est plus qu'une nation catholique ; elle n'est plus qu'une nation latine ; elle doit se murer dans cette classification factice qui n'est plus de notre âge. La France ne pourrait rentrer dans ce lit de Procuste qu'en se mutilant ; elle ne se reconnaîtrait plus elle-même, en revenant ainsi au passé de la France par delà la philosophie, la Réforme, et toute l'époque moderne. En perdant ainsi chaque jour une partie de ses larges bases, à quoi veut-elle donc aboutir ?

J'ai peur qu'elle ne chancelle en se donnant de si étroits fondements.

Le drapeau catholique a fait de l'Espagne ce que nous voyons ; il a conduit l'année dernière l'Autriche à Sadowa ; nous-mêmes, où nous a-t-il conduits? au Mexique? Ce drapeau, je le répète, n'est plus assez grand pour couvrir la France moderne : il ne peut nous ramener désormais qu'au pays des ruines.

En résumé, par l'expédition du Mexique, nous nous sommes aliéné l'Amérique ; par notre imprévoyance de l'année dernière, nous avons décidé l'unité allemande, et nous l'avons faite contre nous. Par la nouvelle expédition romaine, nous nous aliénons l'Italie et les peuples latins, auxquels nous réduisons aujourd'hui nos origines et notre parenté.

Veuillez aussi penser à ceci : il n'est pas de peuple au monde qui ne soit diminué et ne soit arrivé au déclin, en s'acharnant à une question impossible à résoudre. C'est en se brisant contre des questions et des choses de ce genre, que tous les peuples du passé ont perdu leur puissance. Or, j'ai démontré, pour ma part, à satiété, que le problème que vous posez en Italie est impossible, aussi impossible que la quadrature du cercle. D'un côté, vous voulez que la théocratie du moyen âge soit une puissance moderne et libérale, ce qui est contradictoire ; de l'autre, vous voulez que l'unité de l'Italie se forme, en ayant à son centre et dans ses entrailles un pouvoir ennemi, étranger, qui appelle incessamment l'étranger de tous les coins du monde, ce qui n'est pas moins contradictoire. Certes, la puissance de la France est grande; mais tout son or et tout son sang se dépenseraient en vain jusqu'au dernier homme dans ce problème : la France s'y briserait, à la grande satisfaction de ses ennemis ou de ses rivaux, sans le faire avancer d'un seul pas.

L'expérience des vingt dernières années ne nous a-t-elle donc rien appris ? L'avertissement que nous donne l'Allemagne, en prenant notre place, sera-t-il aussi perdu ? Pour moi, que l'on me dise ce que j'ai à faire encore pour rendre l'évidence plus évidente, la lumière plus lumineuse. J'ai rempli mon devoir : je veux le faire jusqu'au bout.

Veytaux (Suisse).

LA MORT

de la

CONSCIENCE HUMAINE

(1867)

LA MORT

DE LA

CONSCIENCE HUMAINE [1]

Dans les plus mauvais jours de l'ancien césarisme, lorsque tout était muet, excepté le maître, il s'est trouvé des hommes qui sortaient du désert et jetaient quelques vérités à la face des peuples tombés. Depuis seize ans, je vis dans le désert ; je voudrais, à mon tour, interrompre par une parole ce silence de mort, auquel notre temps s'est si bien accoutumé.

Mais quelle parole choisir entre un si grand nombre qui m'oppressent? Il n'est pas de plus grand supplice que d'avoir une pensée droite et d'être réduit, par un concours presque unanime, à ne pouvoir la dire sans la falsifier et la torturer.

Ce bâillonnement de l'esprit et de l'âme est le supplice que j'endure depuis seize ans ; je l'é-

---

[1] Discours prononcé à Genève dans le congrès de la paix le 10 septembre 1867.

prouve encore en ce moment. Car si tout mensonge est autorisé, glorifié, couronné, toute vérité est aujourd'hui périlleuse, non pas seulement pour celui qui la dit, pour celui qui l'approuve, mais pour ceux qui l'écoutent, pour ceux qui la permettent, pour ceux qui en fournissent l'occasion, pour le pays, la ville, le coin de terre où la vérité proscrite ose se montrer encore.

Je retiendrai donc, selon l'ordinaire, le cri de ma conscience. Je refoulerai en moi la sincérité, la loyauté ; j'étoufferai comme un commencement de crime l'espérance même d'un ordre meilleur. De ma pensée ainsi amortie, flétrie, mutilée, je ne laisserai voir que ce qui est aujourd'hui dans l'esprit et sur les lèvres du monde entier.

Le fait auquel je veux me réduire, et sur lequel j'appelle l'attention des politiques, des philosophes, des démocrates et des patriciens, des révolutionnaires et des contre-révolutionnaires, ce fait, dis-je, est très simple. Je puis l'exprimer en un seul mot : c'est la mort de la conscience humaine.

Oui, j'ai vu mourir la conscience humaine en quelques mois, sous le pied du plus fort ; je l'ai vue se renier dès qu'elle a été défaite ; pendant seize ans j'en ai cherché les vestiges, je ne les ai pas trouvés. J'ai appelé, elle n'a pas répondu. Et ce n'est pas sur un point seul, dans un pays, un État particulier, qu'elle s'est elle-même livrée, comme une prisonnière de guerre. Non. Le mal a été plus grand ; l'univers entier a été bien près d'être complice.

J'ai vu depuis le 2 décembre 1851 ceux en qui tout Droit humain avait été violé, traqués au loin comme des bêtes fauves ; on les rejetait de lieux en lieux ; là où ils étaient admis à respirer, on les parquait, et ils étaient obligés, à certains jours, de comparaître, à la façon des criminels, pour montrer qu'ils n'avaient pas rompu leur ban et échappé au juste châtiment qui doit s'attacher à l'homme de bien. Car c'était un crime d'avoir cru à la sainteté du serment ; c'était un autre crime d'avoir cru à la sainteté des lois ; c'en était un autre et le plus grand de tous de n'avoir pas servi l'iniquité ; aujourd'hui encore, rappeler cela, est bien près d'être coupable. Passons.

Vous me dites que de pareilles morts de la conscience humaine se sont déjà vues sur la terre ; que sous les Césars, il y a dix-huit siècles, l'âme humaine avait aussi disparu de la face du monde ; que les peuples avaient été aussi complices de leur esclavage ; qu'ils y avaient applaudi ; qu'ils n'ont pas montré un seul jour de regret ; que la confiance dont on nous parle, ils l'ont gardée au maître, jusque dans le sépulcre monstrueux où ils sont descendus. Oui, je le sais.

Pourtant vous m'avouerez ceci : la conscience

humaine, en disparaissant, avait laissé quelque vide sur la terre; on le sentait comme aujourd'hui en toutes choses. Et savez-vous ce qu'il a fallu pour combler ce vide qu'avait laissé en se retirant et s'abaissant au-dessous de son niveau la nature humaine? il a fallu un Dieu, un Dieu nouveau pour effacer la souillure et combler les abîmes de l'ancien césarisme. Qui viendra aujourd'hui combler les abîmes nouveaux où le second césarisme nous a précipités? C'est la première question que j'adresse à tout homme qui pense.

La conscience humaine abrogée, la nuit s'est faite sur le monde. Nous nous sommes trouvés errants dans cette nuit, et nous y sommes encore plongés. A qui devions-nous nous adresser pour en sortir? Au ciel? Cinquante mille prêtres se sont levés et se sont interposés entre le ciel et nous. Ils ont béni l'embûche, ils ont maudit les victimes. Ce jour-là toute foi a été abolie sur la terre.

Nous nous sommes retournés vers les peuples; ils étaient désarmés, ils sont restés muets. Si, du moins, on ne les eût pas fait parler! Mais la plus grande douleur a été de voir les plus libres, les plus puissants consacrer de leur liberté et de leur puissance notre asservissement et l'anéantissement du Droit. Quant au monde, il s'est bouché les yeux et les oreilles pour ne pas voir, ne pas entendre.

Si nous lui disions : Quelque chose vient de se

passer auprès de vous! la justice, la liberté ont été frappées à mort ; elles sont là gisantes comme le Samaritain ; toute la terre le sait, le monde répondait : « Nous, du moins, nous n'en savons rien, et ne voulons rien en savoir. Passez votre chemin. Cela ne nous regarde pas. »

Ah! la justice ne regarde plus le genre humain, dès qu'elle est la plus faible! La terre est sourde, la conscience est sourde, les nations sont sourdes, dès qu'elles trouvent plus commode de ne pas entendre! Eh bien! Je vous remercie de l'aveu. Voilà justement le fait nouveau que je voulais constater, celui qui s'est intronisé sur la terre. Voilà le cataclysme qui a changé la température morale de l'Europe.

Et que s'ensuit-il? Qu'avec le renversement de l'âme humaine a péri le Droit; qu'il n'existe plus pour personne ; que la force seule subsiste.

Dans ces ruines de ruines, si je vous demande : Que cherchez-vous? Vous répondez : La paix!

Ah! oui! la paix! Nous la cherchons tous. Moi aussi je l'ai connue. C'était une bonne déesse ; charitable, humaine, souriant à tous ; elle habitait avec le bon droit, avec le respect de la parole jurée, avec la lumière et la vérité. Tout cela a disparu, comme une vieille fable. Il n'en reste qu'un songe. D'où venez-vous? Vous êtes-vous, dis-je, égarés dans les débris écroulés de la foi publique?

Et vous cherchez la paix ! vous vous trompez. La paix n'habite plus ici. Elle a été expropriée et congédiée de ces lieux pour cause de fidélité à ses engagements. La Guerre a pris sa place ; la Guerre latente, sourde ou déclarée, a élu domicile légal dans les ruines de la justice.

Autre plaie plus profonde ! Nous sommes obligés de nous faire aujourd'hui des questions qui avaient été cent fois résolues. L'abîme qu'avaient fermé nos pères a été subitement rouvert pour nous. Par exemple : L'homme n'est-il qu'une bête de proie sous la griffe du plus fort ? Les peuples ne sont-ils qu'un bétail ? Les choses humaines ne sont-elles qu'un jeu de bateleurs pour amuser les esprits malfaisants ? Voilà ce que nous sommes réduits à nous demander.

N'y a-t-il plus de droit, de justice, plus de place sur la terre pour l'homme de bien ! Vertu, Vérité, n'es-tu qu'un mot ? Ce cri de l'agonie du vieux monde, nous sommes réduits à l'entendre chaque jour répéter de toutes parts, à nos oreilles ; et le monde n'y fait point de réponse. Eh bien ! c'est là le plus grand mal qui ait été fait jamais à l'âme humaine. En seize ans, on l'a forcée de reculer de plus de dix-huit siècles en arrière.

Oui, c'est là mon grief, que cet étouffement, cette abrogation subite, cette extirpation de la conscience du genre humain. Car où la chercherons-nous maintenant ? Dans quel gouffre descendre pour retrouver cet élément perdu, ce roseau flottant, déraciné ?

Tous les jours, je m'étonne de voir des philosophes traiter de l'homme moral, de l'âme, de l'esprit, et ils ne s'aperçoivent pas que le sujet a disparu. Retrouvez l'homme, s'il se peut ; après cela vous discuterez son essence.

Ténèbres sur ténèbres. Elles pèsent sur les nations comme sur les individus, et jusqu'à ce moment, nul effort sérieux pour en sortir. Des mots heureux, piquants, éloquents, qui nous amusent ; mais pas un cri de l'âme qui nous promette le jour. Dans cette nuit sans aurore, comment nous étonner si les peuples se sentent toujours prêts de s'entrechoquer, de se briser l'un par l'autre, au hasard, à la merci de quiconque leur a lié l'esprit ou les mains ? Ils vivent ; et tout ce qu'ils savent, c'est qu'ils sont à la veille de s'entre-détruire, si cela plaît à leurs maîtres qui, dans ce jeu, se promettent réciproquement de s'épargner eux seuls. Ainsi résignés à s'entretuer, sans se haïr, sans se connaître, la fantaisie d'une personne est devenue la fatalité des peuples.

J'ai dit le mal. Je dirai le remède. Il est simple, il est unique, il est ancien. Et ici se place pour moi le souvenir d'une question qui m'a été faite, il y a une dizaine d'années, et qui me revient sans cesse. Peu de mois avant de mourir, un homme dont la défaite éclipsera la victoire des autres, me demanda (et ce fut là sans doute sa dernière pensée) : Comment le peuple se relèvera-t-il ?

La question était bien posée.

Elle comprenait tout.

Elle m'embarrassa alors, tant les choses étaient obscures ou honteuses. Aujourd'hui, mieux instruit, je répondrais: Les peuples se relèveront quand ils auront acquis la conscience de leur chute.

Cherchez, en effet, imaginez les solutions que vous voudrez; elles se réduisent à une seule; en des termes différents, toutes se ramènent à ceci:

Il faut que les hommes cessent d'être machines et redeviennent des hommes. Il faut que les peuples cessent d'être des troupeaux et redeviennent des peuples. On n'associe pas, dans une œuvre de paix, des membres morts, des corps sans âme. Il faut, pour cette œuvre, la vie, et dans l'ordre politique, la vie s'appelle la Liberté.

— La liberté ! me dit-on. Qu'est-ce que cela ? Nous l'avons oubliée. Elle nous fait peur. La liberté, n'est-ce pas la religion des Partageux ? La liberté, n'est-ce pas le catéchisme des communistes, le mot d'ordre des Spectres Rouges ? Quoi donc ! nous appartenir à nous-mêmes ? Cela se comprend-il ? Disposer de nous-mêmes, de nos pensées, de nos actes, de notre volonté, de nos forces, de notre sang? Quel avenir, grand Dieu ! Ce lendemain nous épouvante.

— A la bonne heure. S'il en est ainsi, en effet, si c'est là votre pensée, qu'ai-je à ajouter ? Préparez-vous, peuples, et saluez le retour et l'ère des Divins Empereurs. Voilà le Centurion au seuil, qui vous ordonne de mourir en masse. Obéissez. Ouvrez vos larges véines. Couchez-vous dans la grande baignoire d'airain où peuvent tenir des nations entières. Mourez-y patiemment, lentement, goutte à goutte; rougissez de votre sang tiède l'eau de l'étuve impériale.

Ainsi le veulent, ainsi l'ordonnent deux ou trois Césars que vous ferez vos héritiers.

Mais non! ces jours hideux ne s'éterniseront pas; l'humanité se relèvera de ce prodigieux abaissement. J'en prends à témoin cette réunion spontanée de tant d'hommes venus de divers points avec l'intention évidente de refaire la conscience publique. Il n'en faut pas davantage pour annoncer que quelque chose se redresse en l'homme, que le roseau se relève. C'est la première lueur qui m'ait apparu dans ces seize mortelles années où ma vie n'a pu être le plus souvent qu'une protestation muette.

On vous accusera de ne pas donner des solutions absolues et, comme on le dit, magistrales, à toutes les difficultés de la terre, de rester au-dessous de votre tâche, de ne pas corriger en une heure tous les vices de la mauvaise fortune, toutes les fautes accumulées par le vertige d'un seul, de ne pas refaire en trois jours le ciel du Droit écroulé sur vos têtes.

Vains reproches! La difficulté n'est pas de rassembler des formules. La difficulté était de rassembler des hommes vivants, de bonne volonté, de les mettre en présence, de délier les langues et les esprits enchaînés.

Soyez tranquilles! la nature humaine, une fois retrouvée et rétablie, le reste viendra par surcroît. Ces grands proscrits, le Droit pour tous et la Liberté, sauront bien, ce jour-là, rompre leur ban et sortir de terre. J'en prends à témoin cet homme de vérité, ce héros, que je vois à votre tête, Garibaldi.

RENAISSANCE

DE LA

CONSCIENCE HUMAINE

(1869)

RENAISSANCE
DE LA
CONSCIENCE HUMAINE

Amis de la liberté et de la paix,[1]

Il y a deux ans, dans votre première assemblée à Genève, j'adressai, du fond de la mort morale où tout semblait plongé, un appel à la conscience humaine; je l'adjurai de renaître; je la suppliai de sortir de la nuit, de venir en aide à ceux qui s'obstinaient encore dans le combat de la justice et du droit.

Aujourd'hui, je salue en pleine lumière le réveil de la conscience trop longtemps assoupie; les signes de cette résurrection ne sont plus seulement dans quelques hommes; ils éclatent partout. Le monde peut croire, s'il lui plaît, qu'il sort d'un rêve monstrueux; il peut croire qu'il avait pris un breuvage

---

[1] Discours prononcé dans le Congrès de la paix et de la liberté, à Lausanne, le 14 septembre 1869.

empoisonné; je le veux bien, ce sera là son excuse.

Mais l'orgie est près de finir; un jour nouveau commence à paraître; sur les murailles, une main a écrit les mots oubliés : Liberté, vérité, paix dans l'universelle justice.

Oui, nous entrons dans une époque nouvelle, où il vaut la peine de naître.

Vous l'inaugurez par une grande pensée : la *fédération des États-Unis d'Europe*.

Mais comment pourrons-nous y concourir? Comment préparer un état de choses qui semble si loin de nous et auquel s'opposent tous les maîtres du monde?

C'est déjà un grand pas de savoir que les peuples seuls ont intérêt à la paix autant que les princes ont intérêt à la discorde et à la guerre. Une idée si simple, aperçue de loin par quelques grands hommes, n'a commencé à se répandre que de nos jours au sein des masses, et là encore que de progrès il lui reste à faire avant de devenir le patrimoine de l'humanité!

N'êtes-vous pas étonnés de voir combien les peuples s'ignorent encore les uns les autres? Si du moins ils ne faisaient que s'ignorer? mais le plus souvent ils se méconnaissent. Les maîtres qui les gouvernent les ont armés l'un contre l'autre : Allemands contre Slaves, Italiens contre Allemands, Français contre tous; et aujourd'hui, qui ramènera la paix, non seulement dans les intérêts, mais dans les cœurs? qui fera luire cette vérité, qu'aucune nation ne peut être opprimée sans que ce soit un deuil pour toutes?

Il y a en Europe une multitude de lieux communs qui ont été habilement propagés par les chancelleries, et que les nations dociles répètent à leur exemple. Ne souffrons plus, messieurs, que l'on dise d'un peuple, pris nuitamment au piége : « Il l'a mérité; c'est bien fait; il n'est pas fait pour être libre; la liberté, la dignité ne conviennent qu'à nous. »

Paroles que l'on a trop souvent entendues en Europe depuis dix-huit ans, qui ont été surprises à la bonne foi de ceux qui les prononcent, mais qui, si elles se répétaient plus longtemps, constitueraient un véritable délit de lèse-humanité.

C'est ainsi que les âmes s'endurciraient, que les plus nobles traits de la civilisation s'effaceraient et que chacun, devenant insensible aux désastres de la liberté chez ses voisins, se préparerait lui-même à subir le joug.

D'autres fois, on attribue aux peuples les passions secrètes de leurs maîtres. En voulez-vous un exemple? Je prends ici à témoin les Allemands.

N'est-il pas vrai que l'on a réussi de faire croire à beaucoup d'Allemands que les Français brûlent de faire la guerre à l'Allemagne, que le gouvernement bonapartiste empêche seul cette calamité, qu'il met lui seul la bride à cette nation impatiente de ravager la terre, que s'il manquait un jour au monde la France se précipiterait sur ses voisins ? Qui n'a entendu de pareilles rêveries, messieurs ? Pour moi, en les écoutant, j'admirais que le contraire de la vérité fût accueilli avec si peu de défiance, lorsqu'il est si manifeste que des songes de ce genre appartiennent non pas au peuple, mais au césarisme dont ils sont l'essence; qu'ils sont l'opposé de l'esprit actuel des Français; qu'ils ne trouvent d'accès, d'aliment, de raison d'être, que dans le gouvernement militaire, qui en fait un instrument de règne.

Ces exemples suffisent. Je n'achèverai pas l'énumération des idées fausses que les peuples abusés s'attribuent les uns aux autres; c'est à vous qu'il appartient de dissiper ces ombres jetées entre les nations pour les brouiller.

Venus de pays différents, montrez à tous qu'ils n'ont qu'un seul ennemi : l'arbitraire, le pouvoir absolu, espèce condamnée, qui n'est plus de notre époque. Faites la lumière entre les peuples, vous ferez en même temps la paix.

LE

RÉVEIL D'UN GRAND PEUPLE

(1869)

LE
RÉVEIL D'UN GRAND PEUPLE

LE 24 MAI (1)

Que signifie le coup de tonnerre de Paris? Que veut dire la voix confuse des provinces? C'est un acte de salut.

Et comment pourrais-je penser autrement? Les idées, les sentiments, les convictions dans lesquelles j'ai vécu depuis dix-sept ans, les appels que j'ai jetés dans la solitude, la revendication que je poursuis, les protestations que j'entretiens, tout cela a pris corps, s'est réalisé en un jour dans le vote de Paris.

Je demandais en toute occasion ce qu'était devenue la conscience humaine; les philosophes, les moralistes, ne pouvaient me faire aucune réponse. Par un acte spontané, dont personne n'avait mesuré la grandeur, Paris a répondu : Je vis encore !

(1) Élections républicaines du 24 mai 1869. *(Note de l'Éditeur.)*

Je suis la conscience de la France, la voix de la civilisation. Croyez, espérez, vous qui aviez renoncé à l'espérance.

Date ineffaçable; le 24 mai a démontré que l'on a bien pu démolir pierre à pierre le Paris que nous avons connu; on en a rebâti un autre pour les yeux; on n'a pu démolir le Paris de la pensée, de l'intelligence, de la vie morale et politique. Celui-là vient de se relever debout du milieu de ses ruines apparentes. Il est tel que nous l'imaginions. Encore une fois, la vie d'un grand peuple s'est concentrée en lui. Je répéterai le mot que j'ai entendu de l'armée, il y a vingt et un ans, en des circonstances qui avaient aussi leur grandeur : « Vive la ville de Paris! »

Mais, dites-vous, les partis moyens s'effacent, et c'est là un grand malheur.

Observez les choses de plus près, vous verrez que le péril était précisément dans le règne exclusif des partis moyens qui tendent à disparaître, races hybrides, incapables de durer.

Quel est le danger véritable pour une nation? Vivre de chimères, s'user dans un problème insoluble, se consumer dans la poursuite d'une pierre philosophale. Or, tous ces périls étaient dans les partis moyens.

Ils voulaient, disaient-ils, comme but le Parlementarisme; mais ils s'en remettaient à un régime décidé à n'en pas vouloir. Ce qu'ils faisaient d'un côté, ils le détruisaient de l'autre.

Un homme aurait beau dire : « Voyez, je suis doux, modeste, sage par excellence; confiez-moi donc le soin de cultiver une épine pour la transformer en chêne, ou un mancenillier pour avoir un oranger. Donnez-moi pour cela toutes vos forces vives, toutes vos richesses physiques et morales. Je vous ruinerai certainement corps et biens, mais avec modération ; et c'est là ce que vous souhaitez. »

Croyez-vous qu'il serait à propos de s'en remettre de tout à ce sage?

Non. Paris s'est lassé du travail de Pénélope. Il s'est lassé de cette œuvre impossible, de cette toile illusoire qui se tramait et se défaisait dans le même moment. Paris a compris que c'était là un filet dans lequel il s'enveloppait lui-même et avec lui la France.

Par un grand coup de civilisation, il est sorti de cette fausse trame où les générations pouvaient s'engloutir les unes après les autres, sans aucun progrès réel ; au lieu de la vie ténébreuse où se perdaient et s'étiolaient les forces du pays, Paris a tout replacé en pleine lumière, sans masques, sans voiles, sans subterfurges ; par là encore une fois, Paris a retrouvé le génie de la nation, Paris a sauvé la France.

Comme la confusion était profonde, il fallait que la réponse de Paris fût d'une clarté qui parlât même aux aveugles. Il fallait que le sens de cette réponse fût accentué en traits fulgurants; de là des noms auxquels on ne s'attendait pas, et qui ont tout à coup jailli de l'exil.

Et au contraire les noms accoutumés, relégués un moment dans l'ombre.

Il fallait parler de loin aux foules compactes de la nation française. Les signes devaient donc s'expliquer d'eux-mêmes; ils devaient être parlants, criants, énormes pour être compris d'un bout à l'autre du territoire.

Ainsi, par un merveilleux instinct politique, a pu être rallumé ce phare qui ne s'éteindra plus et que l'on appelle les élections de Paris.

Disons un mot de celles des provinces. En voyant se dérouler ces énormes colonnes où l'obéissance passive semblait s'inscrire à chaque ligne, un premier étonnement était inévitable. Quoi! y aurait-il donc deux Frances étrangères l'une à l'autre, la première qui daterait de 89 et l'autre du 2 Décembre?

Pendant que Paris fait un grand pas en avant, les provinces feraient-elles un pas égal en arrière? La tête seule vivrait-elle? Le corps disloqué, mutilé dans l'étreinte de l'administration, resterait-il immobile ou rétrograde?

On verrait donc la capitale séparée des départements, c'est-à-dire la tête détachée du corps ? Les provinces ne seraient qu'un torse tronqué, d'où la vie aurait été enlevée, où elle ne pourrait renaître.

Paris ne serait qu'une tête pleine de lumière, avide d'avenir, impatiente des anciens jougs, mais qui privée de membres, de mains, de pieds, pour agir et se mouvoir, s'agiterait dans l'impuissance et dans le vide ?

Rassurez-vous. En examinant de plus près ce qui venait de se passer, l'on vit que les grandes villes Lyon, Marseille, Nantes, Bordeaux, etc., avaient fait écho à Paris. Elles apparaissaient comme des terres nouvelles qui émergeaient ; là où de si grands points d'appui ne se trouvaient pas, que d'efforts véritablement admirables pour renaître, dans les parties de la France qui pouvaient sembler le plus livrées à la mort politique ! Suivez seulement ce qui s'est fait dans le département de Vaucluse et dans la petite ville de Carpentras qui avait passé si longtemps pour la Béotie de Provence !

Vous verrez qu'il suffit de l'initiative de quelques hommes pour tirer des merveilles de cette terre de France à quelque point qu'on la touche !

Poussez votre examen plus loin ; descendez dans ces régions encore sourdes, où la lutte est à peine engagée. Vous arriverez à ce résultat, que là aussi comme partout ailleurs, une vie latente, présage des grandes choses, se produit et s'accroît de jour en jour; qu'un travail inconscient, qui est celui de la race française, s'accomplit dans l'ombre; que ceux qui n'agissent pas encore commencent déjà à penser; que ceux qui agissent prévoient le lendemain, et que tous se souviennent.

Oui, se souvenir, c'est là un bon présage; et à ce titre le peuple de Lyon, comme celui de Paris, a fait une chose morale, indépendante des questions de parti, en allant chercher le plus ancien, le plus vieux de ses serviteurs que l'on pouvait croire le plus oublié, le plus enseveli sous les exils, les prisons et les années. Il n'est donc pas vrai que le peuple n'estime que la force brutale, puisqu'il va chercher un homme à qui le temps n'a laissé que la force de l'âme!

Pendant dix-sept ans, quelle était la vraie question? Le Césarisme. Y aura-t-il oui ou non une Démocratie Césarienne.

Cette question ne peut plus être posée; le 24 mai l'a tranchée pour toujours. Il a effacé le sceau du Césarisme ancien pour mettre à sa place le sceau de la Révolution française.

Le caractère de l'ancien Césarisme a été de noyer l'intelligence des villes sous le flot de l'ignorance rurale, Rome sous les provinces. Ce fut la fin de la civilisation antique.

Allons-nous dans cette voie? La même stupeur, le même vote muet se sont-ils étendus d'un bout à l'autre du territoire, au moindre signe d'un maître? Les villes ont-elles rivalisé d'obéissance, de silence avec les campagnes et les campagnes avec les déserts? Trois millions six cent mille voix déposent qu'il a été impossible de faire rentrer les provinces françaises dans le moule des provinces romaines écrasées par la conquête. Pas une ville qui n'ait prononcé à son tour son *sinon, non*.

Ainsi première conclusion de l'expérience : les provinces, même les plus patientes, s'éloignent à grands pas du Césarisme, bien loin de s'y résigner.

Secondement, l'événement montre que la loi de la Révolution française n'a pas changé et que Paris aujourd'hui comme alors, entraîne après lui les destinées de la France. Les mornes années que nous venons de traverser ont eu pour effet de maintenir cette loi sans aucune altération. En 1788, on disait dans les provinces : « Il faudra voir ce que fera Paris. » Ces mêmes mots se répètent aujourd'hui.

Il est clair en effet, que puisque la France veut revivre, le contraste dont on a d'abord été frappé entre le vote de Paris et le vote des provinces doit s'éteindre ; et comment cela se fera-t-il? Il ne reste qu'une seule solution pour rendre à la France son homogénéité et sa vigueur native.

C'est que les provinces s'orientent sur ce phare, que Paris vient d'allumer.

Ainsi se sont dénouées jusqu'à ce jour toutes les difficultés qui se sont amassées sur notre chemin. La nation française chancelait tant que le chemin n'était pas indiqué. Paris a frayé la route nouvelle : plus d'incertitude, plus d'aveuglement. La lumière s'est faite. Il s'agit de sortir du Césarisme pour entrer dans la vie et dans la liberté vraie. Quoi de plus clair? Les yeux se sont ouverts. Il n'y a plus qu'à marcher.

LE 7 JUIN

Après le vote du 24 mai, Paris s'est-il repenti le 7 juin? a-t-il voulu conclure par un vote de réaction?

N'en croyez rien. Paris en tenant en suspens, dans sa balance, les membres principaux de l'ancienne opposition leur a donné un avertissement nécessaire. Il leur a dit : « Le temps a marché, osez marcher avec lui. »

Après cette leçon, Paris n'a pas voulu pousser plus loin ses sévérités; il a nommé ceux qu'il avait avertis.

Ceux-ci comprendront-ils ce langage? Profiteront-ils de l'enseignement reçu pour faire un pas en avant? ou bien, comme tous les pouvoirs, s'indigneront-ils de la vérité, et repousseront-ils la lumière?

Une chose est certaine. Un nouveau terrain s'est formé, étranger ou hostile à l'ancienne opposition. Il dépend d'elle de s'appuyer de ces forces nouvelles ou de les combattre.

Dans le premier cas, l'opposition se rajeunira, elle se retrempera en touchant le sol. Dans le second cas, elle restera sans écho, étrangère, au milieu d'une France nouvelle qui grandit à vue d'œil.

Si les vieux restent vieux, que les jeunes osent être jeunes. Les endormeurs plaideront pour le sommeil. Rien de mieux. Mais pour nous, qui avons fait notre choix entre la torpeur et le réveil, nous saluons cette France nouvelle qui vient de se révéler à l'insu de la presse, de la tribune, de tous les pouvoirs organisés, objet d'étonnement, œuvre spontanée où reparaît l'instinct de la race française. La vie au milieu de la mort, l'espérance au milieu du marasme : quoi de plus scandaleux ! Oui sans doute, mais ce scandale, c'est l'avenir.

Après tout, le 24 mai éclaire le 7 juin. Un changement s'est fait dans le tempérament de l'opposition. Dès le premier jour, l'avertissement a été donné avec trop de force pour ne pas être entendu de tous. On avoue déjà que les complaisances oratoires tenaient trop de place dans l'éloquence de l'ancienne opposition.

Retrouver la parole, après la nuit de décembre, sembla longtemps un bien inespéré qui dispensait d'agir. Faire passer une vérité timide à travers le réseau et les mailles de mille concessions de langage, c'était un miracle de l'art ; souvent il fallait se demander si l'on gagnait ou perdait dans ce jeu oratoire.

Que de fois, je me suis senti, pour ma part, transpercé par ces mots détournés trop habiles, qui frappaient l'ami, sans ricocher sur l'ennemi. C'était, a-t-on répété, une nécessité pour être entendu.

On eût dit que l'orateur ne sentait point de peuple derrière lui. Il se croyait seul dans la lutte. Il se trouvait comme entre deux périls, n'être pas suivi par les siens, s'il s'avançait trop; n'être pas écouté des adversaires, s'il parlait de trop haut. Situation fatale pour une opposition : douter de sa force dans le pays; ne plus croire à cet *écho* dont parlait le général Foy; ne compter que sur les habiletés du discours, sur les surprises de l'art et non plus sur le retentissement des vérités hardies et nécessaires dans les oreilles et la bouche d'un grand peuple.

Voilà quelle était la situation de l'orateur politique en France depuis dix-sept ans. Il ne pouvait faire un pas sans sonder le terrain, craignant à la fois ses amis et ses ennemis.

Que de bienséances à observer, que de capitulations à souscrire, avant de faire une incursion dans le camp opposé ! Il fallait se couvrir, de loin, comme dans un siége. Tant d'art accumulé faisait souvent oublier le but; on se consolait de perdre le fond, si l'on sauvait la forme.

Tout cela, ai-je dit, a été changé en un jour, le 24 mai (1).

(1) Élection des *Irréconciliables*. (*Note de l'Éditeur.*)

L'orateur français ne peut plus ignorer qu'il a derrière lui des masses profondes qui lui permettent d'oser ; il ne peut plus se demander s'il est suivi, s'il est cinq ou quinze, ou vingt. Il sait qu'une tête de nation le pousse en avant et l'acclame s'il la précède. Il a retrouvé l'écho qui a fait les grands jours féconds. Qu'il parle donc, qu'il ose ; qu'il ne craigne plus de ne pas être entendu.

Ce changement dans la parole en produira d'analogues dans la vie publique. La sincérité dans le langage ramènera la sincérité dans les mœurs.

L'art de l'orateur ne sera plus seulement de s'insinuer dans une assemblée, mais d'électriser un peuple.

Dégagé du bagage des précautions oratoires, il pourra combattre plus ouvertement. Le discours quel qu'il soit, s'éloignera de l'artifice, il se rapprochera de l'action.

Plus de paroles stériles. Des caractères, des actes.

Veytaux, 10 juin 1869.

LE
PLÉBISCITE ET LE CONCILE
(1870)

LE PLÉBISCITE ET LE CONCILE

I

LE PLÉBISCITE

Où sommes-nous? Où allons-nous? Dans quel désert avons-nous été conduits, les mains liées derrière le dos, la corde au col, comme les peuples de Ninive dont on exhume aujourd'hui les bas-reliefs? Dans cet égarement où l'on nous a plongés, y a-t-il encore une issue, une étoile sur laquelle nous puissions nous orienter, pour retrouver notre chemin. Voilà ce que je veux chercher ici.

La Constitution nouvelle qui va s'imposer à la France est renfermée dans ces mots : « Le Prince a toujours le droit de faire appel au Peuple. »

Les articles qui précèdent ou qui suivent ne servent qu'à envelopper celui-là.

Deux lignes, rien de plus. Mais elles contiennent tout l'esprit de l'Empire libéral; elles lui donnent son caractère, elles en trahissent la pensée; surtout, elles en marquent la date ; et cette date n'est pas de nos temps.

Où trouver en effet l'analogue de ce prince qui a toujours le droit de faire appel au Peuple? Vous ne le rencontrez dans aucune des constitutions de nos jours, chez aucun peuple et chez aucun prince.

Il est trop manifeste que rien de semblable ne s'est vu ni dans la Révolution, ni dans les Principes de 89. Renoncez à en découvrir la moindre trace dans le monde moderne, ni même dans le moyen âge.

Où faut-il donc reculer pour apercevoir cet analogue que nous cherchons dans l'histoire du pouvoir personnel ou absolu? Il faut reculer de près de deux mille ans en arrière. Dans le Bas-Empire? Oui, et même plus loin encore. Revenez au pur césarisme antique. C'est là qu'est attaché le premier anneau de cette chaîne de fer dont vous allez vous lier. Pour qu'il ne puisse vous rester aucun doute sur ce point, voyez au moins comment s'est formée cette chaîne.

Il y avait, dans la république romaine, un magistrat qui avait toujours le droit de faire appel au peuple. Ce droit sacré se nommait *provocatio ad populum*, et c'est pour cela que le magistrat qui en était investi se nommait le tribun du peuple.

Ce privilége, tout républicain, âme de la république, avait été créé comme une citadelle de la Liberté ; voilà sur quelle base elle a vécu jusqu'à l'avénement des Césars.

Mais quand il s'agit de changer la liberté en servitude, remarquez le faible changement qu'il fallut pour cela. Ouvrez les yeux sur cette fraude où toutes les libertés se sont abîmées à la fois.

Ce n'est qu'un premier crime des Césars, et il va tout engloutir.

Il se trouva un prince, un premier César, qui s'attribua à lui-même le droit tribunitien de faire appel au peuple. L'effet fut soudain ; tout le tempérament du monde romain fut dénaturé en un moment. C'est, à peu près, comme si le prince, selon le vœu de l'un d'entre eux, eût décapité le peuple ; il en tenait la tête dans ses mains, et la faisait parler à sa guise. Hors de lui, il ne resta qu'un tronc inanimé ; voilà l'Empire.

Le droit de *provocatio ad populum*, d'appel au peuple, renfermé sous le nom de tribun, c'est l'outil avec lequel a été forgée, de prince en prince, la barbarie du césarisme romain. Quand l'initiative tribunitienne de la nation, c'est-à-dire sa vie, fut concentrée en une seule personne, cela produisit les monstres qui ont effrayé la terre sous le nom des Douze Césars.

Suivez-les ; vous verrez que les plus méchants ont toujours été les plus avides de ce droit tribunitien, plébiscitaire, comme il vous plaira de l'appeler. Auguste reçoit, avec les prémices de la servitude universelle, ce droit à perpétuité. Puis vient l'excellent, l'honnête Caligula ; nul n'a montré plus de zèle pour les comices et les suffrages du peuple.

Lui aussi pouvait dire : « Vous défiez-vous donc de la sagesse du peuple ? »

C'est par là que commencent tous les Césars antiques. Ils s'octroyent ce droit d'appel, ou bien ils se le transmettent par adoption de l'un à l'autre, comme un poison de famille. Auguste le communique à Tibère, Tibère à Drusus, d'autres à de meilleurs encore qui méritent tout confiance, à Commode, à Caracalla, à ce pauvre Géta.

Tous sont tribuns du peuple au même titre, dès le premier jour de leur avénement. C'est leur sacre, leur droit divin ; et, dès qu'ils l'ont reçu, ils sont tranquilles ; ils savent qu'il n'y a plus même de peuple. Ils l'aiment tant, qu'ils le portent en eux ; le reste n'est qu'une ombre

La formule est connue par laquelle se faisait l'appel du tribun au peuple : « Voulez-vous, ordonnez-vous que telle chose se fasse ? »

Rien de plus simple sous la république au milieu des discussions du Forum. Mais quand au lieu du tribun, ce fut le prince, tout disparut ; il ne resta que le prince.

Alors fut véritablement découvert l'instrument de mort pour étouffer l'espèce humaine ; elle ne put s'en relever. Chaque mot de la langue humaine devint un mensonge ; il ne se proféra plus une parole qui ne fût le contraire de la vérité.

Le droit plébiscitaire était l'arme de la liberté ; on donna cette arme au maître ; tout le monde resta nu et sans droit devant lui. Il n'eut plus même besoin d'interroger des peuples qu'il avait étouffés. Il s'interrogea et se répondit lui-même ; ce fut la forme accomplie du plébiscite césarien.

Voilà comment se firent les Césars. Voilà l'engin qui a servi à fabriquer la servitude universelle.

Rien n'a pu lui résister ; il a détruit, non pas seulement un peuple, mais un monde.

De tout ceci, faites l'application à vos propres affaires ; un simple article de loi, inséré dans la Constitution si forte du monde romain, a produit l'effet d'une infiltration du poison du curare dans les veines de la société antique ; elle en est morte ; et c'est ce même article que froidement, et tranquillement, vous proposez de répandre dans les veines de la France.

— Vous craignez donc le peuple ? nous dit-on.

Je crains le sophisme de Caligula qui a déjà une fois anéanti le peuple par le César. Je crains que la même cause ne produise le même effet ; et je ne voudrais pas voir deux fois le césarisme masqué avilir l'espèce humaine.

De quoi s'agit-il ? De retremper le césarisme dans son droit divin ; de refaire le tribun du peuple à perpétuité.

Mais ce tribun-là, sacro-saint, nous le connaissons de vieille date. Il s'appelle Tibère, Caligula, Commode, Caracalla. Sous des noms différents, il est toujours le même. La liste est assez longue. Je ne veux pas l'augmenter en 1870.

Sur cela beaucoup de gens disent : Laissez-nous au moins faire l'expérience. Mais quoi ! Quelle expérience voulez-vous donc plus grande, plus terrible que celle de la plus puissante des sociétés qui en est morte ? N'est-ce pas assez de ce grand cadavre qui s'appelle le Bas-Empire ?

Ne jouez pas, je vous en prie, avec de pareils poisons.

Et que vous a fait cette malheureuse France pour la soumettre à pareille épreuve, *in animâ vili*, quand vous savez comme moi, que l'esclavage et la mort sont au bout ?

Ainsi, vous nous faites reculer au delà de tous les peuples modernes.

Nous voilà remontés avec vous, d'un seul bond, aux sources mêmes de la servitude. Et, quand vous nous avez ainsi séparés de toute la société humaine vivante, vous cherchez quel a été le premier anneau de la servitude antique. Vous le ramassez dans la poussière des Thermes de Caracalla, et vous le forgez de nouveau pour nous en lier les mains.

Ici les mots me manquent. D'ailleurs j'en ai dit assez pour qui veut entendre.

II

LE CONCILE

Il y a trente ans, je suis parti de cette évidence que le catholicisme romain est incompatible avec la liberté moderne, et qu'entre elle et lui il faut choisir.

Cette vérité qui m'a servi de guide m'a été disputée, avec la dernière violence, par des esprits qui se croyaient modérés. Ils réclamaient pour eux seuls le droit de représenter la liberté et ils se faisaient fort de concilier avec elle l'absolutisme du saint-siége. Nous avons vu tout le grand parti constitutionnel, plein de promesses, se river par ses expéditions et par tous ses actes à l'Église romaine. Il cachait notre drapeau dans le Labarum.

Il promettait, il affirmait, il jurait que de ce nuage sortirait la liberté, non pas celle que nous demandions, mais la liberté sage, régulière, honnête, que lui seul pouvait donner par son alliance avec la théocratie.

Quant à nous, qui répétions que la servitude seule ouvait sortir de cette intimité, nous étions deux fois hérétiques au point de vue religieux et civil. Le parti libéral, par toutes ses voix, nous criait : Anathème.

Voilà comment nous avons vécu pendant trente ans sous l'interdiction. Et maintenant, qu'arrive-t-il ? Pour qui se fait l'expérience ?

De tous les points du monde se réunissent les représentants du dogme catholique; ils forment le nouveau concile, l'assemblée que l'on n'avait pas vue depuis trois siècles, devant laquelle il ne reste qu'à se taire et obéir.

Le Concile et le pape ont même doctrine, même pensée, même voix. Ils ouvrent la bouche, c'est pour jeter l'anathème. Mais sur qui ? Sur tout le parti libéral.

Où sera le refuge de ce parti, dans la situation qu'il a choisie ? De quelque côté qu'il se tourne, vers le pape ou le Concile, la réponse est semblable :

Anathème sur toutes les promesses qu'il a faites, sur ses projets de conciliation, sur les droits, les garanties, les franchises dont il nous berçait. Il s'est faussement engagé; il a promis ce qu'il savait ne pouvoir tenir. S'il a voulu nous jouer, il s'est joué lui-même.

Espérances, alliances, doctrines libérales, tout cela est impie et exécrable. Anathème, malédiction.

Voilà ce qui reste du contrat d'alliance entre le libéralisme et l'Église.

Il faut bien que j'ajoute ce que je pense. Cette sincérité dans la réprobation fait honneur à l'Église. On s'attendait à ce qu'elle ne frapperait que nous, tant on est accoutumé à voir frapper ceux que l'on croit désarmés et qui ne représentent que la justice. Si la théocratie romaine eût concentré ses foudres, ses damnations, ses enfers contre nous, amis du droit commun, qui s'en serait offensé? Qui n'aurait approuvé? Tout eût été digne de la sagesse apostolique.

Mais voyez où est le mal. L'Église condamne également les libéraux et les démocrates, les royalistes constitutionnels et les républicains, les conservateurs et les socialistes, les bleus et les rouges. « Passez à ma gauche, maudits. Allez former tous « ensemble un même enfer. »

On espérait que la haine ecclésiastique userait de diplomatie, qu'elle donnerait au moins le privilége d'un purgatoire modéré aux constitutionnels, aux honnêtes libéraux, et qu'elle réserverait l'extrémité gauche de l'abîme aux damnés de la république, aux rouges que leur nom seul désigne assez aux flammes.

Mais non! la condamnation est la même pour tous. Elle s'étend à nous tous, qui prétendons avoir en nous une parcelle quelconque de l'esprit moderne. Et c'est de quoi je ne puis m'empêcher de remercier l'Église. Je la félicite d'avoir été sincère dans un temps de mensonges. Je la loue d'avoir osé publier qu'elle nous hait également et de la même haine.

Car ce seul éclair de franchise doit nous aider à nous reconnaître.

Qui l'aurait cru ? C'est l'Église qui ôte le masque aux partis politiques. Elle les oblige, par la sincérité de ses haines, à être sincères un moment.

Déjà le libéralisme constitutionnel ne peut plus se cacher dans le temple. Le rideau est déchiré ; et voici l'alternative où les résolutions de l'Église ont placé ce grand parti :

S'il conserve ses doctrines de liberté, il n'est plus catholique, puisque l'Église se fait désormais un dogme de les maudire. S'il reste catholique, il se maudit lui-même.

Dans cette alternative, que prétend-il faire? Y a-t-il bien songé ? Les termes ambigus où il s'enveloppait ne sont plus possibles. Il est mis en demeure d'être franc à son tour : absolutiste s'il se dit croyant, impie s'il se dit libéral ; tout à la fois absurde et impie, s'il parle encore de concilier la liberté et l'Église.

Voilà le défilé où il est arrivé. Toute son habileté vient expirer ici ; car il faut de toute nécessité qu'il reconnaisse que sa sagesse s'est trompée et qu'il perd la société moderne en continuant de s'attacher à l'Église, ou l'Église en s'attachant à la société moderne.

Moment critique, s'il en fut jamais. C'est la fin de cette savante tactique, admirée depuis un demi-siècle. Et, encore une fois, je demande ce que prétendent faire nos sages sous l'anathème qu'ils ont de commun avec nous ? Que comptent-ils décider sous l'événement qui les presse ?

Séparer l'État de l'Église ? Mais c'est là ce que nous demandons depuis trente ans. Et ils nous le reprochaient comme un scandale.

Se fermer les oreilles, faire semblant de ne pas entendre les condamnations parties de Rome et du monde catholique ? Se donner encore comme la brebis du pasteur, quand tout le monde entend la réprobation qui vient du Vatican ?

Non ! ce jeu du bout des lèvres n'est plus possible. Et qui pourrait supporter un libéralisme moins franc que le jésuitisme ?

J'ai dit quelle est aujourd'hui la situation du parti libéral et constitutionnel vis-à-vis de l'Église en 1870.

Voyons maintenant ce qu'il fait du pouvoir politique.

III

1870

Pour se soustraire à la liberté vraie, le constitutionnalisme français a commencé d'abord à se tourner vers l'Église romaine. Il a fait alliance avec elle. Il s'est enfui avec elle dans le moyen âge, et il a cru par là se dérober à la démocratie, qu'il appelle le déluge.

A mesure que le flot a monté, nous avons vu les sages, les infaillibles tacticiens, même incrédules, se réfugier à l'ombre du pape et du Concile. Mais la malédiction les a accueillis sur ce roc, par la voix de l'Église ; et maintenant voyez leur détresse. N'osant ni embrasser l'Église, ni rompre avec elle, ils savent seulement que ce qu'ils ont pris pour un refuge est un abîme. Leurs doctrines sont lapidées à la fois par le pape et par le Concile.

Et cependant la vérité du siècle, je veux dire la liberté démocratique, les poursuit.

Que faire pour y échapper ? Ils cherchent partout des yeux un autre allié plus sûr ou moins scrupuleux que l'Église catholique. Cet allié, où peut-il être ?

Admirez alors ce qui se passe. Ce même grand parti constitutionnel, monarchique, modéré, tout à coup éperdu, depuis qu'il a vu face à face la démocratie s'éveiller dans les élections de 1869, rencontre le césarisme, qui lui-même se cherche un sauveur.

Deux naufragés qui se tendent la main. Ils s'étaient juré une haine éternelle ; le libéralisme surtout avait répété cent fois qu'il ne pouvait y avoir rien de commun entre lui et le régime césarien.

Et à la première caresse du César, sans se donner un moment de réflexion, sans examiner s'il s'agit de masques ou de réalités, sans se souvenir de ses ressentiments et même de sa dignité, il embrasse tout ce qu'il a détesté. Il ne cherche pas si derrière les mots sont les choses. Le maître a souri. Cela suffit ; il faut se rendre.

Peut-être qu'en tardant quelques jours à se rallier, on eût obtenu une capitulation réelle au moins sur certains points. Mais non ! L'impatience est trop grande de se donner, de rentrer en grâce.

Point d'hésitation. Jetons-nous tête baissée dans ce que nous avons appelé cent fois le gouffre. Après tout, ce gouffre, n'est-ce pas le salut ?

Sans doute, le plébiscite, ce droit princier d'appel au peuple, est chose effrayante ; les meilleurs d'entre nous le repoussent avec horreur. Cependant n'écoutons pas leurs scrupules.

Prenons le plébiscite par ses bons côtés. Il nous transporte en dehors de notre époque. Il nous fait reculer de deux mille ans. Rien de plus vrai ; et c'est là précisément ce qui nous plaît. Si quelque chose de plus antipathique à notre siècle, de plus contraire à la vie moderne nous était offert, avec une chance de succès, nous l'accepterions de même. Car la démocratie nous fait peur.

Pour l'éviter, nous retournerons volontiers en arrière chez les papes, chez les Césars, partout où nous ne verrons pas le spectre de la République ou des élections de 1869.

Ainsi la peur de la liberté fait tout accepter, les yeux fermés ; et le libéralisme français marche désormais flanqué à droite de l'ultramontanisme, à gauche du césarisme.

Entre ces deux murs de fer, où peut-il aboutir ? il s'est librement fermé toutes les issues par lesquelles une âme libre peut s'échapper.

Quel nom faut-il lui donner ? Libéralisme ultramontain ou libéralisme césarien ?

Il a échoué, aux yeux du monde entier, dans son alliance avec le pape. Que pouvez-vous attendre de son alliance avec César ?

Évidemment un désastre semblable. Il aura refait les deux têtes de l'Aigle et lui aura donné la liberté en pâture.

Mais quand il aura ainsi sacrifié la vie moderne au pape et au prince, ne craint-il pas que les hommes ne se lassent de ce jeu?

Les honnêtes gens qui, par peur ou par docilité, se prêtent à ce qu'ils nomment une expérience, ne craignent-ils pas que le libéralisme n'achève de se ruiner et de se dénaturer dans cette union intime avec la servilité?

Ne craignent-ils pas que, dans ces épousailles adultères de la royauté constitutionnelle et du césarisme, la première ne se charge des attentats du second, et que le monde ne pouvant plus les distinguer soit mis dans la nécessité de les rejeter l'une et l'autre?

La royauté ayant usé le césarisme et le césarisme la royauté, que restera-t-il?

Précisément la République, qui est pour eux la tête de Méduse.

Veytaux, 17 avril 1870.

LETTRES POLITIQUES

AUX JOURNAUX PERSÉCUTÉS. — AUX ÉLECTEURS.

(1868-1870)

LETTRES POLITIQUES

AUX JOURNAUX PERSÉCUTÉS

I

LES ÉCRIVAINS FRANÇAIS ET LA LOI SUR LA PRESSE

Veytaux (Suisse), 6 mars 1868.

C'est aux écrivains à dire à leur tour ce qu'ils pensent de la loi nouvelle sur la presse.

Pour moi, je déclare franchement que je préfère vivre sous le régime du décret de février 1852, plutôt que sous celui de la loi proposée.

Dans le premier cas, je subis, il est vrai, l'avertissement; mais dans le second cas, je le subis aussi sous la forme du mandat de comparution; et ce mandat est transformé en une amende de dix mille à quatre-vingt mille francs.

Or quel écrivain est en état de supporter une pénalité de ce genre?

Il ne s'agit plus seulement de sa personne, il

s'agit de ruiner pour une ligne, pour un mot et du même coup, lui, sa famille et ses amis.

Qui voudra, qui pourra affronter une responsabilité de ce genre, non pas seulement pour soi, mais pour les autres?

Personne. Il faudra donc écrire sans penser, ou penser sans écrire.

Voilà désormais la situation de l'écrivain en France.

Si pareille loi eût existé au dix-septième siècle, ou au dix-huitième, aucun des écrivains dont s'honore la France n'eût pu se produire.

Quatre-vingt mille francs à payer pour une ligne! Qu'en eussent pensé Descartes et Voltaire? Ils eussent trouvé plus simple de s'expatrier.

Si la première *Provinciale* eût coûté quatre-vingt mille francs d'amende à Pascal et à ses amis, croit-on que Pascal serait arrivé jusqu'à la dix-huitième?

Un Français ne peut plus penser haut. Il ne peut plus que s'amuser et s'étourdir.

Car dès qu'il verra un péril de ruine dans toute question, que pourra-t-il faire?

Il fuira les questions; du moins, il n'en conservera qu'une apparence.

Son œuvre consistera à éviter les idées comme les sentiments.

Mais privé d'âme, que deviendra l'art d'écrire? Un métier.

C'est alors que l'écrivain, comme on l'assure déjà, ne sera plus qu'un ouvrier à la tâche, et ce sera le dernier de tous.

L'ouvrier en faisant sa tâche mécanique peut du moins réserver son intelligence, son âme, son cœur. En creusant un sabot, il peut penser et méditer.

L'écrivain sera censé se mettre tout entier dans son œuvre; et cette œuvre ne devra contenir ni cœur, ni âme, ni esprit.

Tant mieux, dira quelqu'un. C'est ce que nous demandons. Qu'avons-nous besoin d'écrivains qui pensent? Des plumes mécaniques nous suffisent.

La réponse serait bonne, si l'Europe entière la faisait en même temps. Mais il n'en est point ainsi. Le reste de l'Europe s'obstine à vouloir que ses écrivains disent quelque chose.

Concevez donc, et mesurez, si vous le pouvez, l'avenir de décadence d'une nation qui forcerait les siens à se faire automates.

Et après tout, qu'ont fait les écrivains à la France, pour que tant de Français les poursuivent et les extirpent avec cet acharnement?

Ce qu'ils ont fait? Ils ont donné à la France le renom dont elle jouit dans le monde. Ils lui conservent un reste de prestige.

C'est par eux, et par eux seuls qu'elle se maintient dans l'opinion des peuples étrangers.

Car ce n'est pas la force matérielle seule qui lui a donné sa prééminence.

On a vu quelques fois ses armes céder au plus grand nombre. Dans ces occasions-là, ses écrivains sont restés debout. Ils ont sauvé ce qui avait été perdu sur les champs de bataille.

Pourquoi donc, je le demande, extirper ceux qui ont fait une grande partie de la vie nationale et qui la soutiennent encore?

Les anciens Empereurs ont réussi par leurs lois et leurs décrets à extirper sous le nom de philosophes, tous ceux qui continuaient de penser.

Est-ce là ce qui a fait le salut du Bas-Empire? Ce fut le commencement et bientôt le couronnement de la Barbarie.

EDGAR QUINET.

II

COMMENT LA VIE REPARAÎTRA

Veytaux (Suisse), 30 juin 1868.

Monsieur,

Il y a trente ans, je commençai à Lyon un enseignement de liberté qui provoqua des sympathies, dont quelques personnes se souviennent encore. Je voudrais reporter ces sympathies sur l'œuvre d'émancipation populaire que vous inaugurez à votre tour. Je vous tends le flambeau que j'avais reçu de nos pères; prenez-le, portez-le, plus loin, au cœur des classes laborieuses, avides de pensée et d'action, et ne le laissons plus s'éteindre.

Dans la nuit où nous sommes, que demandons-nous tous, bourgeois et ouvriers? Un peu de lumière, comme Ajax; et que les dieux, s'ils le veulent, combattent contre nous.

A cela j'ajouterai ce point :

Que les actes de chacun ressemblent à ses paroles.

Car si les libéraux concluent à l'arbitraire, les voltairiens au Pape-roi; si les matérialistes se font bénir de l'Église, eux et leur postérité, que nous serviront notre Libéralisme, notre Voltairianisme et notre Matérialisme?

De grâce, une heure de vérité, s'il se peut. Que les loups parlent en loups. Cela seul sera un pas immense.

Un grand mal de notre temps a été la discorde excitée, non plus seulement entre les classes, mais entre les générations.

On était parvenu à ce point que les vieux désespéraient des jeunes, et les jeunes désespéraient des vieux. La nation allait se partager en tronçons impuissants pour le bien, capables seulement d'aveuglement et d'inertie.

Faites cesser cette discorde impie; vous aurez déjà accompli une grande tâche.

Souvent, quand une parole courageuse a été dite, on l'a taxée de découragement. Ce n'est pas vous qui renverserez ainsi le sens de la langue. Depuis quand être *indigné* s'appelle-t-il en français *être découragé?*

Rétablissez le lien brisé entre ceux qui ont connu la liberté et ceux qui ne l'ont pas connue. La vie reparaîtra quand les uns pourront parler de ce qu'ils ont possédé, et les autres de ce qu'ils ont perdu. La renaissance est à ce prix. Tout s'éteint, tout se fausse dans l'isolement des générations en face les unes des autres.

On a beaucoup fait pour enseigner aux Français l'oubli, et peut-être y a-t-on réussi en partie. N'allons pas cependant jusqu'à en faire une vertu.

Malheur aux peuples qui oublient! Ce n'est pas seulement l'expérience qui est perdue pour eux, c'est le sentiment d'eux-mêmes. Ils ne savent plus ni ce qu'ils sont, ni ce qu'ils veulent.

Comme on leur a enseigné l'oubli, enseignez-leur le souvenir. Alors seulement ils se retrouveront tout entiers et reconnaîtront leur chemin.

EDGAR QUINET.

(*A la* DISCUSSION DE LYON.)

III

LE JOURNALISTE

Veytaux (Suisse), 25 janvier 1869.

Dans une société telle que la nôtre, l'opinion est-elle équitable envers le journaliste ? Le place-t-elle au rang qu'il occupe dans l'œuvre de la civilisation ? Je crains que ses services ne soient d'autant moins récompensés qu'ils sont plus fréquents. En le voyant chaque jour à l'œuvre, nous oublions ce qu'elle lui coûte. Prenons garde de devenir ingrats par habitude.

Si dans un peuple les sentiments ont été amortis, qui les réveillera ? Qui ira semer, chaque jour, le bon grain en dépit de l'orage ? Le journaliste. Il joue son repos, sa vie à chaque heure. Et nous, nous passons, oubliant que la moisson nouvelle est due à ses labeurs, à son courage, à sa persévérance.

De bonne foi, que sont nos livres en comparaison de son action incessante ? Bruit et fumée. Et la tribune, que serait-elle sans cet écho grossissant.

Je puis me représenter un pays plein de livres et d'esclaves, mais partout où je trouve le journaliste honoré, je sais que je suis dans une terre libre. Sa condition, menacée ou assurée, est la marque de la dépendance ou de l'indépendance d'un peuple.

J'ai vu le journaliste dans la proscription. Partout il portait avec lui son arme et son drapeau. De nous tous, c'est lui qui a le mieux conservé l'espérance. Ses paroles n'arrivaient plus dans sa patrie, mais elles allaient en Belgique, en Suisse, en Italie, en Grèce, en Angleterre, au Brésil, à Buenos-Ayres; elles faisaient, comme la Révolution, le tour du monde.

Les étrangers disaient : Écoutez ! voici l'esprit Français. Il vit encore.

EDGAR QUINET.

(A l'Avenir du Gers.)

IV

POURQUOI J'ESPÈRE

Veytaux-Chillon (Suisse), 13 mars 1869.

Voici, mon cher monsieur, un petit dialogue, presque rien ; mais il est si difficile d'écrire pour la France ! Il faut absolument ne pas penser ; *j'espère* y être parvenu. Au moins voyez, dans ces lignes dialoguées pour vous, ma bonne volonté.

Vous savez tout ce que je pense de vous, de votre situation. Je n'en parle pas, pour ne pas l'aggraver.

Il faudrait se voir et causer. N'avez-vous aucune pensée de venir respirer ici quelques jours après la prison ?

Vous êtes utile en France, cela est certain. Mais si le séjour vous y devenait impossible, n'oubliez pas que vous avez des amis à Lausanne et à Veytaux.

Je suis votre bien dévoué de tout cœur,

EDGAR QUINET.

DIALOGUE

— Qu'espérez-vous ?

— Rien pour moi, beaucoup de choses pour la France et le monde.

— Et moi, je me fais un plaisir de vous ôter l'espérance, mon bon monsieur.

— Comment cela ?

— Vous savez que la France a renié ses proscrits, non une fois, mais trois cents fois.

— On le dit.

— Qu'elle abhorre les vaincus.

— Je ne suis pas un vaincu.

— Que le peuple vous a oubliés ; vous savez que vous êtes enterré.

— J'y suis accoutumé.

— Pourquoi, diable, espérez-vous donc ?

— Écoutez-moi : J'espère, parce que je vois surgir de tous côtés, en France, une foule de talents nouveaux, énergiques, qu'il a été impossible d'empêcher de naître. Ils prouvent que la fécondité de notre race est restée entière. Je salue de loin ces messagers de l'avenir qui nous remplacent et nous font oublier.

— Oh ! oui ! pour cela, mon cher monsieur, prenez-en bien votre parti. Je suis vraiment au regret de vous apprendre que personne ne se souvient que vous aussi vous avez eu, un moment, la prétention d'exister.

— J'espère, parce que, si le peuple ne nous a pas suivis, du moins il existe. Il commence à entrer en scène ; il veut apprendre, savoir, connaître. Ce n'est pas cet isolement désespérant de l'ancien césarisme, où chaque homme se sentait perdu, sans postérité, sans peuple derrière lui. Oh ! alors le monde était triste ; l'espoir impossible ; le suicide était le seul remède.

— Ainsi, mon cher monsieur, vous voulez bien nous rassurer. Vous n'attenterez pas à vos jours précieux. En vérité, c'est trop de vertu. Je m'en doutais... Vous laissez cela aux Anciens !

— J'espère, parce qu'autour de la France il y a une ceinture de peuples, qui tous marchent vers la liberté. Si l'un tombe, l'autre se relève ; la vie se propage, et la France, le voulût-elle, ne pourrait se soustraire à ce mouvement imprimé aujourd'hui à toute l'Europe. Encore une fois, c'est le contraire du césarisme ancien, où Rome seule était quelque chose. Quand Rome fut esclave, tout fut esclave.

— Qu'est ceci, mon cher monsieur ?... Style de réfugié ! Prenez-y garde ; vous oubliez le français.

— J'espère, parce que je vois un continent nouveau, que dis-je, un monde entier, échappé aux vieilles formes, réaliser ce que notre pensée a peine à concevoir. Si le citoyen souffre en moi, du moins l'homme ne peut désespérer.

— Bon, nous y voilà ! L'Amérique, n'est-ce pas ? le socialisme, le partage des biens, le monde rouge, toutes les folies à la fois. Le pillage, ça vous irait à vo   exilé. Et moi qui croyais que les rigueurs salutaires vous avaient rendu sage ! Restez et mourez où vous êtes. Je vous hais.

— Je vous plains.

EDGAR QUINET.

(*A la* Discussion de Lyon.)

V

LES ÉLECTIONS DE PARIS

Veytaux-Chillon, 11 juin 1869.

Monsieur et cher concitoyen,

Voici, en toute hâte, quelques lignes sur les dernières élections de Paris, pour votre numéro annoncé. Le temps me manque pour en dire davantage. Hélas! le temps nous dévore. Qu'il épargne au moins notre France qui renaît.

Si j'insiste sur l'ancienne opposition, si je l'adjure ici de changer de langage, c'est qu'elle m'a fait souvent souffrir plus que le pouvoir lui-même. Tant de capitulations, tant de complaisances, tant d'éloges de l'adversaire, cela ne s'était jamais vu dans aucune époque, et dans aucune assemblée.

Votre tout dévoué,

EDGAR QUINET.

De tous les coins de l'horizon, les réactions de toutes sortes donnent le baptême aux Élections de Paris sorties du second tour de scrutin.

Est-ce en effet que Paris, après le vote foudroyant du 24 mai s'est repenti? A-t-il voulu finir le 7 juin par un vote de Réaction?

Non. Si je ne me trompe, voici le sens de ce changement apparent.

Paris, en tenant en suspens dans sa balance les membres principaux de l'ancienne opposition, leur a donné un avertissement que beaucoup jugeaient nécessaire. Il leur a dit : « Le temps a marché; osez marcher avec lui. »

Après cette leçon, Paris n'a pas voulu pousser plus loi ses sévérités. Il a nommé de nouveau ceux qu'il avait avertis.

La question est de savoir si ceux-ci comprendront un tel langage ; s'ils profiteront de l'enseignement reçu, pour faire un pas en avant; ou bien, si comme tous les pouvoirs, ils s'indigneront et repousseront la lumière.

Une chose est certaine. Un nouveau terrain s'est formé, étranger ou hostile à l'ancienne opposition. Il dépend encore d'elle de s'appuyer à ces forces nouvelles ou de les combattre.

Dans le premier cas, l'opposition se rajeunira, elle se retrempera; dans le second, elle se détachera des forces vives ; elle restera sans écho, étrangère au milieu d'une France nouvelle qui grandit sous ses pas.

Pour nous, qui d'avance avons fait notre choix, nous saluons cette France rajeunie qui vient de se révéler à l'insu de la presse, de la tribune, de tous les pouvoirs organisés, par le pur instinct de salut de la race française. Là est l'espérance, là est la vie, en dehors de tout artifice. Le reste passera; cette France née d'elle-même ne passera pas. Déjà elle déborde l'Urne de l'Avenir.

EDGAR QUINET.

Au Courrier de la Sarthe.)

VI

DE LA VRAIE ET DE LA FAUSSE TACTIQUE

Veytaux (Suisse), 10 juillet 1869.

Monsieur et cher concitoyen,

Voici quelques lignes sur un sujet qui aurait besoin d'être traité à fond. Elles pourront, je l'espère, servir de texte à ceux qui voudraient s'y engager. Prévenu trop tard, j'ai dû me contenter d'indiquer la question et la réponse.

Votre bien dévoué,

EDGAR QUINET.

———

Ne soyez pas trop fins, si vous ne voulez être dupes.

C'est une chose nouvelle que la situation d'une opposition, qui, placée entre deux adversaires, en choisit un pour le pousser au pouvoir.

Telle est aujourd'hui la situation de la Gauche,

en face du Tiers-parti. Cette nouveauté entraîne avec soi des dangers au milieu desquels je veux chercher ici à m'orienter.

Lorsqu'une opposition a été renouvelée par un vote récent, elle ne peut être trop attentive à conserver intacte l'empreinte qu'elle vient de recevoir. N'ayant pas l'idée d'arriver au pouvoir, son grand but est d'accroître le nombre de ceux qui sentent, pensent, agissent comme elle. Là est son point de direction. Qu'elle marche dans cette voie, elle est sûre de ne pas se tromper. Qu'elle s'en écarte, elle est dans l'inconnu.

Une opposition, telle que je viens de la définir, peut, il est vrai, trouver avantage à ce que des adversaires qui ont souffert avec elle entrent au pouvoir. On espère qu'ils se souviendront de la communauté des désastres éprouvés ensemble.

Telle est, au fond, la relation de la Gauche et du Tiers-parti. Ceci suffit pour éclairer les difficultés qui se présentent.

Si, pour obtenir ce premier résultat, l'opposition devait s'effacer au point de disparaître, il est trop évident qu'elle manquerait le grand but, pour atteindre le petit; elle s'évanouirait pour laisser passer le Tiers-parti ; et, dans ce cas, malgré les revendications poursuivies ensemble, le sacrifice serait infiniment plus grand que le profit.

Car, au lieu de gagner dans l'opinion du pays,

ce qui, encore une fois, doit être une règle de conduite, elle ferait croire à beaucoup de gens que les affaires de la liberté ne peuvent avancer que si l'opposition s'efface et recule, ce qui serait sa condamnation même.

En donnant la main au Tiers-parti, que l'opposition n'oublie jamais que le Tiers-parti la poursuit d'une antipathie que les temps l'ont forcé de dissimuler, mais qu'au fond rien n'a atténuée ; que tout en aidant le Tiers-parti à vaincre, elle ne peut aller jusqu'à lui livrer ses armes, je veux dire son caractère, sa popularité, son action propre ; qu'enfin pour arriver à l'âge d'or, il ne suffit pas de faire entrer le Deux-Décembre dans la Rue de Poitiers.

Demander la responsabilité ministérielle, et s'en tenir là, peut s'accorder avec l'ambition du pouvoir. Une seule chose marquera l'ambition de la liberté et vous la reconnaîtrez à ce signe : Réclamer des garanties efficaces pour la Presse.

EDGAR QUINET.

(A l'Émancipation de Toulouse.)

VII

LA FRANCE ET L'ÉTRANGER

Veytaux (Suisse), 14 juillet 1869.

Cher concitoyen,

Je vous envoie ces lignes, où vous verrez, du moins, ma bonne volonté. Ayant rencontré mon ancien collègue et ami, M. Tamisier, j'ai arraché à sa modestie la lettre qu'il vous adresse. Heureux ceux qui, partagés entre la gloire et la fortune, n'ont ambitionné comme lui que les périls et le devoir !

Votre tout dévoué,

EDGAR QUINET.

Un mot sur l'impression que la France fait à l'étranger.

Nous avons été lents à l'espérance ; aussi ne sera-t-il pas facile de nous l'arracher.

Nous ne l'avons pas mise dans un homme, ni dans une assemblée, mais dans le pays tout entier où nous l'avons vue germer et reverdir après dix-huit ans d'attente. Comment donc pourrait-on nous l'enlever? Elle est mêlée à toute la terre de France.

Jamais élan ne fut moins factice. On a vu des pays devoir à d'autres leur renaissance. Ici rien de semblable. **Pas** une voix étrangère n'a plaidé pour nous. Au contraire. Chaque peuple regardait le grand vide que la France laissait dans le monde moral et se contentait de dire : « Nous n'aurons plus à songer à la France. Dieu soit loué !

« La France n'est pas mûre, elle n'est pas faite pour la liberté. C'est à nous de vivre à sa place. »

Par cette joie prématurée, presque tous ont montré combien ils sont peu faits pour se substituer à la nation française. Ils l'ont crue morte moralement, et ils ont laissé voir trop tôt la joie de l'héritier au chevet du mourant.

Eh bien ! non. Ces joies mauvaises ont été trompées. Elles devaient l'être.

La France, sur son lit de Procuste, a respiré ; elle a rouvert les yeux, elle s'est mise sur son séant.

Grand ébahissement en Europe, je vous assure. On n'eût pas été plus étonné de revoir Lazare déployer ses bandelettes en guise de drapeau.

— Quoi! encore la France? Est-ce bien elle? La France de 89? N'est-ce pas son spectre?

— Oui, c'est elle. Il en faut prendre son parti. Elle ne s'est pas faite à la mort; mais comme elle l'a vue de près, elle est décidée à ne pas y rentrer; sans doute aussi elle a quelque chose encore à faire dans le monde.

Là-dessus je vois les peuples étrangers étonnés, ne sachant que désirer et que croire, et je conclus:

Ne retombez plus dans le sommeil de la mort; car, une seconde fois, il n'y aurait plus de réveil. Vous seuls encore vivez, agissez et travaillez pour les autres.

EDGAR QUINET.

(A l'Avenir du Gers.)

VIII

L'ART DE FAIRE LE MORT

Veytaux (Suisse), 25 juillet 1869.

Quand l'élection eut soufflé un nouvel esprit sur l'opposition, je savais bien qu'il y aurait des gens pour dire aux élus de la gauche :

— Vous n'ignorez pas qu'il est de bon goût de parler bas et même de se taire ?

— Nous le savons, dirent-ils.

— Eh bien, faites un progrès encore.

— Lequel ?

— Il est tout à fait de bonne compagnie d'être mort. Tâchez au moins de le paraître, et vous serez des nôtres.

— Nous essayerons, répondirent-ils.

Et ils s'endormirent du sommeil d'Épiménide.

Pendant ce temps-là, ceux qui avaient donné cet excellent conseil se tinrent éveillés, et même ils s'approchèrent de toutes les avenues du pouvoir; ils ne le possédaient pas encore, mais déjà ils jouissaient en espérance de tout ce qu'il donne, emplois, fonctions, honneurs ; par-dessus tout, ils jouissaient de l'assoupissement de leurs anciens adversaires.

Les voilà donc, ces hommes de bruit ! disaient-ils. Qu'ils dorment sous notre garde ! Leurs spectres rouges ne sont plus qu'un rêve; et pourtant ils nous font encore peur.

Alors ils s'apprêtèrent à les lier de mille fils de fer qu'ils appelaient convenances, habiletés, bon esprit, esprit sérieux, saine politique.

Tant firent-ils qu'ils éveillèrent ceux qu'ils avaient assoupis jusqu'à la mort.

— Il est temps de se lever, dirent nos gens. La France nous appelle.

— Y pensez-vous? Votre impatience va tout perdre; ne parlez pas, ne pensez pas. Faites les morts à s'y méprendre. Laissez-nous vivre à votre place. Nous prenons tout sur nous ; le présent et l'avenir, charges et bénéfices.

Vint aussi de l'exil, un ami qui leur cria :

— Éveille-toi, Épiménide !

Mais sa voix se perdit sans entrer dans leurs oreilles.

Pendant ce démêlé, la France, lasse des uns et des autres, fit un pas. Le monde changea. Déjà il avait oublié les dormeurs et les veilleurs, les dupes et les habiles.

La maxime suivante fut dès lors écrite en lettres d'or sur les murailles :

« On a vu des gens s'affranchir en faisant les fous. Cela ne s'est jamais vu de gens qui font les morts. »

EDGAR QUINET.

(*Au* Rappel.)

IX

LE MOULIN SANS EAU

Si j'avais, comme on dit dans les légendes, cent voix et cent plumes, je ne suffirais pas à répondre aux amis qui me font l'honneur de m'écrire sous le coup de l'amende et de la prison.

Hier, j'adressais une lettre à Lissagaray pour l'*Avenir* du Gers; elle ne lui a pas été remise; puisse-t-il en être autrement de celle-ci !

Qu'est-ce donc que la presse ? Cher Lefranc, tout est là.

Je me réponds : la presse est de nos jours le premier commencement de toute vie publique; c'est l'intelligence, l'esprit, la conscience active d'une nation. Toute liberté commence par elle, grandit avec elle, s'éteint avec elle.

Je pourrais rencontrer çà et là des ébauches d'institutions; j'ai un moyen certain de voir si ces institutions sont douées de vie.

La presse, c'est-à-dire l'opinion, y a-t-elle une existence assurée, respectée ?

Voilà le premier germe d'où sortira l'être vivant.

Sinon, je ne me laisserai pas égarer par de vains simulacres. Là où la presse manque, je dis avec certitude : la vérité, la vie, la liberté ne sont pas ici, même en germe ; cherchons ailleurs.

Rien de plus cruel que d'être condamnés, comme nous, à démontrer l'évidence.

Essayons-le, pourtant.

Je suppose qu'un homme se donne pour tâche de construire un moulin qui manquait à la contrée.

Il réunirait des meules, des roues, avec divers engrenages ; les voisins croiraient déjà entendre le tic-tac du moulin ; et ils s'apprêteraient à y porter leur plus pur froment.

Rien ne manquerait que l'eau à cet ouvrage tant désiré ; mais, au lieu de l'amener sous les roues, de la puiser aux sources voisines, le constructeur que nous imaginons détournerait les eaux vives ; il en souffrirait à peine un filet stagnant ; si bien que tout serait mort et desséché et qu'aucune pièce de la fabrique ne pourrait jamais être mise en mouvement. En vain, les bonnes gens, toujours crédules, porteraient là leur blé mûr ; pas une parcelle de farine n'en sortirait jamais ; tous périraient de faim sur leurs monceaux de blé.

Est-ce vraiment d'un moulin que j'ai voulu parler ?

Oui, mais aussi des institutions humaines. Faites-les comme vous le voudrez ; si la liberté vraie de la presse y manque, si elle ne coule pas à pleins bords, si, loin de la tarir, on ne va pas la puiser jusque dans les torrents, c'est un moulin sans eau ; aridité, stérilité, illusion, misère et mort, même au milieu de l'abondance.

EDGAR QUINET.

P. S. — Je regrette que la gauche n'ait pas fait son manifeste. Elle eût, je pense, dénoncé l'état de la presse en France. Ce point est de ceux où il ne peut y avoir de divergence. Il vaut mieux être quinze ou dix, ou cinq, que d'être trente pour s'annuler les uns les autres.

E. Q.

(A l'Indépendant des Pyrénées.)

X

LA VRAIE ET LA FAUSSE LIBERTÉ

Veytaux (Suisse), 19 août 1869.

Quand un peuple a été privé longtemps de liberté, la tentation est grande de lui faire prendre la fausse pour la vraie, la verroterie pour le pur diamant.

Cherchons le moyen de les discerner.

Il y a, dans les mathématiques, des vérités élémentaires sur lesquelles repose toute la science. Supposez qu'un mathématicien exclue ces vérités, il fera un ouvrage dans lequel les propositions se détruiront l'une l'autre ; il aboutira à zéro.

Il y a, de même, dans l'ordre politique, des axiomes élémentaires. Supposez qu'un politique n'en tienne aucun compte, il construira un échafaudage sans base qui ne pourra supporter que le néant.

La sûreté de la personne, la liberté de la pensée, de la presse, le respect de l'individu, le droit de réunion sont, en politique, ce que *deux et deux font quatre* sont en matière de mathématiques.

C'est là le point de départ ; prenez-en un autre, vous ne pouvez arriver qu'à l'esclavage et au vide.

Sur ce principe, jugez des combinaisons politiques qui s'offriront à vous.

Le sénat de Tibère avait le droit de nommer son bureau ; il avait le droit d'interpellation, celui d'initiative (*sponte dixisse*). Est-ce la liberté qui est sortie de ses harangues? Non, c'est l'esclavage. Et pourquoi? Parce que ces droits apparents étaient des simulacres sans vie qui ne contenaient aucune garantie pour la personne humaine.

N'oubliez jamais qu'il s'agit enfin de fonder des droits pour des créatures humaines, et non pas comme dans Rabelais, de faire pleuvoir des paroles gelées.

La grande charte anglaise a enfanté une nation libre. Pourquoi? Parce qu'avant tout, elle a semé le premier germe, la liberté individuelle, le respect du citoyen, sans lesquels la politique opère sur une matière inerte, éternellement patiente à l'éternel servage.

Je me défie des projets où je ne trouve que des linéaments, des abstractions, des mailles vides, des formes mortes qui par elles-mêmes ne contiennent aucune vie. En quoi est changée la condition du Français? En quoi son indépendance, sa vie, son honneur, sa dignité, son foyer, sont-ils plus assurés aujourd'hui qu'hier? Voilà ce qui m'importe, c'est toujours la question ; elle n'est pas même posée.

Comment donc dépasserons-nous cet infranchissable ABC? Comment naîtra le premier élément, la liberté et l'inviolabilité de la personne! Je ne vois que des obstacles entassés, où elle a cent chances de périr avant même que de naître, candidats officiels, Corps législatif, Conseil d'État, sénat, *veto*.

Écoutez! Il y avait une fois une fée qui dit à un chevalier : Je vais te faire plusieurs cadeaux de joyeuse entrée. Je te ferai d'abord ce que nous appelons entre nous, un lac d'angoisse, tu essayeras de le traverser à la nage ; il est probable que tu te noieras sans pouvoir en sortir. Supposons un instant que tu l'aies traversé, je te ferai au sortir, un lac d'amertume, cent fois plus dangereux que le premier ; tu t'y perdras indubitablement. Si par impossible, tu en reviens, tu trouveras au débarqué, une armée de géants de mes amis, prêts à t'achever sous leurs massues de fer. Eh bien, admettons qu'eux aussi, par hasard, te laissent échapper. En ce cas tu finiras par trouver dans un donjon, étendue sur un canapé, une belle princesse ui s'appelle la Liberté!

Ah! dit le chevalier, que ne commencez-vous par là, puisque vous pouvez tout?

— Tu es bien indiscret, répondit la fée. Un mot de plus et je te change en reptile.

EDGAR QUINET.

(*A l'Éclaireur de Saint-Étienne.*)

XI

LE SECRET DU RÈGNE

Veylaux (Suisse), 29 août 1869.

Mon cher concitoyen,

Voici, sans reproche, le dixième article que j'écris en peu de jours pour la presse frappée, coup sur coup ; et Dieu sait la peine que j'éprouve à mettre ma pensée dans ces tenailles.

Après cela, une chose m'étonne : la joie des journaux libéraux sur les libertés conquises.

Où vivent-ils donc ? Assurément ce n'est pas sur notre terre.

Votre tout dévoué,

EDGAR QUINET.

Le Sénat a parlé ; il a porté un premier jugement sur le Sénatus-Consulte. Mais tous ses efforts ont échoué quand il a fallu trouver le sens caché de l'article 11 et surtout de la responsabilité du souverain. Ici le mystère est resté en son entier. Cherchons donc à notre tour à expliquer l'énigme.

L'éloge du coup d'État du Deux-Décembre devait naturellement être la clef de voûte du système : On nous dit : « Un peuple entier, la nation de « 1789, de 1830 et de 1848 en était venue à re- « courir à la dictature. »

Attachons-nous à cette première proposition fondamentale. Voyons ce qu'elle renferme.

Le Deux-Décembre est présenté comme ce qu'il y a de plus légal au monde. C'est la nation qui l'a voulu ; c'est elle qui y a recours dans je ne sais quel champ de Mai qui sans doute, à notre insu a été tenu la veille en pleine nuit.

De ce point de départ, tirez la conséquence. L'acte est normal et régulier. Or il est de la nature de tout acte normal, louable, de devoir être recommencé. La condition de tout acte légitime est de servir de loi et d'exemple ; il est fait pour reparaitre.

D'où il suit que le Deux-Décembre loué par les magistrats, exalté par le Sénat, est le fondement de notre existence ; il devient par l'apothéose, l'âme de notre droit politique.

Maintenant rapprochez ces deux choses : la consécration du Deux Décembre et l'article 11 du

Sénatus-Consulte, vous verrez que l'énigme de cet article s'expliquera d'elle-même.

Vous avez d'un côté, un acte *sauveur* initial, qui contient en soi tous les autres, et de l'autre une formule vague qui autorise le chef de l'État à réitérer au besoin, cet acte-modèle quand il le jugera nécessaire, sauf à faire couvrir l'événement consommé par l'approbation des Comices.

De là l'article mystérieux, vague, incompréhensible, sur la responsabilité du chef de l'État, sans application ni sanction, s'éclaire subitement, et de quelle splendide lumière! Une série de *Deux-Décembre*, en puissance, est contenue dans l'incompréhensible article II du Sénatus-Consulte. Tout s'explique, tout se comprend. Vous tenez dans votre main le principe qui nous régit. C'est l'ancien droit tribunitien pour un seul homme, d'accomplir des actes sauveurs que la nation ne devra juger que lorsqu'ils seront consommés et irréparables.

Nous sortons des ténèbres. Faisons encore un pas.

Qu'est-ce que la liberté d'une nation qui sent toujours suspendue sur sa tête la fatalité d'un nouveau Deux-Décembre?

Qu'est-ce que ce fait antérieur et sauveur, ce droit tribunitien primordial, qui consiste à pouvoir devancer la volonté nationale et à la consulter, lorsqu'il n'est plus temps de s'opposer et que la pièce est jouée? Cette forme de gouvernement date de deux mille ans. Elle s'appelle le Césarisme.

Ajoutez-y tant que vous le voudrez les simulacres ou même les formules de liberté; vous ne modifiez en rien l'essence de ce gouvernement. C'est vous-même qui le dites : *En ce qui concerne le souverain, rien n'est changé* (1).

Non, rien n'est changé, je le crois bien vraiment. Vous placez à la tête des affaires humaines une volonté qui peut tout comme le destin. Vous vous réservez subsidiairement le droit de la plainte, de l'interpellation, de l'interrogation, de la justice boiteuse, quand l'événement a passé. Sachez que jamais et nulle part la liberté n'est entrée dans le monde par ce chemin. Quand elle arrive, le Destin qui a pris les devants lui répond : Il est trop tard.

Veuillez donc relire l'histoire du Césarisme. Vous verrez que les Assemblées politiques de tous les Césars avaient les droits que vous saluez de votre reconnaissance : droits d'interpellations, d'ordres du jour motivés, d'initiative des lois (2); et il ne faut pas croire qu'elles étaient muettes; il y avait quelques fois plus de quarante discours

---

(1) Rapport au Sénat : « La pensée de l'article II et le but « de sa rédaction sont donc de bien établir la situation que « voici : En ce qui concerne le souverain, rien n'est changé; il « conserve toute sa responsabilité devant la nation. »

(2) *Sponte dixisse.* — *Senatus decreto.*

sur une question. L'éloquence n'y manquait pas, non plus qu'une certaine opposition de tiers-parti (1).

Ces assemblées avaient tout ce que l'on vous accorde et beaucoup de choses que l'on ne vous accordera jamais; malgré cela, où ont-elles conduit le monde? Vous le savez comme moi.

Pourquoi donc les Constitutions des Césars, avec toutes les formes de la liberté, n'ont-elles abouti qu'à l'extrême servitude? Je l'ai déjà dit et je le répète : Parce qu'elles ne contenaient aucune garantie pour la liberté des personnes.

Et qu'est-ce qui s'opposait à ces garanties? Le droit supérieur, mystérieux que le César s'attribuait, de les enfreindre, au nom d'un Plébiscite, dont il se rendait d'avance responsable.

Il y avait toujours dans toute Constitution Césarienne un Deux-Décembre, un *Acte Sauveur* indiscutable qui primait tous les autres et un article II qui donnait au chef de l'État le droit de supposer que sa volonté accomplie était celle du peuple.

Aussi le monde officiel eut beau élever des temples à l'Espérance, *Spei Ædes*.

L'espérance refusa d'y entrer, et se bâtit ailleurs son refuge.

EDGAR QUINET.

(*Au* Démocrate du Midi.)

(1) *Certamen adversus Cæsarem exortum est.*

XII

LA RENAISSANCE

Veytaux (Suisse), 3 septembre 1869.

Cher concitoyen,

Oui, assurément, je vous envoie mon adhésion et tous mes vœux.

J'ai vu il y a dix-huit ans mourir la conscience humaine, et j'en ai porté le deuil. Aujourd'hui, la conscience morte se retrouve toute vivante dans le cœur de votre génération. Honneur à elle!

Allez, cher concitoyen, porter cette bonne nouvelle jusque dans le dernier village de notre France. Dites-lui qu'il vaut la peine de renaître pour voir les jours qui se préparent.

Tout n'est pas fait, sans doute, parce que nous avons retrouvé l'espérance; mais c'est quelque chose de pouvoir lutter.

Rappelez-vous ces années sépulcrales où la pensée ne pouvait dépasser les lèvres. Jamais peuple ne fut plus près de la mort.

Et pourtant il revit.

Comme nous avons été étonnés de ses chutes, nous le serons bien plus encore de ses réhabilitations.

Aidez-le, cher concitoyen, à entrer en possession de l'avenir; achevez de le détromper.

Apprenez-lui à distinguer la vraie liberté de ses simulacres.

Il n'est pas de plus noble tâche en ce monde.

Votre digne père vous a marqué la voie. Heureux ceux pour qui le sacrifice à la plus grande des causes, à la liberté et à la vérité, est un héritage de famille!

Votre tout dévoué,

EDGAR QUINET,
Ancien Représentant du Peuple.

(*Au* Rappel de Provence.)

XIII

LES NOUVELLES LIBERTÉS CONQUISES

Veytaux (Suisse), 4 septembre 1869.

Mon cher ami,

Vous me demandez ce que je pense des *nouvelles libertés conquises*.

J'ai exprimé dix fois mon opinion à cet égard dans une dizaine d'articles écrits pour des journaux de province condamnés à l'amende. Voici, en deux mots, le fond de ma pensée :

Deux points, suivant moi, dominent tout le reste dans ces libertés nouvelles.

Premièrement, la consécration du Deux-Décembre; secondement, la responsabilité du chef de l'État. Voilà ce qu'il y a de réel dans le sénatus-consulte.

Par là, je vois clairement que rien n'est changé; en combinant les deux bases du nouvel édifice, coup d'État et responsabilité sans application ni sanction, je reconnais que la liberté n'est encore une fois qu'une apparence sur le fond du pouvoir personnel qui subsiste en son entier.

Si le miracle d'une majorité libérale venait à s'accomplir, il serait toujours à la discrétion de celui qui peut dire : Je repousse cette majorité, je l'annule, je la brise et je me déclare responsable du fait accompli.

Qu'est-ce que cela, si ce n'est tenir en réserve une série indéfinie de Deux-Décembres en puissance? Voilà le premier anneau auquel sont suspendues toutes les libertés promises.

Tel est le fond de la situation. Les formules peuvent la masquer, elles ne changent en rien l'essence du régime.

Des apologistes prétendent qu'aucun gouvernement de ce genre n'a été vu sur la terre. Ils se trompent.

Le Césarisme reposait, il y a mille huit cent soixante-neuf ans, sur ces mêmes bases. Des discussions régulières, abondantes, magistrales dans les assemblées politiques, des flots de discours, une grande escrime de paroles, les simulacres de l'éloquence et de la vie; puis, à l'improviste, une main *responsable* qui sortait du nuage et ramenait tout au silence et à l'obéissance.

J'ai peine à pardonner aux partis dits libéraux de s'abandonner si facilement à cette vieille méthode. Ne la comprennent-ils pas? ou affectent-ils de ne pas comprendre?

Dans les deux cas, soit qu'ils se trompent malgré eux, soit qu'ils aient peur de voir clair, le dommage est le même pour la France et pour la liberté.

Resterons-nous en 1869 dans l'ancien césarisme de l'an 60? ou en sortirons-nous? Voilà la vraie question, la seule question. Elle n'a pas changé, c'est celle dont personne ne parle.

EDGAR QUINET.

(*A la* Démocratie.)

XIV

A UN COMITÉ DES ÉLECTEURS DE PARIS (1)

Veytaux, 21 avril 1869.

Mes chers concitoyens,

Vous m'annoncez, par votre lettre, que plusieurs groupes influents d'électeurs démocrates ont conçu le projet de m'offrir une candidature à Paris, et vous êtes chargés de me consulter sur l'accueil que je ferais à votre offre.

Une chose est certaine, c'est ma reconnaissance pour le souvenir que vous me donnez.

Il est donc vrai que dix-huit années d'exil et d'absence ne m'ont pas encore arraché du cœur de mes compatriotes !

Comment ne serais-je pas touché de ce témoignage, auquel j'étais loin de m'attendre ?

Un peuple qui sait se souvenir à propos de ses proscrits, est assurément fait pour être libre.

---

(1) Pour nous conformer à l'ordre chronologique, nous plaçons ici trois lettres d'Edgar Quinet aux comités électoraux qui lui avaient offert une candidature aux élections de 1869.

(*Note de l'Éditeur.*)

Vous m'offrez le moyen de revoir ma chère patrie, à laquelle, présent ou absent, tous mes jours ont été consacrés, et peut-être de la servir. Comment hésiter à une pareille proposition ? Quoi ! je reverrais demain mon pays ! Je pourrais lutter au milieu de vous jusqu'à ma dernière heure ! Et je résiste ! Cela se comprend-il ?

Écoutez-moi, pourtant.

Le premier obstacle est le serment. Il est bon, je crois, qu'il se trouve des hommes dans un parti qui poussent le scrupule jusqu'à la dernière limite. C'est par ces sacrifices que se refont les forces morales, non seulement d'un parti, mais d'un peuple.

Cette raison suffit. En voici une seconde :

Depuis dix-huit ans, la force des choses a imposé en France une langue politique pleine de qualifications et de titres nouveaux.

C'est là une langue nouvelle que je ne connais pas et que je ne puis apprendre. La mienne, celle dans laquelle j'ai vécu, ferait scandale. Chaque mot de ma bouche passerait pour un cri de guerre.

Si, au contraire, j'essayais d'entrer dans le moule des choses nouvellement établies, que je n'ai point vues, auxquelles toute l'habitude de ma vie résiste, je ne me reconnaîtrais plus, je ne serais plus moi-même. Pour vouloir trop impatiemment me rapprocher de vous, je perdrais la force de vous servir.

D'autres, plus heureux ou mieux doués, ont la puisssance de réunir ce qui est pour moi inconciliable. J'admire cet art dans ceux qui le possèdent; mais il m'est étranger. Je tenterais en vain de l'imiter.

Laissez-moi, chers citoyens, accepter jusqu'au bout la dure nécessité que je n'ai point faite..... Je crois pouvoir en tirer meilleur avantage pour nos convictions communes, que si, laissant une partie de ma pensée en exil, j'allais vous apporter une portion de moi-même, affaiblie par une capitulation à laquelle ma conscience ne s'associerait pas.

Laissez-moi penser que mes travaux depuis dix-huit ans n'ont pas été entièrement inutiles à mon pays. Je ne désespère pas, en les continuant, de montrer jusqu'au bout que mon cœur est avec vous tous qui travaillez à son affranchissement et à son avenir.

Il était difficile d'espérer dans le lendemain, tant que la France paraissait avoir tout oublié, les choses et les hommes. Elle se souvient aujourd'hui : j'ai foi dans son réveil.

Salut et fraternité.

EDGAR QUINET.

XV

A UN COMITÉ DES ÉLECTEURS DE PARIS

Veytaux (Suisse), août 1869.

Avant tout, laissez-moi vous exprimer ma reconnaissance pour la proposition que vous m'avez fait l'honneur de m'adresser. Elle est conçue en de tels termes que je dois voir en vous, non seulement les excellents citoyens que vous êtes, mais encore de véritables amis. Je conserverai à jamais dans mes archives privées cette lettre admirable de patriotisme et de désintéressement; elle sera toujours le meilleur lot de mon exil.

Comment puis-je résister à de pareils accents ?

Je ne sais, chers concitoyens et chers amis, où j'en trouve la force; et quand je dis: *Je n'accepte pas*, j'avoue que je suis obligé de faire violence à mes sentiments les plus intimes.

Toutes mes affections, comme tous mes intérêts, m'appellent en France. L'exil, c'est l'abîme. Il me serait trop doux de céder à votre appel. La violence que je m'impose me prouve que mon devoir est ici.

Oui, je craindrais de faiblir, si j'insistais trop sur ce point. Il vaut mieux que je me souvienne que ma résolution est prise et que les événements récents n'y ont rien pu changer.

Ne me blâmez pas, chers concitoyens et amis, si je crois que je puis être plus utile au dehors qu'au dedans.

L'exil doit perpétuer le Deux-Décembre contre le proscripteur.

Ne m'accusez pas si je pense qu'il est bon et nécessaire que quelques hommes, à chaque jour de leur existence, rappellent à la France l'origine criminelle de ce régime et son incompatibilité absolue avec la liberté et la justice.

Nos ennemis répètent trop souvent qu'une nation peut, s'il lui plaît, légitimer le crime. Il est bon, il est nécessaire que quelques hommes lui rappellent que le crime ne peut être légitimé, même par un peuple entier.

Tels sont, chers concitoyens et amis, mes sentiments les plus profonds. Ce sont aussi les vôtres.

Ce qu'il faut désirer, c'est que les liens se resserrent entre la France du dedans et la France du dehors. Nous avons trop longtemps vécu isolés les uns des autres. Unissons-nous plus que jamais à travers la frontière. Vous nous enverrez le souffle de la patrie, et nous le cri de la conscience persécutée.

Après avoir lutté chacun avec nos armes et sur le terrain que nous occupons, nous nous reverrons et nous embrasserons au jour de la victoire du droit.

EDGAR QUINET.

XVI

A MES ÉLECTEURS

Veytaux (Suisse), août 1869.

Les points d'où nous partirons, c'est qu'il est impossible de voter pour un candidat officiel quelconque. C'est là une règle sans exception. Combattre tout candidat officiel vrai ou déguisé, c'est le commencement de la sagesse; il est inutile d'insister davantage là-dessus.

Si vous avez dans quelque circonscription l'espérance motivée de pouvoir renverser le candidat officiel, il faut sans doute se résigner à soutenir le candidat opposé, quand même il serait fort loin de vous et de vos opinions. Seulement, il faut s'assurer que cette opposition est franche et qu'elle n'est pas jouée.

Dans ce cas que je viens de dire, je suppose que vous ayez la chance de renverser les candidats officiels. Mais je l'espère peu. L'écrasement a été trop complet pour que l'on en sorte par un triomphe, et, dans ce cas, n'ayant pas l'espérance de l'emporter même par des capitulations, vous pouvez du moins vous donner l'avantage immense d'avoir des candidats qui représentent vos principes.

Quand même vous ne réussiriez pas à les faire nommer, vous auriez plus fait que par toutes les capitulations du monde; vous auriez fait, par ces choix seuls, acte de caractère et de vie politique. Prenez des hommes qui signifient quelque chose; là est toute la question.

Si je pouvais rendre grand service, je n'hésiterais pas... Mais..... je suis à ma place de combat et j'y reste.....

Il s'agit de présenter des candidats qui aient des chances de faire sortir votre département de la routine et de l'ornière où il est tombé depuis dix-sept ans. Ce premier point gagné et l'habitude servile une fois brisée, tout deviendra facile.

Ce qu'il vous faut, ce sont des noms puissants, appuyés de toute la France, capables par là de faire brèche dans ce mur de prison qui s'appelle aujourd'hui le Second Empire.

Après tout, le plus urgent est de renverser les officiels. Sur cela, point de doute. Marchez donc comme vous faites, sans hésiter. Je suis heureux de vos efforts pour ramener la lumière.

Croyez bien, vous et vos amis que je suis tout à vous.

Votre tout dévoué,

EDGAR QUINET.

XVII

LA SITUATION

Veytaux (Suisse), 19 octobre 1869.

Chers concitoyens,

Plusieurs personnes veulent bien me demander ce que je pense dans les circonstances où nous sommes. Je me fais un devoir de leur répondre, et je vous prie d'insérer dans le *Siècle* le peu de lignes qui suivent.

La déclaration de la gauche que je ne connaissais pas encore en les écrivant n'est pas son dernier mot. Dans tous les cas, elle laisse subsister le point de vue où je suis placé.

Recevez, messieurs et chers concitoyens, l'expression de mes sentiments dévoués.

EDGAR QUINET.

Veytaux (Suisse), 19 octobre 1869.

Voilà une chose entendue : il n'y aura pas de manifestation dans la rue le 26 octobre. Tout le monde est d'accord sur ce point ; la police, si elle tient à cette date, ne trouvera personne au piége.

Cela convenu, s'ensuit-il qu'il ne faut ni penser, ni parler, ni agir? S'ensuit-il, comme on le dit, que l'inertie est toute la science politique de nos jours, et que, les yeux fermés, il faut laisser faire aux dieux?

Je crois, au contraire, que cette abstention de la place publique oblige la gauche de faire un grand pas en avant. Si les bras n'agissent pas, c'est à la condition que les têtes agissent.

Comment cela se peut-il? En précisant la mission que l'opposition a aujourd'hui à remplir.

Cette mission est la plus grande qui puisse être donnée à des hommes. Il s'agit de dégager l'honneur de la France.

Depuis dix-huit ans, nous entendons répéter que la France a été complice du Deux-Décembre, qu'elle a voulu le coup d'État.

Est-ce à dire que la France nous a choisis traîtreusement pour ses représentants afin de nous faire tomber dans l'embûche de décembre ? A-t-elle voulu élire les amis de la liberté, afin de les avoir sous sa main pour les frapper nuitamment tous ensemble du même coup? Cette question est une injure.

Mais, dit-on, il a plu à la France de légitimer le crime. Comme si une nation pouvait à son gré faire du mal le bien, de l'injuste le juste et de la nuit le jour.

Sortons, je vous prie, de ces sophismes où s'éteint le génie de notre pays. Rétablissons la vérité, si nous voulons retrouver la France telle que nous l'avons connue !

Or, c'est là précisément la fonction que l'opposition a à remplir. Il ne s'agit pas seulement pour elle de batailler sur une date. Il s'agit de faire rentrer la France dans la justice, la politique dans la morale universelle. Il s'agit de replacer cette nation sur la base de la conscience ; il s'agit de rendre à l'espèce humaine les notions de droit qui ont été extirpées ; il s'agit de préparer l'acte formel d'accusation et de condamnation que sanctionnera l'avenir.

En se donnant cette base, on se sentira invincible. Nous n'entendrons plus demander à quel jour les griefs remontent, si c'est au 26 octobre ou au lendemain. Le grief est de chaque jour, de chaque moment.

Les amis de l'opposition ne seront plus consternés par des concessions de langage qui, voulant être habiles, sont désastreuses.

La gauche aura la seule chose qui lui manque, une direction, une boussole; ce sera celle de la conscience humaine universelle.

En même temps tomberont ces subtilités où l'on s'embarrasse à plaisir : que ceux qui ont refusé le serment ont perdu le droit de critique, et que ceux qui l'ont prêté sont tenus d'êtres aveugles.

Une parole de vérité, voilà ce que demandent trente-huit millions d'hommes ; c'est à la gauche de la dire ; c'est à elle de dégager la France de sa prétendue complicité criminelle avec le Deux-Décembre. Voilà pourquoi la gauche a été nommée.

Il lui appartient, non pas de faire cesser tous nos maux en un jour, mais au moins d'éclairer la lutte.

Qu'elle la dise, cette parole sincère.

Le pouvoir personnel veut être responsable.

Fort bien. Qu'il le soit donc, suivant son bon plaisir, et que l'opposition le prenne au mot. Ce sera le commencement du véritable acte sauveur.

EDGAR QUINET.

(*Au* Siècle.)

XVIII

MA CONVERSION

Veytaux (Suisse), 26 décembre 1869.

Vous ne voulez donc pas croire à l'Empire *libéral*, mon cher concitoyen ? En vérité, j'en suis affligé ; vous êtes trop difficile. Pourtant, vous n'êtes encore qu'à votre seizième procès de presse. Songez-y, seize procès pour vous seul, c'est bien peu.

Vous avouez être de Toulouse. Si cela est, vous méritez évidemment d'avoir les os rompus, à l'exemple de votre compatriote Calas, que je soupçonne d'avoir été votre ancêtre. Au lieu d'être roué, vous n'êtes que ruiné. Remerciez le parlement.

Voyez donc aussi toutes les libertés dont vous avez joui et que personne, grâce à Dieu, ne peut vous enlever. Je vais en faire l'énumération, puisque vous ne semblez pas les apprécier.

Liberté pour le juge d'instruction de vous mander, s'il lui plaît, à sa barre.

Liberté pour le ministère public de fulminer contre vous dans son réquisitoire.

Liberté pour les juges de vous condamner.

Liberté pour le fisc d'encoffrer vos amendes.

Liberté pour le geôlier de vous emprisonner.

Voilà cinq libertés pour chaque procès. Multipliez-les par seize, vous avez un total de quatre-vingts libertés fondamentales, nécessaires, qui appartiennent, non pas seulement à un particulier, mais à la masse entière des citoyens français.

En bonne conscience, que voulez-vous de plus ?

Comment, mon cher concitoyen, n'êtes-vous pas touché de toutes ces libertés qui nous subjuguent ? Vous avez le cœur trop dur. Pour moi, instruit par votre propre histoire, je me rends à l'évidence.

Je reconnais enfin les vérités que j'ai méconnues trop longtemps, à savoir que deux et deux font cinq ; que le jour, c'est la nuit ; que la vérité, c'est le mensonge ; que le cachot, c'est le foyer domestique ; que le deux-décembre est une sainte action ; que la défense des lois est le crime des crimes ; que le césarisme est la liberté ; que la conscience est une infâme dont il faut purger le monde.

Voilà ma conversion subite, à laquelle vous avez contribué.

Si vous pensez qu'elle peut en produire d'autres semblables, publiez-la dans votre journal, quoique relaps. Faites ; j'y consens : je ne vous démentirai pas.

Votre tout dévoué,

EDGAR QUINET.

(*A l'*Emancipation de Toulouse.)

XIX

LA TACHE DES BONAPARTES

Veytaux (Suisse), 21 mars 1870.

Pendant que la *Cloche* sonne à grandes volées le réveil de la France, j'écoute de loin ; et voici la pensée qui me revient le plus souvent à l'esprit.

Une dynastie a certains traits que rien n'efface ; elle a, dans ses origines, certains actes qui ne peuvent en être détachés. Ils font corps avec elle. Tous les efforts des hommes sont vains pour lui ôter ce caractère : il est indélébile.

Voilà pourquoi on n'a jamais vu une dynastie se transformer. Les Stuarts sont restés les Stuarts ; les Bourbons sont restés les Bourbons. De même, quoi que l'on fasse, les Bonapartes restent et resteront les Bonapartes.

Or, quel est l'acte fondamental qui, en les marquant d'un caractère propre, est devenu leur fatalité?

Pour le premier Empire, c'est le 18 Brumaire ; pour le second, le 2 Décembre.

Voilà le principe qui est à la base de l'édifice ; voilà le germe qui est au pied de l'arbre.

Aussi, rien de plus vain que de répéter : « Oublions le germe, et, si nous avons semé l'ivraie, nous récolterons le blé. Oublions le Deux-Décembre, et il sera comme s'il n'avait jamais été. »

Non, cela échappe à votre puissance. Si vous avez semé le mensonge, vous avez beau fermer les yeux, il continue de germer en silence. Vous êtes condamné à vous abriter sous un plus grand mensonge.

Ressentiments surannés que tout cela, vous dit-on ! Perdez seulement la mémoire et tout sera bien, le passé comme le présent.

Vraiment ? Que la France boive le Léthé, et elle sera libre. Que ne disent-ils aussi qu'il serait à propos qu'elle sortît de l'humanité pour mériter leur estime ! Car une nation qui oublierait le lendemain ce qui a été fait la veille, ne serait plus une nation. Dans cette suppression de la conscience et de la mémoire, il n'y aurait plus de place ni pour le droit, ni pour l'avenir.

Tout perdrait sa raison d'être, dans ce vide, même l'opposition.

Oublier ses injures personnelles, rien de mieux. Mais oublier le mal fait aux autres, à ses proches, à ses frères, à ses amis, à sa nation, à l'espèce humaine ! Cela n'est pas de l'homme, mais de la bête !

Se souvenir ! voilà ce qui est de l'homme.

Hors de là, il n'y a ni politique, ni morale, ni peuple, ni individu. Il n'y a rien.

Persévérons donc ! Et que l'on puisse dire de nous à notre tour : « Ils ont été sans reproche dans la guerre et dans l'amitié. »

Votre bien dévoué de tout cœur,

EDGAR QUINET.

(*A la* CLOCHE.)

XX

LA PEUR

Genève, mai 1870.

Toutes les fois qu'un écrivain qui déplaît au gouvernement est emprisonné ou ruiné par un procès de presse, une partie des journaux qui se disent libéraux ne manquent jamais d'ajouter à la prison le sarcasme, la moquerie, l'invective.

Ce sont, dit-on, les mœurs nouvelles de la liberté.

Voyez combien je me trompais! Je croyais que c'était l'habitude contractée dans l'extrême servitude.

Quand on a examiné toutes les causes qui nous attachent à l'ancienne chaîne, on voit que la plus puissante est la Peur. Car il en est de toutes sortes; il en est de jouées, il en est de sincères, il en est qui sont un mélange de fiction et de vérité. Mais une France qui adorerait la *Peur*, serait-ce encore la France?

Le plus souvent, les sages nous disent:

— De grâce, ne respirez pas ! ne pensez pas, ne faites, en aucune sorte, acte de vivant ! A ces conditions-là, nous accepterons peut-être de vivre libres, si la liberté nous offre le même silence, la même nuit, le même assoupissement que le despotisme.

Garantissez-nous que sur quarante millions d'hommes il n'y en aura pas un seul qui prononce une parole plus haute que la nôtre, ou moins basse ; promettez-nous que nous aurons affaire à des ombres qui marcheront sans que nous entendions jamais le bruit de leurs pas.

Ajoutez que toutes auront la même ombre d'opinion que nous. Faites encore que nulle d'entre elles n'aura la fantaisie de posséder autre chose qu'un fantôme de droit.

Établissez que toutes se contenteront de mots, vivront de syllabes, sans avoir jamais le mauvais goût de prétendre que les mots répondent à des réalités. Faites tout cela; nous reviendrons alors à nos vieilles doctrines de liberté, sûrs qu'elles ne nous engagent à rien, et qu'elles sont le bon plaisir, sous un nom différent.

— Je vous entends, bonnes gens. Vous avez vécu dix-huit ans dans une chambre de malade. Le grand air vous fait peur. Toute vie vous est un scandale. Tout mouvement vous effraie.

Venez, couchez-vous sur ce lit ; on vient de le refaire pour vous.

C'est le lit de Procuste.

EDGAR QUINET.

(Au Rappel.)

XXI

RÉVISER LA TRADITION FRANÇAISE

Genève, mai 1870.

Il y a un demi-siècle l'Australie n'était qu'une terre sauvage, presque inconnue, livrée aux cannibales. Un groupe d'Anglais y pose le pied ; et, aujourd'hui, cette terre du cannibalisme possède de libres institutions qui pourraient, à beaucoup d'égards, servir de modèles aux peuples les plus anciennement civilisés du vieux monde.

Pendant ce même temps, la France s'épuisait en tentatives pour entrer dans la liberté ; elle semait sur son ancienne terre des idées qui ne germaient pas ; elle plantait des arbres de liberté qui se desséchaient sur pied : après un immense travail, la voilà moins avancée qu'au premier jour.

Malgré l'industrie de ses villes, malgré le génie de ses écrivains, elle occupe aujourd'hui, dans la vie publique, un degré inférieur à la moindre fondation de l'Australie ou de la terre de Van Diemen.

Cette différence met dans toute sa lumière la puissance des origines et des traditions ; j'en conclus qu'aucune œuvre n'est plus nécessaire que de réviser l'histoire de la tradition française. C'est là, je crois, ce que vous vous proposez.

Il ne vous sera pas difficile de montrer que partout l'ancien étouffe chez nous le nouveau ; que le vieux génie de notre monarchie absolue se trouve encore dans tous nos établissements. Voilà pourquoi la France est condamnée au supplice d'Ixion ; elle n'embrasse que des nuages.

Osez toucher à cet édifice d'illusions.

Pesez chacun des éléments de notre passé. Montrez-nous ceux qui sont incompatibles avec la vie moderne, et ceux qui peuvent se transformer ; vous ne ferez que de l'histoire, mais ce sera une histoire plus vivante que notre vie actuelle.

Passez au crible nos idées ; jetez l'ivraie et la ciguë, ne gardez que le bon grain éprouvé que nous ressèmerons dans notre Golgotha.

Discutez-nous, discutez nos pères ; et au milieu de tout cela, je vous demande encore d'être tolérants, car c'est la vertu qui nous manque le plus. Qu'un seul point de dissidence ne nous fasse pas méconnaître tous les points de ressemblance et de conformité. Ne distinguez pas les hommes selon les générations auxquelles ils appartiennent : ce système est anti-philosophique, anti-scientifique autant qu'inhumain. Pesez les esprits, les vérités, et non pas les années.

Enfin, donnez-vous pour but de rapprocher les hommes de liberté. Ils sont maintenant faciles à reconnaître après tant d'épreuves.

Élevez vos pensées au-dessus de la mêlée. C'est le seul moyen de rallier ceux qui sont dispersés.

Voilà, mes chers amis, les premières réflexions que m'inspire votre entreprise. J'y ajoute tous mes vœux ; et je dis à votre navire en partance : Adieu, va !

EDGAR QUINET.

(*Au* Patriote Français.)

XXII

LA NOUVELLE BARBARIE

Genève, mai 1870.

Chaque peuple, de nos jours, et même le plus civilisé, a gardé un reste de barbarie.

La nôtre est devenue si visible que je suis dispensé de la nommer.

Quant aux nations qui peuvent se dire libres, elles sont aussi restées barbares en un point : j'entends par là que la chute des autres nations leur est indifférente ; le plus souvent elles en jouissent. L'Angleterre, l'Amérique des États-Unis ont vu l'abaissement moral et politique de la France ; elles ont pris plaisir à ce spectacle. Elles se sont contentées de dire : C'est bien fait !

Voilà ce que j'appelle la barbarie, qui persiste en pleine civilisation.

Malgré la chute trop évidente de notre pays, une chose lui reste. Seul il s'intéresse aux peuples étrangers ; seul il souffre de leurs plaies ; seul il jouit de leurs victoires contre le mal.

Depuis que la France a été enterrée vivante, et que sa grande voix ne se fait plus entendre, tenez ceci pour certain : le lien manque entre les peuples ; ils s'ignorent les uns les autres et se plaisent à s'ignorer. Ils marchent encore, ils avancent ; mais sans vouloir se connaître, ni s'appuyer mutuellement.

Si la France manquait plus longtemps au monde, la dispersion des peuples, des intérêts, des idées s'ensuivrait : *Chacun pour soi, chacun chez soi* deviendrait le mot d'ordre de la race humaine. Tous seraient étrangers à tous, comme dans l'ancienne barbarie. L'Amérique émancipée bafouerait l'Angleterre ; l'Angleterre bafouerait l'Europe continentale ; Boston se moquerait de Londres ; Londres, de Paris ; Berlin, de Rome ; Rome se moquerait de l'humanité ; partout l'homme rirait de l'homme.

L'idée du droit pour tous, n'ayant plus de patrie, serait le comble du ridicule. La civilisation moderne finirait par un éclat de rire.

Or, cela ne sera pas. La civilisation continuera à être chose sérieuse ; et c'est pourquoi je persiste à penser que la France, nécessaire à l'organisation du genre humain, renaîtra bientôt, non pas en effigie, mais en corps et en âme, dans la Vérité, la Liberté et la Justice.

EDGAR QUINET.

(*Au* Progrès de Saône-et-Loire.)

XXIII

QUE SERAIT LA FRANCE SANS SES ÉCRIVAINS?

Veytaux (Suisse), mai 1870.

Mon cher concitoyen,

Vous ne pouvez douter de mes sympathies les plus vives. Celles de quiconque tient à la liberté ne vous manqueront pas.

Que serait la France sans ses écrivains? C'est par eux qu'elle rayonne encore sur le monde ; c'est par eux qu'elle conserve l'affection des peuples étrangers.

Il semble donc que l'indépendance de l'écrivain devrait être assurée en France plus qu'en aucun autre point de la terre. Dites-moi si je me trompe. J'ai le malheur de croire que c'est le contraire qui est vrai.

Le romancier Dickens, après avoir passé sa vie à soutenir les faibles et les déshérités, vient d'être enterré glorieusement sous les voûtes de Westminster.

Je souffre de penser que le même écrivain, s'il

fût né en France, aurait consumé une partie de ses jours à Sainte-Pélagie, et que ses restes auraient été relégués, avec ceux d'Eugène Sue, dans une terre étrangère.

EDGAR QUINET.

(A *l'Avenir du Gers.*)

XXIV

UNE HEURE DE VÉRITÉ

Veytaux (Suisse), mai 1870.

Monsieur et cher concitoyen,

Je vous envoie tous mes vœux pour le *Progrès des Communes*. Oui c'est là le commencement et la fin. Il s'agit de porter la vie publique là où l'on a mis la mort.

Je suis dans un pays où le moindre paysan agit sur la commune, le canton, et prend sa part de discussion dans tous les grands intérêts de l'État.

Pourquoi la France ne pourrait-elle pas, à son tour, faire un pas dans cette voie des peuples civilisés?

Pourquoi serait-elle à jamais condamnée à ce degré inférieur où l'habitant des campagnes n'est rien que l'agent muet d'un grand chef qu'il ne connaît pas?

Aidez-nous à sortir de cette condition barbare dont l'Europe ne veut plus. Polissez-nous, civilisez-nous. Il est temps que nous devenions des hommes.

Partout la civilisation grandit autour de nous avec la liberté et la dignité humaine. La France seule ne restera pas comme un point noir sur la carte du monde social.

Ne nous accoutumons pas à cette nuit morale qui nous enveloppe.

Luttons jusqu'à notre dernier jour contre notre vieil ennemi, le pouvoir absolu, quels que soient les noms nouveaux qu'il se donne.

Nos temps nous ont appris qu'il y a quelque chose de pis que le despotisme déclaré, c'est le mensonge de la liberté prise et acceptée pour masque.

Vous allez entrer dans le combat. Ne laissons pas fausser nos armes. Ce que nous demandons, c'est une heure de vérité.

EDGAR QUINET.

(*Au* Progrès des Communes.)

XXV

RENDONS A CÉSAR CE QUI EST A CÉSAR

Mai 1870.

Remercions le plébiscite. Il vient de montrer à l'opposition où est le terrain qu'elle ne doit jamais quitter. Il vient de faire éclater pour la centième fois ce qui a toujours été évident pour nous : l'incompatibilité absolue de l'empire libéral et de la liberté. Il ramène la vérité, la réalité aux yeux de tous. Grâce à lui, la lumière s'est faite en pleine nuit.

Si quelques esprits gardaient une illusion, c'est qu'ils s'étaient accoutumés à répéter que le césarisme ou l'empire est un gouvernement de démocratie. Or, il n'est rien au monde de plus faux. Le césarisme est la dégradation de la démocratie ; il n'en fut jamais le représentant ou le gouvernement.

Ni le peuple, ni la plèbe n'a fait aucun césar. Prenez-les, l'un après l'autre. Vous n'en verrez pas un seul qui soit né de la démocratie.

Qui dit empire dit gouvernement militaire. Cela est si vrai que le nom même d'*imperator* est un titre soldatesque qui ne pouvait être donné que par les soldats.

Le peuple ou la plèbe à Rome n'eut jamais rien à voir dans cette élection du sabre.

Voilà pourquoi la nation n'eut jamais une seule fois l'idée d'intervenir dans ces révolutions de caserne dont se compose l'histoire des empereurs. Cela ne regarde que l'armée. Les soldats acclament le soldat qui leur promet la meilleure part. Le bourgeois et le prolétaire voient passer de leur seuil l'élu des épées; et, prudemment, ils s'inclinent.

Telle est leur participation au césarisme. De quel droit auraient-ils donné un titre qui n'appartenait qu'à l'armée?

Dans tout cela, il n'est vestige ni d'aristocratie, ni de démocratie, ni de plébéien, ni de prolétaire.

Besogne de prétoriens,—comme au 18 Brumaire et au 2 Décembre.

Si, plus tard, un reste de peuple est invité, dans les comices, à saluer la fortune des piques, c'est pour couvrir le coup de main du soldat.

Voilà l'esprit du césarisme, et cet esprit n'a jamais changé.

Ne laissons donc pas défigurer le passé; c'est bien assez d'avoir vu défigurer le présent.

EDGAR QUINET.

(*Au* Rappel.)

XXVI

VILLES ET CAMPAGNES

·Veytaux (Suisse), 12 mai 1870.

Que penser de cette journée? C'est une partie d'échecs où l'adversaire a perdu toutes ses grosses pièces, reine, fous, cavaliers, tours; il n'a sauvé que ses pions.

Encore une fois, Paris a dépassé notre espoir; il a fait un nouveau pas au delà du Paris du 24 mai 1869. Il ne s'agissait plus d'une question de personnes. C'est la France qui était en jeu; et 184,946 bulletins, soutenus de plus de cent mille abstentions, ont dit NON à l'empire.

Voilà la réponse. C'est celle de la civilisation par la bouche de la ville qui a pris toutes les grandes initiatives.

Puis, il s'est fait un moment de silence. Nous avons attendu la réponse des autres grandes villes qui ont une part de la puissance et de l'autorité morale. Vont-elles contredire Paris ou le confirmer?

Cette heure d'attente ne fut pas sans anxiété.

Enfin, la réponse arrive, et ce même *non* prononcé par Paris est répété sur cent échos par Marseille, Lyon, Metz, Bordeaux, Dijon, Cherbourg, Arles, Grenoble, Toulon, Perpignan, Brest, Annonay, Limoges, Montpellier, Lunel, Nîmes, Vienne, Narbonne, Nantes, Rochefort, Saint-Quentin, Béziers, Villefranche, Annecy, Remiremont, Valence, Romans, Montélimar, Dieulefit, Firminy, Ricamarie, Lille, Roanne, Saint-Étienne, Rouen, Tarascon, La Ciotat, Sainte-Marie-aux-Mines, Saulxure, Angers, Avignon, Besançon, Toulouse, Saumur, Cholet, Cette, Brives, Vierzon, Issoudun, Nangis, Thiers, Lannion, Bar, Le Cateau, Périgueux, Alençon, Lunéville, Beaune, Aubusson, Montbéliard, Châlons, Mâcon...

Chacune de ces villes redit à son tour : *Non*.

Mais qu'est-ce que ce chœur des grandes villes du pays, si ce n'est la voix de la France?

Quiconque a possédé ces villes a toujours possédé la nation. Et qui les a eues pour adversaires a eu toujours la nation contre soi.

Comment pourrait-il en être autrement, puisque c'est dans leurs murailles qu'est renfermée la civilisation française? Jointes à Paris, leur voix est irrésistible.

Il est donc certain que, si les mots de civilisation, de culture, de nation, ont un sens, le plateau de la balance qui contient les grandes villes finit toujours par l'emporter. L'opinion qui a pour elle les grandes villes a nécessairement pour elle la victoire et le lendemain.

Pour moi, quand je vois cette vaste ceinture des villes qui ont si vaillamment gardé leur esprit et qui n'ont pu être troublées par aucun des bruits de complots, de conspirations publiés autour d'elles, quand je les trouve si nombreuses, si unanimes, si invincibles dans leur lutte à outrance, je suis pleinement rassuré. Je leur confie, en toute sécurité, mes espérances et mon drapeau.

Ne disons donc pas que nous avons été vaincus; ne parlons pas de défaite, quand nous avons pour nous les remparts qui n'ont jamais été forcés.

Il arrive aujourd'hui ce qui est toujours arrivé, car c'est le mode de progression de la civilisation française : les villes font un grand pas en avant, et elles ne reculent jamais. Les campagnes ont peine à suivre; elles semblent même immobiles ; mais elles ne peuvent échapper à l'action, au rayonnement des villes, et elles s'affranchissent à leur exemple.

Les villes ont pris les devants dans toutes les stations du peuple français ; elles ont frayé toutes les voies, et là où elles ont une fois posé le pied, elles ont entraîné l'avenir.

Si nous avions attendu l'initiative des campagnes, nous serions encore aujourd'hui dans les mains de Louis XV ou de Louis XVI.

Ne vous laissez donc troubler par aucune apparence. Nos guides naturels, les vaillantes villes de France, Paris en tête, ouvrent la route ; elles font tête de colonne pour assiéger l'avenir.

Suivons-les. Ainsi ont marché nos pères. Ainsi marcheront nos fils.

Tout ce que l'événement prouve pour les campagnes, c'est que dans les conditions où elles sont placées depuis dix-huit ans, la vie publique ne peut s'y produire. On a beau entasser les chiffres et les zéros. Cela enfle un total.

Mais que représentent ces zéros, si ce n'est le néant de la vie politique, impossible sous tant d'entraves.

Si les choses duraient ainsi, les villes marchant toujours et les campagnes restant immobiles et pétrifiées, le progrès politique passerait au-dessus de leurs têtes sans qu'elles s'en aperçussent.

Elles rentreraient dans le servage politique pour n'être plus que des instruments ou des outils de servitude.

C'est ainsi que se sont formées les castes inférieures qui se sont trouvées à la fin incapables de suivre le mouvement d'une nation.

Jusqu'à nos temps, les campagnes n'ont jamais eu l'initiative d'un seul progrès. Elles se sont toujours appuyées sur les villes. Changer cela par un coup de main, tout asseoir sur le vote rural, c'est appuyer le monde sur la tortue et la tortue sur le vide.

A travers la poussière de ce plébiscite, que voyons-nous? Une chose qui éclaire toutes les obscurités; et ce fait est celui-ci : Une grande barrière a été élevée depuis vingt ans entre les villes et les campagnes. Les idées des unes ne circulent plus dans les autres; les centres de la vie sont isolés; les capitales sont bloquées; elles ne peuvent plus répandre autour d'elles leur action civilisatrice; leurs murs sont des prisons, elles vivent renfermées en elles-mêmes, sans contact avec les paysans, comme dans un moyen âge byzantin. Telle est la forme nouvelle de la société française depuis le Deux-Décembre.

Et cette barrière qui a été élevée par l'Empire autoritaire vient d'être portée au comble par l'Empire libéral. Jamais la sécession n'a paru plus profonde. On dirait deux peuples qui, parlant la même langue, y attacheraient des idées tout opposées. Ce qui s'appelle liberté à la ville veut dire servitude à la campagne. Un pas de plus dans cette voie où tout a été brouillé, et c'est la dispersion de la France.

Mais c'est ce mal extrême, rendu visible enfin, qui nous sauvera.

Il n'est plus possible qu'une intelligence droite consente à s'aveugler sur les causes politiques de ce divorce des villes et des campagnes, qui serait la mort s'il devait durer.

L'opposition ne nous parlera plus du régime institué au Deux-Décembre comme d'une transaction démocratique.

On se rappellera la transaction libérale plébiscitaire du 8 mai 1870, et ce souvenir nous rendra la lumière.

S'il est vrai qu'une plus grande peur corrige d'une plus petite, nous l'éprouverons à notre tour, en mesurant le danger que court la société française, par le travail persévérant de séparation des villes et des campagnes.

Tout homme sincère comprendra que les autres périls pâlissent devant celui-là.

Nous ne verrons plus une société trembler et déserter à la seule nouvelle qu'un petit spectre rouge a été retrouvé, je ne sais où, dans une réunion du soir. Au lieu de rentrer sous terre à cette nouvelle, nous apprendrons à vivre avec nos spectres, comme l'Angleterre sait vivre, sans renoncer à la liberté, avec ses chartistes, l'Amérique des États-Unis avec ses démocrates et ses sécessionnistes.

EDGAR QUINET.

(*Au* Rappel.)

AUX PAYSANS

(1870)

AUX PAYSANS

AUX ÉLECTEURS DE L'AIN

Mes chers compatriotes,

Vous m'avez nommé deux fois votre représentant, dans la Constituante et la Législative. Je suis resté fidèle au mandat que vous m'aviez donné. Vous savez que je ne vous ai jamais ni leurrés ni flattés. Je vous dois aujourd'hui de vous dire ma pensée; je le ferai avec d'autant plus de confiance que je veux vous solliciter non pour moi, mais pour vous.

Souvenez-vous des jours où je vous visitais, dans vos villages, avec Baudin. Vous aviez alors la liberté entière de parler ou de vous taire. A chacune de nos paroles vous répondiez par vos acclamations; nos espérances étaient les vôtres. Quelques jours après, unis et serrés autour de l'urne, vous alliez y déposer nos noms. C'était là un grand acte; jamais il n'en fut de plus libre.

Qu'est-il arrivé depuis ce jour-là ? Comment tout a-t-il été changé en vingt-quatre heures ? Est-ce un tremblement de terre qui a tout enseveli, promesses, espérances, paroles, droits, serments ?

En nous nommant vos représentants, était-ce votre volonté de nous envoyer dans une embûche ? Était-ce votre volonté, en nous serrant les mains, en votant pour nous, en nous choisissant pour mandataires, de nous désigner, Baudin, à la mort, et moi, à l'exil ?

Certes, vous auriez raison de vous indigner que cette question pût vous être faite ; et vous avez déjà répondu avec moi :

« Tout s'est fait malgré nous, contre nous. En frappant traîtreusement nos mandataires, on nous a frappés nous-mêmes ; l'embûche n'a pas été seulement pour nos représentants, elle a été pour nous ; et depuis ce moment, nous sommes dans la nuit. Quand tout a été consommé : enlèvement de l'Assemblée, rapt de la volonté nationale, massacres, proscriptions, quand les événements homicides ont été accomplis, et qu'il ne restait plus rien à faire, quelqu'un a promené un bulletin dans nos campagnes. Écrasés par ce qui venait de se passer et qu'on ne nous laissait pas le temps de comprendre, ne voyant que piéges, menaces autour de nous, poussés vers l'urne en silence, terrifiés, nous ne pouvions savoir ce que nous faisions. Mais soyez sûrs que jamais nous n'avons été homicides dans nos cœurs. Jamais nous n'avons été complices ni de la mort, ni de l'exil de nos représentants. Si l'on a fait dire pareille chose au bulletin jeté dans l'urne, on vous a trompés, comme on nous a trompés nous-mêmes. Ne croyez pas que nous ayons voulu tuer ou proscrire nos amis. Cette pensée fait horreur. »

Voilà votre réponse, mes chers compatriotes; elle m'est déjà venue de cent côtés; avant de la connaître, je la devinais. Non, on ne fera jamais de vous des homicides ou des proscripteurs, tout en prétendant que vous avez ratifié l'homicide et la proscription, ce qui est impossible. Mais voyez comment, nous entendant si bien sur ce point qui date de vingt ans, nous ne pouvons manquer de nous entendre sur la question d'aujourd'hui.

Écoutez-moi, je vous prie.

D'où est venue la confusion dont je viens de parler, qui vous a ôté ce qui est le premier bien de l'homme, la liberté du choix?

Cette confusion vient de ce que l'on a accompli, au 2 Décembre, des actes monstrueux, auxquels vous n'auriez jamais consenti si vous aviez été consultés avant leur perpétration. Vous n'avez paru devant l'urne que lorsque tout était consommé, et que votre vote ne pouvait rien devant l'irrévocable. Car vous ne pouviez pas ressusciter les morts.

Or, que vous demande-t-on aujourd'hui? On vous demande de donner à perpétuité à votre maître le droit de recommencer de pareils actes irrévocables, de sa propre autorité, autant de fois que cela lui plaira, sauf à vous réclamer un *Oui* ou un *Non*, quand les choses seront accomplies et qu'il ne dépendra plus ni de vous, ni de personne, de faire qu'elles ne soient pas.

Que diriez-vous d'un homme qui, commençant par raser votre maison, couper votre forêt par le pied, écorcher vos bœufs, saigner vos moutons, vous demanderait après la dévastation achevée : « Répondez franchement; cela vous plait-il, *oui* ou *non?* »

Vous penseriez qu'après vous avoir fraudés du meilleur de votre bien, il veut encore se jouer de vous; votre indignation n'aurait pas de bornes.

C'est pourtant là, exactement, ce que le gouvernement du Deux-Décembre attend de vous.

Il y a, dans le monde, deux manières d'être : ou Libres ou Esclaves. Voyez dans quelle catégorie vous voulez vous placer. Les peuples libres font eux-mêmes ou par leurs mandataires la Constitution qui les régit. Ils la discutent, ils la corrigent, ils la votent article par article: ils en ont l'initiative, et c'est ainsi qu'elle est leur propre image.

Chez les peuples esclaves, la Constitution est

faite par leur maître; ils n'ont pas à l'examiner en détail, mais à la subir en masse. Ils ne délibèrent pas, ils ne corrigent pas. Les yeux fermés, ils acceptent. Ils disent comme Ponce Pilate : *Ce qui est écrit est écrit.* Ils n'y changent rien; à tout, ils répondent : *Oui;* et cela devient leur loi.

Tel est le plébiscite. Vous ne l'avez pas fait, ni vous, ni vos représentants. Vous ne pouvez, avec vos trente-huit millions de volontés, y changer une syllabe. C'est parole d'airain, inflexible, irrévocable.

Et il s'agit de vous lier, vous et vos fils, à cette fatalité dans laquelle vous n'êtes pour rien.

Mais pourquoi mettre vous-mêmes ce joug d'airain sur vos épaules, sans même examiner combien il pèse? Pourquoi reprendre le mot de Ponce Pilate et le clouer sur votre bulletin et sur le front de vos enfants? Non, *ce qui est écrit ne sera pas écrit,* si vous voulez.

Effacez-le, déchirez-le.

Mettez NON à la place.

De bonne foi, que gagneriez-vous à vous refaire les serfs d'un homme, d'une famille, qui n'aura à compter avec vous, que lorsqu'il sera trop tard pour lui marchander votre argent et votre sang? Tout sera dépensé; il ne vous restera qu'à vérifier et approuver votre ruine.

Un roi coûte gros, me disiez-vous dans vos

heures de liberté. Que devez-vous donc dire d'un empereur? Et quel avantage est-ce pour vous de faire de vos enfants de la chair à canon, quand vous vous ôtez le droit de discuter si la guerre est juste ou injuste, si elle est une nécessité ou un caprice? Rappelez-vous le Mexique, où peut-être votre aîné est enterré. Voulez-vous que votre plus jeune périsse sans raison et de la même manière? — Répondez : *Non*.

Je vous ai vus autrefois dans les jours qui ont suivi la grande Révolution. Vous aviez encore les haillons du serf. Vous étiez nus, vous étiez affamés. La Révolution vous a vêtus, elle vous a nourris, elle vous a faits ce que vous êtes. Et les gens qui ont intérêt à votre abaissement vous poussent à voter contre la Révolution sans laquelle vous n'existeriez pas ! — Répondez : *Non*.

On veut vous brouiller avec les villes, parce que les villes, où l'on peut causer plus aisément avec son voisin, voient de plus près le jeu. Voulez-vous, comme au temps du servage, ne connaître que le hameau, n'écouter que le seigneur du lieu et le curé du château? Voulez-vous vivre séparés de la France? — Répondez : *Non*.

On veut vous brouiller avec les ouvriers, parce qu'ils marchent en avant, et que l'on veut vous faire retourner en arrière. Ce serait la dislocation de la nation française. Vous êtes frères, vous avez mêmes intérêts, même avenir. Ne laissez pas se brouiller la grande famille. — Répondez : *Non*.

Ne croyez pas aux épouvantails que l'on dresse devant vous ; les spectres rouges ont fait leur temps. Nos adversaires vous demanderont en vous montrant le fantôme qu'ils ont habillé : N'avez-vous pas peur ? — Répondez : *Non*.

Voici, mes chers compatriotes, la dernière raison que les plus avisés gardent pour vous arracher le vote du plébiscite. Écoutez-moi encore, je ne serai pas long.

Ils vous disent : Dans cette constitution composée de quarante-cinq articles, il en est un certain nombre, peut-être dix, peut-être quinze, qui ne sont point malfaisants, et sont même profitables. Prenez donc le tout en bloc ; les bons feront passer les mauvais ; et ce sera un avantage pour vous. Croyez et prenez, ce sera pour votre bien.

A cette invitation, qui vous est faite sur tous les tons, avec douceur, avec emportement, voici ma réponse :

J'ai très soif après une longue course, et quelqu'un me présente un verre à boire rempli jusqu'au bord.

Dans le fond, il y a de la ciguë, et elle est mélangée avec du vin de nos coteaux et de l'eau de nos sources.

Que ferai-je? Dirai-je follement : Le vin me

fortifiera, l'eau me rafraîchira ; avalons donc le tout d'une gorgée et profitons de l'occasion. Non pas certes ! je rejetterai le breuvage, tout mélangé qu'il est, je sauverai ma vie, et j'irai me désaltérer à la vraie source.

De même, mes chers concitoyens, je vous le dis, la main sur la conscience : N'acceptez pas cette Constitution. Rejetez loin de vous ce breuvage. Il y a, au fond de cette coupe, quelque chose qui fait périr les peuples. N'espérez pas que le poison sera corrigé par le miel. Qu'on le sache ou qu'on l'ignore, c'est la mort qui est au fond de ce vase. Rejetez-le. Brisez-le.

Répondez : *Non*.

EDGAR QUINET,
Ancien représentant du Peuple.

Veytaux, 1er mai 1870.

APPENDICE

APPENDICE

I

LES HOMMES DE LA RÉFORME

Zurich, septembre 1857.

J'envie les hommes de la Réforme ; ils avaient la liberté d'écrire ; ils avaient surtout la faculté de parler en public à des foules. La parole seule édifie dans le véritable sens de ce mot ; elle porte avec elle son explication, son commentaire, et c'est la parole de prédication qui a fait la Réforme en la portant au fond des masses. Pour nous, à quoi sommes-nous réduits ? Nous avons pour nous des livres savants que le monde ne lit pas, des revues où nous sommes obligés de calculer, de glacer chaque mot. Mais cette cathédrale de Zwingli à Zurich, qui nous la donnera !

Ah ! si le dix-huitième siècle avait pu parler comme il a pu écrire, que ses résultats eussent été différents ! La révolution par les idées aurait pris un corps, une vie dans les masses, elle ne serait pas restée à la surface des choses. La Réforme a réussi partout où elle a eu l'appui du gouvernement. Si les réformateurs eussent été traqués sur le continent, s'ils eussent été placés dans l'impossibilité d'écrire et de parler, je ne dirai pas que la Réforme n'eût pas fini par se produire ; mais je suis certain qu'elle eût fait son chemin plus lentement, plus difficilement. Pour nous, nous n'avons pas, à vrai dire, un seul point du continent où nous puissions écrire en liberté. Ce qui vient de se passer sur la tombe d'Eugène Sue prouve que nous ne pouvons même parler sur nos morts.

Tous les gouvernements nous sont hostiles au même degré. Quelle différence avec les choses et les hommes du seizième siècle ! Aujourd'hui trop de réflexion paralyse l'esprit. Nous ne pouvons que continuer à lutter, à vivre, à dire la vérité à travers les soupiraux, sans être en état d'annoncer comment et quand elle règnera. Nous sortirons vainqueurs, je le crois ; mais comment se fera la victoire, voilà ce que personne encore ne peut dire.

II

SUR LE CHAMP DE BATAILLE DE ZURICH

Août 1858.

Penser! agir! qu'est-ce que le premier en comparaison du second? Le rêve, à la place de la réalité.

Un nom remplit tout cet horizon, chaque objet le renvoie.

Pourquoi cela? Parce que celui qui le portait n'a pas laissé son projet dans le fond de son âme; il ne s'est pas contenté de le faire retentir à ses oreilles, en syllabes, en paroles cadencées; il l'a fait sortir de la nuit de sa pensée; il a eu une heure d'action. Oui, une heure, et cette heure lui a rapporté l'immortalité.

Une pensée entrevue, un ordre rapide donné, et plus rapidement transmis, une parole, un geste, un regard qui montre le lieu du passage, une armée qui obéit; et pour ce moment une immortalité glorieuse, une patrie reconnaissante, l'acclamation du monde.

Que n'ai-je rencontré un moment semblable! Au lieu de cela de longs jours, des mois, des années consumées dans le labeur de la pensée, courbé par la méditation, pâli dans les contemplations, dans l'attente. Moi aussi j'ai eu mes instants inspirés! Mais mes projets ne sont pas sortis de l'enceinte de mon esprit, des limites de la parole; et cette vie, qu'a-t-elle produit? L'oubli, au lieu des souvenirs impérissables qu'un moment, un éclair dans l'action eût suscités peut-être.

III

AUX ITALIENS

Juillet 1860.

A mesure que la liberté était étouffée en France, j'ai vu les amis de la liberté fermer les yeux à l'évidence, et il m'a été impossible de leur faire voir ce qui était plus clair que le jour. Plus ils étaient frappés, plus ils s'attachaient à voir dans Louis Bonaparte un soutien, un allié caché, involontaire. Jamais, jusqu'à la dernière heure, ils n'ont vu en lui un danger. Et c'est ce qui fait que la liberté est si profondément tombée en France. Eh bien ! c'est au nom de cette expérience que je vous dis, à vous Italiens dignes de ce nom : N'imitez pas cet affreux aveuglement qui laisse les peuples sans estime d'eux-mêmes.

Si vous êtes trahis, sachez au moins que vous l'êtes, sauvez au moins la vieille intelligence italienne. Ne niez pas comme les nôtres l'évidence, ne prenez pas votre destructeur pour votre sauveur. Ne laissez pas l'Italie devenir le jouet du

2 décembre. Tout peut se réparer quand on voit le mal. Mais quand on le prend pour le bien, on a en soi-même le bourreau. J'ai fait tout ce qui a été en moi depuis le commencement de janvier pour faire pénétrer dans l'opinion et dans la presse européenne un mot de vérité sur cette grande embûche tendue à l'Italie. J'ai trouvé la crédulité aussi grande que je l'avais trouvée avant le Deux-Décembre, par la même envie de se tromper. Comment nous étonner que l'Europe soit esclave, puisqu'elle voit tout avec des yeux d'esclave, c'est-à-dire selon que le désire le maître? Vous, Italiens, qui nous avez enseigné la pénétration politique, rendez à l'Europe la lumière et le bon sens. Votre cause est livrée. Dites que vous savez qu'elle est livrée. Osez regarder dans l'embûche et montrez que vous la connaissez. Vous ferez preuve ainsi d'une force, d'une énergie d'esprit qui a manqué à tous les autres peuples. Ne croyez pas tout ce que vous désirez. Vous vous montrerez infiniment supérieurs en prouvant que vous n'êtes pas dupes. Voilà, je l'avoue, ce que j'attends de cette vigoureuse intelligence italienne.

IV

A DES PATRIOTES VAUDOIS

Juin 1862 (1),

Je remercie la Société cantonale des chanteurs vaudois. Ces beaux chants religieux et civiques, partis du temple, répandus sous la voûte du ciel, au pied de ces sommets qui vous sourient; ces hameaux qui s'ornent pour vous souhaiter la bienvenue, ces populations qui accourent au-devant de vos bannières, ces guirlandes de fleurs qui se tressent en arcades sur vos têtes, ces canons qui ne grondent que pour attester votre concorde et votre prospérité, voilà des spectacles qui ne se trouvent que dans votre libre Helvétie!

Puisse l'Europe vous imiter! Puissé-je entendre un jour des chants semblables dans mon pays! Ce serait pour moi un beau jour!

(1) Le 2 juin 1862, à la belle fête de Montreux, la *Société cantonale des chanteurs vaudois* a fait une manifestation sympathique à M. Quinet, à Veytaux, en chantant un chœur sous ses fenêtres, en lui portant des vivats, enfin en lui adressant une chaleureuse allocution. (*Note de l'Éditeur.*)

Vos mœurs publiques, vos institutions, sont l'honneur, non seulement de la Suisse, mais de l'espèce humaine.

Il n'est pas un homme de cœur qui ne soit intéressé à ce que vous les conserviez intactes.

Pour répondre à vos *vivats*, je n'ai pas la puissance de vos chants. Et pourtant moi aussi je porterai un *vivat* qui trouvera de l'écho dans ces *monts indépendants* : « A la liberté, à l'indépendance de la Suisse! Vivent, vivent à jamais les enfants de la Suisse! »

V

LETTRE SUR LES RÉVOLUTIONS D'ITALIE (1)

(1864)

Les Italiens n'avaient point de patrie. Je cherchais l'Italie comme eux, mais je sentais parmi vous le tressaillement lointain d'une nation qui redemandait à vivre. La foi dans son avenir m'a soutenu. J'ai eu la joie de voir renaître l'Italie, que j'avais vue tant de fois mourir dans le passé.

J'ai cru à ses destinées, lorsque la plus grande partie du monde s'obstinait à les nier. J'ai eu ce rare avantage que tous les principes contenus dans mon livre ont reçu et reçoivent chaque jour des événements une confirmation qui équivaut désormais à l'évidence. Si je l'écrivais aujourd'hui, l'expérience sanglante des quinze dernières années ne m'obligerait d'y rien changer. Tout au contraire, je ne pourrais que répéter ce que je disais alors. Je n'éprouvais aucune incertitude sur les principes fondamentaux lorsque j'étais seul à les soute-

(1) Voyez Œuvres complètes.

nir. Que serait-ce maintenant qu'ils sont devenus, des Alpes à la Sicile, le cri unanime de la conscience publique?

Plus fermement que jamais, je crois que c'est en les suivant que l'Italie achèvera de s'affranchir. A mesure qu'elle s'élève, d'autres s'abaissent. Mais j'ai appris de votre peuple à ne pas désespérer des choses qui semblent mortes, et cette espérance, je la garde pour tous ceux qui vivent encore ensevelis.

VI

LETTRE SUR LE GÉNIE DES RELIGIONS (1)

(1864)

Aucun écrivain ne m'avait montré la voie où je cherchais à déduire les révolutions politiques et sociales des principes religieux. J'entrai dans un sujet où j'étais seul : je voguais alors sur une mer infinie, car les Allemands, qui avaient tant examiné les symboles, n'en avaient déduit aucune conséquence sur le développement social des peuples. Le reproche qui m'était adressé était de tenter une voie encore trop peu explorée. Les personnes les plus bienveillantes s'effrayaient de me voir entrer dans un horizon sans limites où tout devait être écueil; elles m'accompagnaient de leurs vœux, mais comme un voyageur que l'on salue au départ pour une terre inconnue et dont on espère peu le retour.

Dans cet intervalle de vingt-quatre années, que de changements dans les esprits, dans les choses,

(1) Voyez Œuvres complètes.

dans les individus, dans les peuples! Et cependant, à travers ces révolutions d'idées, ce livre est plus vrai aujourd'hui qu'au moment de sa première apparition.

Tout l'a confirmé : la science et les événements. Les vues que j'avais établies le premier et qui m'ont été le plus contestées, par exemple l'Unité de Dieu chez les peuples sémitiques, enfants du désert, ont été reproduites et mises hors de doute par les recherches postérieures, et cette joie m'a été donnée de voir que les germes que j'ai semés ont produit des arbres, que mes inductions sont devenues des vérités, que dans ce voyage de découvertes, où j'avais tant de chances de m'égarer, mes pas ont été assez sûrs pour servir de direction à d'autres. J'ai tracé l'itinéraire des dieux, et cette marque n'a pas été effacée. De nouveaux esprits se joindront à moi, ils éclaireront des détails qui, à une première vue, devaient rester dans l'ombre; mais les fondements posés dureront. L'expérience m'autorise à le dire; ceux qui voudront faire de nouvelles conquêtes solides repasseront par le même chemin que j'ai servi à ouvrir.

EDGAR QUINET.

VII

SÉPARATION DE L'ENSEIGNEMENT LAÏQUE ET DE L'ENSEIGNEMENT DES DOGMES

AU CONGRÈS DE BERNE

Veytaux, canton de Vaud, 25 août 1865.

Veuillez me permettre de vous exprimer tous mes regrets de ne pouvoir assister à vos séances, d'où jailliront certainement de vives lumières. Ce regret est encore augmenté, quand je réfléchis à la question que vous posez dans ces termes : « Con-« vient-il d'assigner un rôle dans l'école aux mi-« nistres des cultes? »

C'est là, en effet, messieurs, une question décisive pour tout le monde. J'en suis tellement frappé, que je prends la liberté d'adresser au congrès les considérations ci-jointes, par lesquelles je soutins, il y a seize ans, dans l'Assemblée nationale législative de France, la loi que je proposai dans le but de séparer l'enseignement laïque de l'enseigne-

ment des dogmes positifs. Je pensais alors que
cette séparation est la seule garantie véritable de
la liberté, de la justice et de la civilisation en matière d'éducation publique.

Ce que je pensais et ce que je crois avoir démontré, il y a seize ans, dans le discours qui accompagne cette lettre et dans l'*Enseignement du peuple* (1), je le pense, je le répète aujourd'hui, non pas avec une conviction plus forte, mais avec la confirmation de l'expérience qui a ajouté à mes paroles ses démonstrations éclatantes auxquelles nulle oreille ne peut rester fermée.

Lorsque je proposai, en 1850, la solution du problème qui se représente aujourd'hui, peu d'échos répondirent. Quoique la vérité se fît jour déjà par de nombreux indices, elle semblait utopie, il paraissait étrange que l'on osât poser une question de ce genre.

En abordant, messieurs, avec éclat, cette même question, vous prouvez que l'esprit a marché même dans la nuit et qu'il se trouvera tout armé, quand viendra le réveil avec l'aurore. Beaucoup de symptômes autorisent même à espérer que vous trancherez le problème, dans le sens où j'aurais voulu faire pencher la législation en France dès 1850.

Combien de motifs, en effet, s'ajoutent à ceux qui ne suffirent pas alors pour entraîner la per-

(1) Voyez Œuvres complètes.

suasion du plus grand nombre ! Que de cruelles épreuves ont succédé ! Que de sanglantes leçons nous sont venues de tous les bouts de l'horizon ! Qui n'a pas eu à gémir de ce mélange quelquefois monstrueux de la religion et de la politique jusque dans l'instruction primaire ! Les ecclésiastiques ont fini par s'en plaindre presque aussi haut que les philosophes.

Sauvez au moins, Messieurs, les générations nouvelles de cette double embûche où nous périssons. Ne donnez pas à la société laïque et à la civilisation moderne pour fondement l'autorité qui leur déclare si impitoyablement la guerre.

Ne faites pas de l'encyclique le manuel et l'abécédaire de l'école.

Ne mettez pas les cultes positifs aux prises dans le berceau de l'enfant.

Ne lui donnez pas pour premier spectacle celui des anathèmes.

Au contraire, choisissez pour sa première instruction un terrain où tous peuvent s'entendre et s'unir dans une patrie commune.

Ne le faites pas naître à la vie sociale dans la guerre des Églises et des sectes, mais dans la paix et la concorde.

Sauvez-le de nos haines, de nos divisions, de nos implacables préjugés : vous aurez tout sauvé.

J'ai l'honneur de prier la section de vouloir bien prendre connaissance des considérations annexées à cette lettre (1).

Agréez, Messieurs, etc., etc.

EDGAR QUINET.

(1) Voyez Discours à l'Assemblée législative, *Appendice* de la RÉPUBLIQUE.

VIII

DISCOURS SUR LA TOMBE DE CHARRAS

Bâle, 25 janvier 1865.

Je ferai effort pour prononcer aussi quelques paroles d'adieu. Les premières seront des paroles de gratitude à la population de Bâle et de la Suisse. Je la remercie au nom de la France pour l'hospitalité de cœur qu'elle a donnée à ce grand citoyen, et surtout pour le témoignage de respect et de douleur qu'elle donne aujourd'hui à sa mémoire. Mais qui eût pu croire que ce dût être si tôt l'hospitalité de la mort ?

Il faudrait douter de l'avenir et du salut des peuples, si les hommes n'étaient pas émus de ce que nous voyons ici.

Longtemps nous avons refusé de croire que celui qui était pour nous l'épée et le bras de la Liberté pût ainsi périr avant l'heure. Nous aurions pensé médire de la justice suprême.

Il était ici à cette frontière la sentinelle perdue du bon Droit. Son attitude était si fière, si indomptable ! Tant qu'il était debout, la conscience humaine ne pouvait s'endormir. Il veillait jour et nuit. Il soutenait, il encourageait, il orientait cette armée de la justice dont les innombrables soldats ont bien pu être dispersés par la ruse, mais, Dieu merci ! n'ont pas été vaincus. Il combattait ce bon combat partout où il le voyait faiblir. Il était l'homme du Droit contre la force triomphante. Et pourtant c'est lui qui est tombé. Il a été frappé, abattu le premier. Et voilà tout ce qui nous reste du colonel Charras, de cet ami des peuples, de ce compagnon d'exil, notre force et notre joie dans les jours de proscription !... Voilà ce qui nous reste de ce vaillant soldat de notre cause et de celle de l'humanité !... Il ne reverra pas cette patrie à laquelle il a tout sacrifié, et d'où il a été arraché dans une nuit de ténèbres et d'embûches, pour avoir tenu son serment !...

Devons-nous donc désespérer du ciel et de la terre, nous qui accourons ici de tous côtés pour déposer dans cette neige sa dépouille ? Dirons-nous à notre tour : « Vertu, honneur, vérité, bon droit, tu n'es qu'un nom ? » Et retournerons-nous d'ici les mains vides ? Désespérer !... non pas !... Ce mort nous le défend.

Il y avait dans cet homme tant de vie morale, qu'il en prête à celui-là même qui parle sur ses restes inanimés.

Oui, si je ne me trompe, cette fosse ouverte est toute pleine d'encouragements, il en sort un sourd cri d'espérance.

Vivant, Charras protestait par l'exil. Mort, il proteste par sa tombe.

La F   sait-elle bien tout ce qu'elle a perdu? Elle connaissait l'intrépide officier, l'habile administrateur, le savant écrivain, l'orateur éloquent, l'homme d'État; mais ce même homme, tel que l'exil l'avait fait et achevé, propre à toutes les situations les plus grandes, austère, irréconciliable avec le mal, toujours indigné, toujours armé contre les sophismes du plus fort, cet homme, la France le connaît-elle assez?

Il a cru à la Justice, à la conscience des hommes, à la mémoire des peuples. Voilà pourquoi il est mort en exil. Et que nous a-t-il légué à tous? Le Devoir.

Toutes les fois que son nom sera prononcé, il signifiera : courage, persévérance, honneur, victoire!

Dans la longue proscription, peut-être aurait-il pu s'écrier plus d'une fois : « France, patrie, pourquoi m'abandonnes-tu? Pourquoi es-tu sourde à la voix de celui qui combat et qui meurt pour toi! » Mais c'est là ce qu'il n'a jamais dit. Il ne l'a pas même pensé, et cette magnanimité qui ne s'est jamais démentie, m'a souvent semblé, je

l'avoue, le comble de l'amour filial de ce grand
cœur pour son pays.

Savez-vous ce qu'il a demandé à sa dernière
heure ? Il a demandé un verre d'eau de France
qu'il s'était fait envoyer des frontières, et il a dit
à sa femme : « Nous aurons bu ensemble de
l'eau de France, en communion de nos amis
absents ! »

Que le Dieu de gloire et d'immortalité le dé-
saltère donc de cette soif de Justice et lui ouvre
ses portes ! Les hommes aussi apprendront à le
connaître tout entier. Quand la France recouvrera
tout ce qu'elle a perdu, quand cette heure sacrée
viendra, des centaines de milliers de voix aujour-
d'hui muettes, s'écrieront : « Souvenez-vous de
« Charras ! Honneur à lui ! Il était notre défen-
« seur ! Il a toujours compté sur nous ! Son jour
« est arrivé. Son exil est fini ! Allons chercher
« ses restes ! »

Alors on verra une foule pieuse de Français se
presser comme aujourd'hui dans ces mêmes lieux
où nous sommes, autour de cette même tombe.

Des mains reconnaissantes redemanderont à
cette terre ce que nous lui confions aujourd'hui.
Les os de Charras tressailleront. On les emportera
triomphants, au milieu de l'allégresse publique,
dans la patrie régénérée et affranchie, enfin pour
toujours.

IX

DISCOURS SUR LA TOMBE DE FLOCON

Lausanne, 17 mai 1866.

Encore une tombe d'exilé; hier, Charras, aujourd'hui Flocon.

Pourquoi Ferdinand Flocon est-il mort en exil? Quels ont été les crimes de cet homme? Je vais les dire.

Il a été fidèle à tous ses serments; il a haï le parjure; il a usé sa vie à défendre les intérêts du peuple, et le peuple a été sa dernière pensée. Écrivain, il a conformé ses actions à ses écrits; orateur, à ses paroles. Administrateur, ministre, entré pauvre au pouvoir, il en est sorti pauvre.

Il n'a respiré que pour la justice, la vérité, le progrès, l'amélioration morale et matérielle de ses semblables.

Chacune de ses pensées avait pour but sa patrie, et le bon droit, le bien de tous.

Désintéressement, sacrifice absolu de soi-même, stoïcisme, amour des faibles et des opprimés, haine des méchants, espérance imperturbable, sérénité dans l'oubli, dans la douleur, bonté, humanité, voilà les crimes de Flocon; voilà pourquoi il est mort en exil.

Nous qui avons partagé son sort, c'est à nous de témoigner de sa force d'airain, pendant cette nuit de quinze ans, où il a pu si souvent se croire oublié, déserté de ceux-là même pour lesquels il mourait. Dans ce silence du monde autour de lui, il sentait que cette lente mort de l'exil, raillée par les heureux, avait sa puissance indomptable.

Flocon croyait à l'efficacité, à la nécessité du sacrifice volontaire de quelques-uns, pour racheter les faiblesses ou les aveuglements d'une nation. Il pensait avec raison que le proscrit combat pour sa cause, à chaque heure, à chaque souffle. D'avance il se réjouissait de combattre encore le bon combat de la justice et de la liberté dans sa tombe, ici, sous cette terre hospitalière, en face de ces Alpes qu'il aimait aussi à prendre à témoin de la durée, de l'inflexibilité, de la hauteur de ses convictions.

Certes, cet homme que nous venons de descendre dans cette fosse, paraît ici bien seul, sans alliés, sans force, désarmé de tout pouvoir et de tout avenir; pourtant ne doutons pas que cet homme enseveli dans cette tombe étrangère ne soit plus près de la victoire que ceux qui semblent aujourd'hui victorieux et invulnérables à tous les coups du sort.

Car la Justice est enfouie ici avec Flocon, et tout le monde sent que la Justice renaîtra et vaincra!

Les peuples, qu'ils le sachent ou non, sont avec Flocon; et les peuples auront aussi leur jour; alors ils se souviendront; ils se repentiront d'avoir tant oublié; ils s'étonneront que de telles vertus, si patientes, si robustes, aient eu une si dure récompense. Ils glorifieront le citoyen inébranlable qui emporte en ce moment le bon Droit avec lui sous la terre, pour le conserver et le défendre contre les injures et les rires des puissants d'aujourd'hui.

Adieu, Flocon! adieu, cher compagnon des mauvais jours! Va rejoindre Charras. Dis-lui qu'il y a encore ici des âmes fidèles. Dis-lui que le monde marche; que les yeux des aveugles s'ouvrent; que les chaînes qui lient les peuples commencent à s'user; que tant de tombes n'ont pas été stériles; que la vérité en sort; que les nations se lassent de l'ancien joug; que les longs exils ont produit leur enseignement; que les cœurs se relèvent; que les vivants espèrent; que bientôt ils réclameront le droit perdu; que, de toutes parts, le monde attend la lumière et l'émancipation pour lesquelles vous avez si noblement dépensé votre vie.

X

DISCOURS SUR LA TOMBE DE MICKIEWICZ (1)

Veytaux (Suisse), 21 mai 1867.

Une tombe, une sculpture, un nom, quelques hommes rassemblés autour de la mémoire d'un poëte immortel, est-ce là tout ce qui reste d'un peuple? Est-ce bien tout ce qu'on nous a laissé de la Pologne?

Qu'en dirait Adam Mickiewicz, si son esprit parlait au milieu de vous, dans ces secondes funérailles?

Tel que je l'ai connu, il ne serait point ébranlé dans sa foi, ni déconcerté en rien par ce qui se passe dans le monde et par tant de démentis donnés à ses espérances.

Le spectacle de quelques amis persévérants réunis aujourd'hui, et la voix de ceux qui s'y joignent de loin, couvriraient pour lui toutes les apparences de désastres et de ruines.

---

(1) Lu par un ami, à l'occasion de l'inauguration du monument à Montmorency.

Pour lui, la Pologne serait debout avec vous.

Il dirait que les peuples ne se suppriment pas par un ukase, comme un objet de contrebande, tant qu'ils s'obstinent à vivre ;

Que la mémoire des grands morts est une puissance invincible pour les vivants ;

Que l'on peut bien enlever par effraction à un peuple ses lois, ses foyers, mais qu'on ne peut lui ôter ses aïeux. Et tant qu'une parcelle subsiste de cette poussière sacrée, elle engendre dans les tombeaux la vie nouvelle et jette le défi aux déprédateurs des nations et aux ukases qui décrètent le néant.

Nous avons vu de nos jours trois peuples que tout le monde disait morts et qui sont ressuscités sous nos yeux : la Grèce, la Roumanie, l'Italie.

Ne doutez pas que le même miracle se fasse pour la Pologne. Elle n'est pas plus enfouie dans la mort. Il n'est pas permis de ne pas croire à son réveil.

Voilà ce que dirait Adam Mickiewicz. Et nous, que dirons-nous de lui ?

Qu'il a laissé à sa patrie une armure invincible pour la couvrir et la protéger dans le sépulcre.

Et cette armure, quelle est-elle ? Les œuvres de son génie, une langue immortelle qui, de générations en générations, résonnera dans le cœur des hommes et bravera la dent des siècles et des czars.

Ils ne pourront l'abolir cette langue plus durable que les empires. Tant que les paroles du poëte survivront, on entendra dans le monde une voix d'airain répéter sur toute la terre :

« Non ! la Pologne n'est pas morte ! »

XI

LETTRE SUR LA BATAILLE DE CUSTOZZA

Veytaux, 28 juin 1866.

Le premier échec de Custozza ne doit certainement pas affecter trop vivement les Italiens. Les guerres les plus heureuses ont souvent commencé par de semblables mécomptes. Cet insuccès peut même devenir utile si les généraux italiens reconnaissent que le plan de campagne a été la principale cause de l'échec du 24. La double attaque sur le Mincio et sur le Pô était trop étendue; il faudra, je pense, revenir de la pensée fatale d'avoir voulu livrer deux batailles à la fois. Cela ne réussit, pour ainsi dire, jamais.

On se rappellera sans doute que le principe d'un double mouvement, l'un par le roi, l'autre par Cialdini, présentait trop de dangers.

Si les 60,000 hommes de Cialdini au lieu d'avoir été détachés vers Ferrare, où leur présence a été inutile, se fussent trouvés réunis à l'armée du Mincio, Custozza eût été une victoire. De cette expérience il résulte que les Autrichiens ayant pour eux l'avantage des positions fortifiées, les Italiens doivent se donner l'avantage du nombre. De là la nécessité de ne point faire de détachements, mais de former une seule armée, de marcher bien réunis, de n'attaquer qu'avec toutes les forces rassemblées, de ne pas vouloir forcer à la fois le Mincio et le Pô, mais de faire la trouée sur un point, sur un seul point, et pour cela, encore une fois, il faut se concentrer, n'avoir *qu'une armée* et renoncer aux expéditions séparées et à une ligne trop étendue.

EDGAR QUINET.

(A M. Ricasoli,
Président du Conseil.)

XII

LETTRE SUR L'ALLEMAGNE

(*A* UN DÉMOCRATE ALLEMAND.)

Veytaux, canton de Vaud (Suisse), 20 janvier 1867.

Monsieur,

Dans votre généreuse lettre, j'aime surtout à voir un serrement de main de la démocratie allemande à la démocratie française. J'y réponds à la hâte, mais de grand cœur. Un signe semblable de sympathie, à travers d'inévitables dissentiments, n'eût pu se trouver en 1813; il eût été même difficile à rencontrer en 1830 et en 1848. Vos nobles paroles auront de l'écho des deux côtés du Rhin.

Vous avez vu clair dans ma pensée. Ce n'est pas vous, monsieur, qui m'accuserez de vouloir (chose impie!) brouiller la France et l'Allemagne. Leur alliance m'a toujours paru le salut de nos temps; et je ne dis pas seulement l'alliance des cabinets, mais l'intime communication des esprits, qui, différents en tant de points, sont faits pour se compléter les uns par les autres. Le jour où cette union s'accomplira véritablement, sera une des grandes dates de la civilisation. Tous les hommes amis de l'humanité applaudiront à la fois. Pour ma part, je n'ai cessé de travailler à préparer ce jour ; je n'irai pas me démentir en ce moment.

Pour qu'une pareille union se forme loyalement, la main dans la main, que faut-il, monsieur? La lumière. Et qu'est-ce aujourd'hui que la lumière pour les peuples? La liberté. C'est elle qui, en les enveloppant, dissipera les préjugés, les ombrages qui les séparent encore.

Des deux côtés du Rhin, les peuples se sont entredéchirés, parce qu'ils ne se connaissent pas; parce qu'ils ont été systématiquement aveuglés les uns sur les autres, parce qu'ils se sont formé des chimères qui ne profitaient qu'à la commune servitude.

Qu'ils se voient enfin tels qu'ils sont ; qu'ils ouvrent les yeux. Ils s'étonneront de leurs anciennes disputes. Ils se verront liés au même char de lumière. Ils apercevront, devant eux, même œuvre, même carrière, même but : demander la liberté pour la France, c'est donc la demander pour l'Allemagne et réciproquement. Comment serait-ce blesser l'une que de réclamer pour l'autre des garanties dans la vigilance de l'esprit public.

Le sommeil de l'une ne peut profiter à l'autre, bien moins encore l'ignorance et la nuit. Car il est certain que si, par l'anéantissement croissant de l'esprit public, l'obscurité se faisait sur la France, ou sur l'Allemagne, ou sur toutes deux à la fois, ces deux grandes nations couvertes de leurs grandes armées, marchant dans la nuit, côte à côte ne pourraient manquer de s'entrechoquer tôt ou tard.

Ce serait bien en vain que nous leur crierons alors dans les ténèbres: « Soyez amis, vivez en frères! Vos déchirements ne profitent qu'aux maîtres. » Nos voix ne seraient entendues de personne. Trop de gens auraient intérêt à les étouffer. La nuit s'épaississant, des deux côtés du Rhin, dans la conscience et dans l'intelligence, ce choc que vous tenez à bon droit pour monstrueux, qui vous fait horreur, que pourtant il faut prévoir, si nous voulons l'éviter, se produirait infailliblement un jour, au gré de l'ambition de quelques hommes, pour la honte et la ruine des deux peuples. La civilisation européenne, qui a besoin de tous les deux, reculerait pour un temps qu'il serait impossible de marquer.

Oui, monsieur (et en cela vous serez sûrement de mon avis) : plus les armées contemporaines que chaque État met aujourd'hui en ligne sont colossales, plus il est nécessaire que les peuples voient clair dans la destination de ces armées. Il faut qu'ils sachent ce que l'on veut faire de ces prodigieux engins de destruction. Les voilà avec des forces militaires qu'ils n'ont jamais eues à ce degré, avec des bras de géants, qu'ils tendent au hasard dans l'espace. Ayant ces bras de géants, ne serait-ce pas une pitié s'ils gardaient des esprits d'enfants, des têtes d'enfants, sans s'inquiéter de savoir où, comment, contre qui, à quels projets doivent servir leurs forces déchaînées ? Avouons-le : ce serait pis qu'un retour à la barbarie. Ce serait retomber de la virilité à l'enfance.

Travaillons donc, monsieur, en commun, à réclamer des deux côtés du Rhin, la liberté et la lumière, puisque c'est le seul moyen d'empêcher que deux grandes nations ne se heurtent et ne se brisent, au milieu des ténèbres, dans la main de leurs chefs. Il n'est aujourd'hui pour aucun de nous une plus noble tâche à remplir. En défendant la France, j'ai défendu l'Allemagne. Vous l'avez compris ; vous avez osé le dire.

Recevez, monsieur, etc.

EDGAR QUINET.

XIII

MENTANA

(Au rédacteur du DIRITTO.)

Monsieur,

Je lis dans le *Diritto* qu'il est interdit aux officiers et aux soldats de saluer le général Garibaldi au Varignano. Tout ce que je sais, c'est que la terre entière le salue, et qu'il n'est pas de peuple qui n'envie aux Italiens de posséder un si grand homme.

Peut-être les lettres écrites au général Garibaldi ne lui arrivent-elles pas. Je prends la liberté de vous envoyer une copie de celle que je lui ai écrite dernièrement, et je vous laisse libre de la publier, si rien ne s'y oppose.

Recevez, Monsieur, l'expression de mes sentiments les plus distingués.

EDGAR QUINET.

12 novembre 1867.

Mon cher et grand Garibaldi,

Lorsque j'eus l'honneur de vous écrire au Varignano, j'ignorais le rapport télégraphique du général français, commandant les troupes papales et françaises à Mentana. Quelle glorieuse confession pour vous la vérité a arrachée à vos adversaires !

Ils confessent que leur présence était urgente à Rome pour la sauver.

Ils reconnaissent ainsi, et le monde le saura, que, sans l'invasion étrangère, vous auriez donné Rome aux Italiens.

Et quelles terribles confessions au point de vue militaire ! L'armée française et le Pontife avaient tous les avantages : ceux du nombre et de l'organisation. Ils avaient une nombreuse artillerie (14 pièces), des armes de précision portées à la perfection, des fusils à aiguille, des fusils Chassepot. — Qu'aviez-vous à opposer à de telles forces ?

Quatre mille jeunes gens sans instruction militaire, arrivés récemment sur le champ de bataille, sans vivres, sans provisions, à peine armés de vieux fusils de rebut et presque brisés, sans chaussures, et ayant les communications interrompues par le gouvernement italien.

A parler avec vérité, vous aviez sur les bras trois armées. Et avec cela, qu'avez-vous fait? Une chose sans exemple. Vous avez, pendant toute la journée du 23, opposé une ferme résistance aux troupes alliées. D'après leur propre confession, malgré l'écrasante supériorité de l'armement, ils n'ont pu vous rompre sur aucun point.

Les vôtres ont dormi sur le champ de bataille de Mentana; ils n'ont nullement été inquiétés la nuit. Les troupes alliées n'ont pas même attaqué les avant-postes. De cette manière vous avez eu toute la nuit pour continuer, sans être molesté, avec le gros de votre petite armée, la retraite qu'ils avaient principalement cherché à empêcher.

Vos adversaires n'ont donc réussi en rien de ce qu'ils voulaient. L'arrière-garde que vous aviez laissée à Mentana n'a nullement été forcée; elle s'est maintenue jusqu'au lendemain dans sa position. Voyant alors que le combat avait perdu sa signification contre les trois armées, malgré cela elle n'a pas un instant perdu courage, mais a fait une capitulation régulière et honorable.

Voici, cher et grand général, ce que tout le monde dira en Europe de la journée de Mentana. Elle sera considérée pour vous et vos héroïques compagnons d'armes comme l'une des plus glorieuses. On verra l'immense différence des forces, et, malgré cela, la victoire disputée jusqu'au dernier moment.

Une poignée d'hommes sans armes a tenu en échec, en rase campagne, des alliés qui avaient pour eux tous les avantages, et derrière eux deux ou trois puissances.

Que vos amis soient fiers d'une telle journée; ils en ont le droit. Quant à moi, mon seul bonheur et mon seul orgueil est de me dire

Votre ami,

EDGAR QUINET.

XIV

SUR LA PEINE DE MORT

Veytaux (Suisse), 6 février 1868.

Monsieur,

Vous me demandez ce que je pense des discours prononcés sur l'échafaud de Moudon après l'exécution du condamné. Je n'ai pas lu ces discours; je les crois et les suppose excellents, mais il y a un point qui me frappe et qui domine tout le reste.

Je ne conçois pas la parole, sermon ou discours, sur la plate-forme de l'échafaud, en face du cadavre décapité du supplicié.

Le silence seul peut répondre à l'horreur d'un pareil moment; toute parole, même la meilleure, restera au-dessous d'un spectacle de ce genre.

C'est à l'échafaud de parler et de s'expliquer lui-même; il doit porter sa leçon avec lui; le sang versé parle assez haut.

S'il en est autrement, si l'échafaud a besoin d'être expliqué à la foule et commenté du haut de la plate-forme par le prêtre ou par le magistrat, que faut-il en conclure?

Une chose, et la voici : l'échafaud n'est plus compris de la foule, puisqu'il faut qu'on l'explique ; il n'est plus soutenu par l'esprit du temps, puisqu'il a besoin d'être soutenu par des discours.

C'est le signe certain, avant-coureur de sa disparition prochaine.

EDGAR QUINET.

XV

A LA SOCIÉTÉ D'HISTOIRE ROMANDE (1)

3 septembre 1868.

Depuis dix ans, je passe tous les jours au pied des tours de Chillon.

Je vois les locomotives des chemins de fer et les bateaux à vapeur jeter leurs bouffées de fumée à la face des vieilles murailles féodales. Je me dis : Voici l'esprit de l'avenir qui emporte les peuples vers des destinées nouvelles ; il siffle, en passant, le spectre du moyen âge pétrifié derrière ces créneaux.

Aujourd'hui, votre Société savante, avide de lumière, se réunit ici près des souterrains où a été enchaîné l'esprit moderne dans la personne de Bonivard.

Vous célébrez la victoire de l'esprit dans les lieux où il a été le plus opprimé.

(1) La Société d'histoire de la Suisse française s'étant réunie le 3 septembre, dans le château de Chillon, au banquet M. Edgar Quinet a prononcé le discours suivant. (*Note de l'Éditeur.*)

Il en sera ainsi, je n'en doute pas, sur toute la terre, de tous les souterrains grands ou petits où languissent encore enchaînées la conscience et l'intelligence humaines.

Le moment approche où tous les engins de la servitude serviront à glorifier la liberté conquise.

Plus d'un peuple est encore lié, dans les ténèbres, aux colonnes d'un caveau et enterré vivant dans son château ou dans sa bastille de Chillon.

Chacun de ces grands prisonniers sortira de cette nuit et fêtera, à son tour, comme vous, sa délivrance.

A M. Vuillemin, au continuateur et à l'émule heureux de Jean de Muller!

Au savant historien du château de Chillon!

A la Société d'histoire de la Suisse romande!

A la prospérité de la Suisse! Elle ne peut avoir d'autres ennemis que les ennemis de l'espèce humaine!

XVI

PAS DE PROGRÈS EN DEHORS DE LA LIBERTÉ

LETTRE AU CONGRÈS DE LA PAIX ET DE LA LIBERTÉ
A BERNE

Veytaux (Suisse), 20 septembre 1868.

Messieurs,

A mon vif regret, des circonstances particulières m'empêchent d'assister au congrès de Berne. J'ai du moins l'honneur de communiquer au congrès l'adhésion motivée de l'Association ouvrière de Foggia (Italie), qui m'a nommé son délégué.

Cette association italienne ne sépare point le progrès économique du progrès politique. Elle s'inscrit contre tous les genres de despotismes ; sur cela, j'accepte de grand cœur son mandat : de près ou de loin, j'y resterai fidèle.

Il ne peut pas y avoir de progrès réel pour l'ouvrier, non plus que pour toute condition humaine, en dehors de la liberté.

Dire que l'on reste étranger aux questions de

gouvernement, c'est se placer en dehors et au-dessous de la vie publique.

C'est se condamner volontairement à former une caste inférieure, où le progrès et la vie ne peuvent pénétrer.

Tant vaut l'homme, tant vaut son œuvre. Ce n'est pas en abaissant l'homme que l'on élèvera le salaire.

Au contraire : développez l'homme dans l'ouvrier, il arrivera que l'ouvrier aura plus de valeur, et cette valeur se communiquera à la chose qu'il produit, sa situation entière en sera augmentée et améliorée.

En résumé, la liberté, c'est la vie, l'honneur, la valeur par excellence. Point d'avenir ouvrier ou bourgeois, ou même humain, sans liberté.

La chose produite par l'esclave est sans valeur pour lui.

Sortons donc d'esclavage. C'est là aussi le premier et le dernier mot de la science économique.

EDGAR QUINET.

XVII

LE CONCILE

Veytaux (Suisse), le 9 juin 1869.

Monsieur,

Recevez, avant tout, mes excuses.

Il ne m'a pas été possible de répondre plus tôt à l'honneur que vous m'avez fait de m'inviter à me joindre aux amis de la liberté, convoqués par vous à la prochaine assemblée de Naples.

Vous avez conçu, Monsieur, un noble projet; puisse-t-il avoir toutes les heureuses conséquences que vous êtes en droit d'espérer.

Le concile de Rome, en poussant tout à l'extrême, provoquera, je le pense, un réveil de l'esprit humain; par là nos ennemis nous serviront peut-être autant que nos amis.

Un Bonaparte, déjà cardinal, n'a plus qu'un pas à faire pour occuper le Saint-Siége. Le monde est-il destiné à voir un Napoléon Bonaparte pape, armé de l'infaillibilité et du Syllabus? Si cela arrive, la papauté sera bien près de son Waterloo.

Que l'Italie nous aide à reconquérir le terrain perdu depuis vingt ans, pour la liberté, la philosophie et la civilisation.

Nous savons bien que les grandes causes auront à la fin la victoire. Mais il s'agit d'épargner à des générations entières le supplice de l'inaction ou de l'impuissance. De grands signes de renaissance morale et politique éclatent en ce moment : à l'œuvre donc tous les hommes qui tiennent à la dignité de la nature humaine !

Cette heure, si vous savez en faire usage, sera bonne pour l'Italie, pour la France et pour l'humanité. Je fais appel à tout ce qui est jeune, à tout ce qui espère.

Que les générations qui s'élèvent ne se laissent plus effacer du livre de vie.

L'Italie est près du mal, elle le voit et le touche ; mais aussi elle porte en elle le remède.

Votre tout dévoué,

EDGAR QUINET.

A M. I. RICCIARDI,
Député au Parlement d'Italie à Naples.

XVIII

LA GUERRE

Veytaux (Suisse), 18 juillet 1870.

La voilà donc cette guerre horrible entre les décembristes et l'Allemagne. La France ne sait pas même de quoi il s'agit. Elle n'a pas été consultée. Pour les décembristes, c'est un besoin de couvrir leurs crimes; ils veulent dépayser, égarer la nation. Ils savent que la guerre est le meilleur moyen d'abrutir la nation que l'on conduit à un stupide carnage. On leur demandait compte de leurs scélératesses, ils espèrent tout brouiller dans le sang. S'ils ont un succès, prolongement d'esclavage pour dix ans. Battus, ils espèrent que la nation s'identifiera à eux. Voilà leur calcul. Aussi quelle précipitation insensée! Ils pensent n'avoir rien à perdre dans la ruine publique.

Spectacle horrible! une nation conduite à l'abattoir par le plus vil des hommes.

Les Prussiens ne veulent pas renverser l'homme du Deux-Décembre; il est pour eux le gardien de l'esclavage de la France. La guerre, dans ce cas, ne serait poussée à outrance, ni d'une part ni de l'autre. On débute comme dans les guerres du dix-huitième siècle. Mais ces calculs d'aventuriers peuvent être trompés.

Où se fera l'attaque? Le but prochain doit être de séparer de la Prusse l'Allemagne du Sud. Si l'on débouche vers le Haut-Rhin, on refoule le Sud de l'Allemagne sur la Prusse. Fausse manœuvre.

Pour séparer de la Prusse son aile gauche, il faudrait déboucher par le Mein. Mais on ne peut y songer.

Reste donc un point, entre Strasbourg et Bâle, et l'on n'aura séparé que la plus faible portion de l'Allemagne du Sud. Résultat très médiocre.

De plus, une armée française qui déboucherait de Kehl aurait sur ses derrières les Prussiens de la Bavière rhénane à Saarbruck, sur la Saar.

Je suppose un succès. Vous verrez aussitôt le second empire bâcler une paix de Villafranca, pour le prix des Français morts sur le champ de bataille; vous verrez la conquête d'un peu de fumée. On répétera que le second empire ne vit que de gloire, n'est fait que pour la gloire; et la France, qu'on aura abêtie entre la crainte et l'espérance, se vautrerait aux pieds du triomphateur.

Pas une seule garantie solide contre l'Allemagne. Il ne peut être question de la prise et de la conquête de la rive gauche du Rhin; pas une seule conquête véritable, mais de l'apparence, de la jactance, de la servitude. Le système décembriste sera raffermi. Voilà quelle serait la conquête. Ce sont les coquillages que Caligula rapportera encore une fois de sa campagne sur l'Océan. Amis de la liberté, cette guerre se fait contre nous !

Au fond de tout cela, une chose incroyable : c'est l'inertie, la stupeur des hommes ; ils n'ont plus la force, non pas de s'indigner, mais même de s'étonner. On les pousse à la boucherie, ils le savent, ils s'y traînent, aveuglés, abêtis, silencieux, sans pensée, sans souvenirs, déjà changés en cadavres. Qui a fait ce miracle ? Vingt ans d'esclavage.

Hier, ils répétaient encore : *L'empire c'est la paix*. Aujourd'hui, on les pousse par masses à une guerre dont ils ne veulent pas, qu'ils ne comprennent pas, et ils n'ont pas le cœur même de s'interroger. Ils sont assoupis ; et de quel sommeil empoisonné ! Est-ce la mort qui les réveillera ?

19 juillet. — Le *Times* commence ainsi un long article : « Le plus grand crime national que nous ayons eu la douleur de constater depuis l'établissement du second empire vient d'être consommé. La guerre est déclarée, une guerre injuste, mais préméditée. »

Le plus grand crime! Cet homme, chargé de

crimes depuis vingt ans, sentait que la conscience publique s'éveillait, que le moment approchait où elle lui en demanderait compte. Il croit qu'il lavera ces années d'infamie dans l'extermination. Tous ceux qui ont été ses complices ou qui le sont devenus voyaient aussi arriver pour eux l'heure où la lumière se ferait sur tant de scélératesses ; ils se sont mis aussitôt à crier : Guerre ! guerre !

La terre a-t-elle jamais rien vu de plus hideux que ce chef des criminels et sa bande, jouant au patriotisme !

Ils invoquent la Convention ! Tous ces infâmes s'enveloppent, disent-ils, dans le drapeau. Leur susceptibilité nationale ne peut souffrir la moindre atteinte.

La conscience publique leur a répondu enfin par le mot que nous seuls répétions dans l'exil : « Crime ! » Le plus grand des crimes. Voilà l'écho à leurs hurlements.

Au reste, dans leurs journaux, nous lisons que cette guerre est dirigée *contre nous* qui nous obstinons dans la justice ; voilà ce qu'ils avouent. Ne l'oublions pas.

Jeudi 21 juillet. — Quand les armées sont en présence, quand la terre est peut-être déjà rougie de sang, que peut la parole d'un homme avide de justice ? Elle est couverte par le fracas de la guerre. Qui voudrait l'entendre? L'attente, le silence, l'angoisse, voilà tout ce qui lui reste.

Il ne peut qu'une chose : élever son esprit au-dessus de la bataille, tenir son cœur en paix avec lui-même, redire à tous les échos que ces hommes qui sont précipités les uns contre les autres par l'effet d'une seule volonté ou d'une fantaisie personnelle, étant amis hier, qu'ils sont destinés à le redevenir demain.

Que ne puis-je empêcher de se haïr ceux qui vont s'entre-tuer aujourd'hui!

La vraie barbarie est cette haine de race à race, de peuple à peuple, qui s'engendre dans le carnage. Car elle survit aux morts et elle empoisonne l'avenir.

C'est la vapeur qui s'élève des champs de bataille; elle glace jusqu'aux générations futures.

Ne laissons pas, comme cela est toujours arrivé en de pareilles occasions, toute notion de droit, toute lueur de liberté s'éteindre dans le sang.

Les hommes se lasseront de s'égorger au profit de quelques-uns ou d'un seul. Le soir venu, ils auront soif, non pas seulement d'eau, mais de vérités, de sympathies pour guérir leurs blessures.

Veillons sur ces vérités immortelles. C'est, après tout, l'arsenal invincible où chaque nation ira retremper ses armes. Humanisons la guerre.

Nous ne retournerons pas à la barbarie si nous

savons nous défendre de haïr autre chose que la servitude. La journée sera à celui qui ne jettera pas ses meilleures armes, sa liberté, sa conscience, son esprit d'humanité, aux pieds d'un maître.

Aujourd'hui, les hommes qui ont foi dans le progrès humain par la justice sont dispersés. Peut-être un jour viendra où l'on se rappellera que quelques-uns n'ont jamais désespéré des armes de la liberté et de la raison.

LETTRE
SUR LA
SITUATION RELIGIEUSE & MORALE
DE L'EUROPE

A EUGÈNE SUE
(1856)

LETTRE

SUR LA

SITUATION RELIGIEUSE ET MORALE

DE L'EUROPE

A EUGÈNE SUE

Que vous dirai-je, mon cher ami? Vous faites appel aux hommes de bonne volonté, qui se souviennent encore de la dignité humaine; vous les invitez à dire ce qu'ils pensent sur la question morale qui comprend toutes les autres et seule fait la différence entre l'homme et la bête. Mais de quoi nous est-il permis de parler? N'avons-nous pas un sceau sur la bouche? Ne vivons-nous pas à condition d'être comme les morts?

En quoi nous regarde l'homme? Ne sommes-nous pas de ceux qu'il est loisible de chasser, de traquer impunément de lieux en lieux, jusqu'à ce que la terre nous manque sous les pieds? N'est-ce pas un crime dans notre bouche que ces mots : justice, pitié, humanité? Pour peu que nous les répétions encore, n'est-il pas à peu près convenu que le feu et l'eau nous seront refusés?

Pourtant, mon ami, malgré ce qu'ils disent, je me souviens encore que je suis homme. Parlons donc de ce qui les touche le plus. Cherchons leur bien, leur dignité; ils feront après cela ce qu'ils voudront.

Pour ce qui me regarde, mon exil me plaît; je me le serais moi-même imposé. Je l'aime indépendamment d'une autre raison, parce qu'il me rappelle à chaque heure ce qu'il y a de grave et de vrai dans la destinée. A ce premier degré de la mort, j'apprends, j'entrevois chaque jour des choses qui m'auraient échappé sans cette épreuve. Je ne me suis jamais senti si libre que depuis que je suis banni.

Vous savez, mon ami, que peu de gens répugnent plus que moi à tout ce qui ressemble à un vain bruit. J'attends volontiers que la nécessité me provoque à rompre le silence. Alors si l'occasion commande, si une conscience noble, droite, me sollicite d'exprimer mon sentiment, non sur tel ou tel peuple, non sur tel ou tel gouvernement, mais sur l'un des intérêts universels de l'humanité, je reconnais là un devoir strict. Je le suis; j'y obéis; sans pouvoir y échapper plus qu'un autre.

Je veux savoir ce que je suis. Ou tous les droits de la condition humaine m'ont été retirés à la fois, et l'on ne m'a laissé qu'un simulacre de vie ; ou bien je fais encore partie de la société universelle ; et dans ce cas, je dois avoir comme tous les autres une pensée qui m'est propre sur le monde moral. Cette pensée, mon droit est de la soutenir, mon devoir est de la dire librement, sans crainte, comme il appartient à chaque membre de la famille humaine.

C'est vous, le romancier, qui proposez aujourd'hui la politique la plus positive, la plus pratique, là où tant d'hommes d'État de profession n'ont fait le plus souvent qu'un roman.

Oui, ce qu'il y a de plus effrayant au monde, c'est de voir des peuples, des États s'asseoir tranquillement à l'ombre d'une vieille religion morte. Quel silence, grand Dieu ! quelles ténèbres ! comme les plus simples notions s'effacent promptement ! et avec quelle rapidité la nuit descend dans l'âme des hommes !

Prêtez l'oreille, mon ami ! il y a de grands États, de grands peuples que je ne nomme pas, chez lesquels vous n'entendrez pas le battement d'un cœur, le souffle, la respiration d'une personne morale. Une société a-t-elle disparu ? C'est le silence d'une plage déserte.

La tribune anglaise ne parle plus que pour

vendre ce qui reste de vérité et d'honneur sur la terre.

Sommes-nous donc seuls désormais dans l'univers moral? S'il en est ainsi, c'est bien! sachons au moins mourir debout.

Notre grand Arago soutenait que la vie physique de ce globe peut finir et s'arrêter un jour, faute d'air respirable. Et le monde moral! et la vie des intelligences, qu'en dirons-nous? ne les voyons-nous pas s'évanouir faute d'air, et périr d'étouffement?

Combien déjà ont pris un autre visage et que nous aurions peine à reconnaître depuis que leur cœur s'est abaissé! et qu'il est vrai de dire que les générations serviles sentent de loin le cadavre!

De l'air! de l'air! voilà ce qui manque au monde. Mais il n'ose le dire; si nous le disons pour lui, il nous dénonce.

Que l'esprit humain, s'il fut jamais infatué, regarde les temps où nous sommes et qu'il s'instruise à son tour! qu'il voie, lui aussi, combien il est chose fragile et comme il est aisé sinon de l'extirper, au moins de l'ensevelir vivant! Venez, vous tous, grands esprits pratiques, les plus accrédités près du bon sens, Bacon, Montesquieu, Mirabeau, qui avez dit cent fois que votre lumière ne serait plus éclipsée, que les ténèbres ne peuvent rien contre le jour immortel! Venez, regardez, voyez ce qu'ils ont fait de vos divines clartés ! Cet être cupide, endurci, sourd, hébété, avili, qui passe et qui rampe, est-ce bien là l'homme que vous avez connu et que vous nous avez promis ? donnez-vous le spectacle orgueilleux de cet abaissement des intelligences encore plus que des caractères ! car qui peut dire où il s'arrêtera ? Et que Pascal aurait aujourd'hui beau jeu, après avoir bafoué l'ange, à contempler la bête !

Je viens de relire le morceau écrit par Jouffroy vers 1825 : *Comment les dogmes finissent*. Il a analysé avec une sagacité admirable tous les enseignements qui étaient offerts dans le passé et dans les faits accomplis sous ses yeux. Mais combien il est loin du vrai et de la réalité, dès qu'il essaye de soulever le voile du lendemain, pour pénétrer au delà du moment où il écrivait. On souffre aujourd'hui en voyant l'espérance exaltée qu'il mettait dans les hommes de son temps !

Il croyait (et il a légué cette erreur à beaucoup d'hommes de nos jours), il croyait qu'une religion morte, vaincue par la raison, ne peut plus être un obstacle, un danger pour les sociétés humaines. Le faible des philosophes, des écrivains dans les affaires d'État a toujours été de penser qu'un dogme est fini quand ils l'ont réfuté, et qu'il suffit de montrer la lumière aux hommes pour qu'ils se dégoûtent des ténèbres. Les hommes de 1825 ne savaient pas qu'après que la discussion est close, quand les dogmes morts n'ont plus rien à répliquer, ils se pétrifient; devenus sourds à toute vérité, capables seulement d'outrages, ils ont sous cette forme la puissance d'inertie et d'étouffement qui tient de la nature aveugle. Le paganisme avait été vaincu cent fois par l'esprit des philosophes qu'il pesait encore comme la pierre du sépulcre; sans le marteau du Centurion, ses temples seraient encore debout en Occident, comme ils le sont dans les Indes orientales.

Il est vrai, il est certain que la discussion est close avec le catholicisme, puisque, sauf l'injure, il reste muet à toute contradiction. La parole, la vie n'ont plus de prise sur ces corps pétrifiés; ils n'en sont que plus redoutables.

Car, sous cette forme aveugle, muette, les dogmes vieillis ne sont plus, pour ainsi dire, que le cadavre d'une religion; et si la société par un effort quelconque ne s'en délie, elle devient elle-même cadavre, sous cette ombre de mort.

Autre point non moins important que la fin prématurée de Jouffroy l'a empêché de saisir; il est mort à temps pour ne pas voir les choses que je vais dire. Les années pesantes qui ont passé sur nous depuis 1825 nous permettent de continuer le tableau qu'il a commencé.

Voici ce qu'il eût vu, et, sauf l'identité des

termes, ce qu'il eût dit, si sa vie n'eût été abrégée avant l'âge :

Quand, après une longue lutte contre l'ancien dogme au nom de l'idée nouvelle, les philosophes, appuyés du concours et des espérances de tous, obtiennent la victoire et que le pouvoir si longtemps désiré tombe enfin entre leurs mains, il arrive une chose que personne n'avait pu prévoir. C'est que les philosophes trouvent une telle douceur dans la domination, qu'ils oublient les idées au nom desquelles ils l'ont reçue ; et, sans s'occuper davantage de la vérité, ils ne songent plus qu'à goûter en paix l'autorité acquise. Alors ils découvrent, en premier lieu, que l'ancien dogme, si longtemps attaqué par eux, est le meilleur frein pour retenir les hommes sous le joug ; et ils mettent tout leur art à réparer ce frein qu'ils avaient brisé et qui leur paraît divin depuis qu'il est en leur puissance. Car ils obtiennent par là le double avantage de vivre en paix avec l'ancien ennemi et de réprimer leurs partisans devenus leur principal embarras.

Maîtres du pouvoir, les philosophes font alors cette seconde découverte : que leurs systèmes n'étaient rien autre chose, après tout, que le fondement, l'explication du vieux dogme, sous une autre forme. Après avoir voulu l'anéantir, ils l'édifient de nouveau ; ils s'en proclament les plus intelligents défenseurs. Alors on voit des choses incroyables. Ceux qui avaient passé leur vie à railler les vieux dogmes prennent tout à coup un masque grave, composé.

Les uns se convertissent avec éclat à la religion qu'ils ont tout fait pour renverser, et ils renient en secret leur conversion publique. Les autres, plus timides, et qui gardent encore une apparence dans le parjure, déclarent qu'il est de bon goût de cesser les attaques contre des choses sacrées. Quand ce mot a été prononcé, tout est fini; la vanité se trouve intéressée à respecter la servitude. Il ne manque plus qu'une occasion pour la faire éclater. Cette occasion ne tarde pas à paraître. Est-il un lieu sur la terre où le dogme vieilli chancelle et s'écroule de lui-même; aussitôt ses adversaires de la veille, les sceptiques redevenus croyants depuis qu'ils règnent, se précipitent à sa défense; ils le rétablissent de vive force, par les armes, par le fer, par le sang.

Dans ce concert d'apostasies effrontées ou cachées, s'il se trouve quelque penseur qui rappelle aux philosophes les idées pour lesquelles ils ont vaincu; s'il leur demande de profiter de leur autorité pour asseoir la doctrine nouvelle ou pour la développer; s'il les adjure de tenir leurs promesses; s'il invoque la foi reçue, les luttes entreprises en commun pour la cause sainte, celui-là n'est plus qu'un embarras; il devient promptement odieux. Qu'il poursuive l'ancienne lutte, les nouveaux vainqueurs se joignent aux vaincus pour l'accabler; car désormais leur cause paraît inséparable. Sans se laisser décourager par la défection, si l'apôtre fidèle continue de marcher tête haute dans la voie où tous s'étaient rencontrés d'abord; si, au mépris de son intérêt propre, il poursuit avec sa foi première le travail de la liberté, la conquête du vrai; s'il garde sa croyance, son culte persévérant dans les idées, et s'il convie les autres à la clarté héroïque de ce flambeau, alors il faut le perdre. L'ironie, le persiflage, le dédain, l'outrage pleuvent sur lui; ce n'est plus qu'un imprudent qui veut tout compromettre; il faut jeter cet ancien compagnon d'armes en proie à l'ancien ennemi. Dans tous les cas, le silence, l'oubli, feront raison d'un esprit incommode qui s'obstine à penser, quand c'est l'heure pour tous ses compagnons de jouir en paix de la domination usurpée. Il est enseveli vivant; il meurt au loin, seul, à l'écart; personne ne se souvient qu'il a vécu.

Cependant, relevé, réhabilité par les libres penseurs, le vieux dogme n'attend qu'une occasion de se dégager de leurs mains. Ils croyaient, en le protégeant, le patronnant, s'en faire un allié; le dogme, une fois réparé, leur échappe. Tout indigné d'avoir subi de tels patrons, il se retourne contre eux et leur ôte ce pouvoir qui n'était qu'une fraude.

C'est la chute de la philosophie.

Elle tombe sans bruit, déconsidérée, dégradée aux yeux des peuples ; et Dieu sait ce qu'il faudra de merveilles pour la relever jamais ! Car le plus grand nombre hait principalement ce qui lui semble un parjure. Les apostats de la libre pensée, courbés, agenouillés volontairement aux pieds des hommes de l'autorité aveugle, font paraître ceux-ci plus grands que nature. On ne peut s'empêcher de les comparer ensemble ; le reniement des uns relève la constance, la perpétuité des autres, qui du moins ne se sont jamais démentis.

Peu à peu, en voyant que les affranchis de la veille se sont eux-mêmes refaits esclaves, l'opinion se déconcerte ; le mépris s'étend des personnes jusque sur les idées. Aux meilleurs, elles paraissent un piège, aux ambitieux une duperie, aux parvenus un danger, aux penseurs un reproche.

Tous s'en éloignent également par différents chemins avec colère, avec terreur, avec repentir, avec honte. Une génération s'avance tête basse, sans qu'aucune pensée luise sur son front. Un vide étonnant, inconcevable, inconnu se fait dans l'esprit humain. Les idées les plus simples deviennent une fatigue. Le niveau de l'intelligence baisse à vue d'œil ; l'âme se retire, la voilà qui cède de toutes parts à la matière.

Chacun ayant voulu à son tour se servir de l'ancienne religion comme d'un frein ou d'un instrument, et l'ayant réparée à sa guise, il ne reste plus une âme entière, une conscience droite, un esprit libre. Dans cette nuit, l'ancien dogme ose ce qu'il n'avait encore ni espéré, ni convoité ; il fait accepter des monstres de doctrine auxquels il n'eût jamais songé, si les philosophes ne lui eussent fait ces ténèbres. Alors des prodiges de lâcheté et de servitude se consomment dans l'ombre ! On entend comme un glas retentir sur la terre. On dirait des funérailles d'un monde.

Nouveau progrès dans la chute. Le lien des idées détruit, les hommes, en pleine civilisation, retombent dans une sorte d'isolement barbare. Vous pouvez alors, si cela vous plaît, les prendre, les lier, les garrotter ; ils n'en seront point offensés ; du moins, ils paraîtront ne point le sentir, soit dissimulation, soit peur.

Comme un troupeau, ils verront stupidement passer leurs compagnons enchaînés, et ils ne tourneront pas la tête pour demander où vous les conduisez. Car ils ne se doutent pas qu'il s'agit là d'eux-mêmes. Nulle sympathie, nulle pitié. C'est beaucoup s'ils ne se raillent pas de ceux qui souffrent our leur cause. Chacun, aussi longtemps qu'il n'est pas lui-même saisi au corps, restera insensible aux maux de tous les autres. En quoi cela le regarde-t-il? Vous pourriez alors, à votre gré, faire disparaître un peuple successivement, un à un, homme à homme, sans causer aucun trouble à ceux que vous épargneriez, et sans tirer d'eux un soupir!

C'est là, croyez-vous, le dernier terme, la crise salutaire et finale? Vous le pensez? Je n'oserais l'affirmer. Tant il y a de combinaisons fertiles, de degrés continus et surtout de surprises dans l'abaissement d'une société, une fois qu'elle s'abandonne les yeux fermés à la force ou au hasard!

Je craindrais trop de faire à mon tour comme Jouffroy, qui, dans sa sincérité de philosophe, n'a pu prévoir ni l'hypocrisie philosophique, ni quelle force elle possède pour relever les choses mortes. Si ma vie se fût arrêtée comme la sienne peu après 1825, assurément j'aurais nié d'avance comme lui ce que mes yeux ont vu plus tard. J'aurais rejeté comme une fiction impossible ces nouvelles formes de la servilité humaine auxquelles je suis bien obligé de croire, puisque j'y suis plongé et, pour ainsi dire, enseveli.

L'expérience nous ayant donc appris à nos dépens ce que tous les dons de l'esprit ne nous eussent jamais révélé, nous pouvons préciser aujourd'hui la question du monde moral, mieux peut-être qu'on ne l'a fait avant nous.

Comment arracher un monde à la mort qui l'enveloppe ?

Voici, en énervant les mots, pour n'offenser personne, la réponse qui se présente :

Il y a trois manières de toucher à une religion surannée et de la vaincre.

Premièrement, on peut la faire disparaître par l'autorité, par la force. C'est ainsi que le paganisme a été extirpé de vive force par les décrets des empereurs catholiques, les religions orientales par les califes, le catholicisme par les rois d'Angleterre, de Suède, de Danemark, le protestantisme par les rois de France, d'Espagne.

Ce que l'on peut dire de ce moyen, c'est qu'il est le seul qui ait réussi à anéantir une croyance ancienne. Toutes les religions qui ont disparu de la terre ont été effacées par la force et par l'autorité ; au contraire, il n'en est aucune, si folle, si insensée, si absurde que vous l'imaginiez, qui ait été détrônée et extirpée par la seule liberté de discussion. Tout le monde répète que la force n'a rien pu contre les croyances, et le monde entier est le témoin du contraire.

Secondement, on peut, au moyen de la discussion, essayer de remplacer une religion surannée par une forme nouvelle de cette religion. Dans ce cas, la force ne semble pas aussi nécessaire ; quoiqu'il n'y ait pas d'exemple au monde que la forme nouvelle ait remplacé l'ancienne sans que l'autorité s'en soit mêlée, et sans qu'elle ait fait taire au moins un moment ceux qui ont pour eux l'antiquité.

Troisièmement, on peut à une religion surannée opposer la pure lumière de la raison, de la philosophie. Mais le temps a montré que si vous ne laissez aux peuples un vestige au moins de leurs anciennes croyances, ils se croient égarés ; et ne pouvant s'élever d'un seul coup ni se maintenir sur les hauteurs de la philosophie, ils retombent inévitablement dans leurs plus anciennes formes, et redeviennent la proie de leurs superstitions les plus sordides.

De ces trois systèmes, si le premier est le plus efficace, il est en même temps le plus impraticable aujourd'hui. Nul ne peut en conseiller l'usage, puisque, indépendamment d'autres raisons, il y en a une capitale qui exclut l'incertitude; c'est qu'il suppose la force de l'autorité, c'est-à-dire les choses qui manquent le plus à ceux qui pourraient être le plus tentés de l'employer.

Le troisième moyen, tout philosophique et le mieux fait pour séduire, C'est aussi le moins sûr; et vous avez fait preuve d'un grand sens en l'excluant aujourd'hui, au risque de déplaire à quelques-uns ; car il en est qui pensent que les peuples pris en masse n'ont pas encore assez montré combien il est aisé de les renchaîner aux vieilles formes, tant qu'ils n'en ont pas adopté de nouvelles.

Reste à examiner le second système. Certes le progrès serait immense si l'on pouvait en un jour arracher les peuples au catholicisme qui représente la barbarie du moyen âge, et les attirer vers une des formes les plus modernes du christianisme. Ce serait les enlever au moyen âge, où ils gisent ensevelis, pour les transporter vivants dans le monde moderne.

Et parmi ces formes du christianisme, il n'a pu vous échapper que l'*Unitarisme* est celle qui se concilie le mieux avec nos temps ; car s'il conserve une ombre de l'antiquité chrétienne et s'il rassure par là l'esprit tremblant des peuples, de l'autre, il donne la main à la philosophie la plus hardie. En sorte qu'il semble tout préparé pour faire le pont sur lequel ils peuvent passer l'abîme sans vertige, sans crainte de s'y perdre, ni désir de retourner en arrière. L'Unitarisme n'est rien autre chose que la profession de foi du *Vicaire savoyard* qui a été si longtemps l'âme de la révolution française. De plus, l'Unitarisme a l'avantage incomparable d'être non pas seulement un livre, mais une institution é rouvée sur laquelle repose en partie et s'étend cet édifice merveilleux des États-Unis, qui semble croître à vue d'œil, pour notre orgueil et pour notre espérance.

Qui ne voudrait, qui ne souhaiterait que la parole d'un Emerson français, d'un Channing, retentît au milieu de la société française, dans nos campagnes et dans nos ateliers? Quels éclairs de vie morale ils feraient sortir de ces âmes en travail, et qui peut savoir où s'arrêterait cet apostalat d'une âme libre?

J'ose dire que nous avions commencé quelque chose de semblable au Collège de France et nous y avons travaillé dix ans Plus tard, lorsque j'ai lu la parole de ces grands hommes de bien, j'ai été étonné et fier de voir que dans le même temps nous disions à peu près les mêmes choses, aux deux bords opposés de l'Océan. J'en appelle au souvenir de ceux qui étaient là; il nous sont tous restés fidèles!

Venons à la pratique de la vie, que vous avez envisagée avec une si rare justesse d'esprit. Nous ne pouvons ni exiger, ni attendre du grand nombre un génie assez stoïque pour que les grandes dates de l'existence ne soient marquées d'aucune solennité.

L'homme ne se décidera pas à traverser la vie sans qu'aucune parole le relie à la société des êtres immortels; il ne veut ni entrer dans le monde, ni en sortir en secret, comme une feuille des bois qui naît, qui meurt, sans que personne le sache. Il a besoin d'un témoin qui réponde de lui devant la société des vivants et des morts. Force, grandeur, ou faiblesse, telle est sa nature. Nous ne la changerons pas. Lors même que nous ferions de lui le philosophe stoïque sur son roc immuable, resterait la femme, l'épouse, la mère, qui assurément ne consentirait pas à se priver de tout lien visible avec la société morale ; et les femmes feront ici la loi aux hommes ; elle retourneront infailliblement au passé, si elles ne sont retenues par un lien nouveau.

N'est-ce pas là ce que nous voyons à chaque heure du jour? Personne ne s'en étonne. Pour moi, c'est un spectacle auquel je ne m'accoutume pas, de voir un ami de la liberté donner par le baptême son enfant à l'Église qu'il ne cesse de proclamer l'ennemie de toute liberté. Et ce n'est pas l'exception, c'est la règle. La démocratie parmi nous est ainsi faite que tout enfant qui vient au monde reçoit en naissant le baptême et le sceau de l'ennemi de la démocratie. La jeunesse arrive ; l'adolescent est confirmé par la même puissance hostile. Dans la communion, il jure de rester fidèle à ce même adversaire qui de son côté lui jure une inimitié implacable. Après cela le mariage, puis la mort ; et cet ami de la liberté, depuis sa naissance jusqu'à son dernier jour, est à toutes les circonstances solennelles le témoin, le gage, le disciple, le client, la proie et le jouet de l'Église ennemie.

Que la démocratie européenne, que les amis de la liberté disent donc à la fin ce qu'ils veulent, et si c'est là un jeu qu'ils prétendent continuer longtemps. Comment ce fleuve, qui de son plein gré découle de la source de toute servitude, s'y plonge en naissant, pour s'y replonger encore et s'y engloutir à jamais, comment un homme de sens espère-t-il que ce soit la voie pour enfanter la vie, pour féconder la liberté? Qui ne serait effrayé de voir ces générations aveugles se repousser l'une l'autre sans répit, sans intervalle sous le joug, en même temps qu'elles prétendent s'affranchir? Où trouver une issue dans ce cercle de mort? Encore une fois est-ce un jeu? Sachez, s'il en est ainsi, qu'il est odieux; les générations y passeront et s'y useront l'une après l'autre sans profit pour personne.

Quand ils ont ainsi, par faiblesse ou par nécessité, livré les leurs à l'ennemi, vous savez leur réponse : « Quoi donc! la chose a-t-elle de l'impor-
« tance? le baptême, la communion! pures formes
« qui n'engagent plus à rien! Le serment religieux
« prêté à la naissance, au mariage, à la mort,
« devant le ciel, devant les hommes, ce n'est là
« qu'un mot, une complaisance, une formalité,

« que sais-je ? une comédie. N'en parlons plus,
« de grâce ! »

Pardon, il faut en parler; et ce sera pour dire que la démocratie, la liberté, ne seront que des mots aussi longtemps que vous les servirez du bout des lèvres et que vous les renierez, que vous les livrerez dès que l'occasion solennelle s'en présentera dans la vie ou dans la mort. Car il faut savoir pour qui vous êtes, et avec qui vous êtes. Voulez-vous l'absolutisme, le despotisme intellectuel et civil ? Croyez-vous que la servitude de l'intelligence soit un bien ? Cela peut aisément se soutenir. Dans ce cas, donnez vos enfants à l'Église qui soutient, qui répand cette doctrine, et qui s'en fait un dogme ; personne n'accusera chez vous que votre aveuglement. Voulez-vous au contraire la liberté, le développement de la raison ? Dans ce cas il est monstrueux de donner vos enfants à l'Église qui maudit ce que vous croyez. Quand je songe que de votre plein gré, vous livrez, vous abandonnez ces intelligences naissantes, qui ne peuvent se défendre, à l'Église que vous condamnez et maudissez vous-même, de quel mot me servirai-je ? Le mot que je vais prononcer est dur, mais il est nécessaire ; c'est une sorte d'infanticide moral que vous consommez, le sachant ou l'ignorant.

Car l'excuse que vous donnez est pire que la

chose elle-même! « C'est un jeu, une comédie. »
Vous savez parfaitement qu'il n'en est rien ; que
ce n'est pas une chose vaine d'être engagé dès le
berceau dans les liens d'une Église et d'y être confirmé, enchaîné à bon escient, sitôt que la raison
commence.

Ne prendrez-vous donc jamais exemple de vos
adversaires? Ils donnent à leurs enfants le sceau
de leur Église! Qui peut s'en étonner? Qui songe
à le leur reprocher? C'est leur droit ; ils en usent
ils font bien. Mais vous? Êtes-vous des agneaux
pour lécher, de générations en générations, la main
qui vous flagelle et vous déchire?

Pourtant, je le veux bien! Ce sera une comédie.
Prenez garde alors que la vie humaine tout entière, et tout ce que vous prétendez aimer, liberté,
raison, justice, démocratie, égalité, peuple, ne soit
à son tour une comédie, et la plus misérable de
toutes. Car l'enfant qui a commencé ce jeu dès le
berceau, et auquel vous aurez si vite attaché le
masque, aura, ce me semble, quelque peine à ne
pas le garder et le porter devant vous, devant nous,
dans les affaires humaines, après l'avoir si bien
gardé dans les affaires sacrées. Ah! qu'il me
semble périlleux de faire naître un homme en
pleine ruse, dans le faux serment! Après avoir
menti au ciel, la tentation doit être grande de mentir à la terre!

Que veux-je donc vous demander ?

Une seule chose, et je vais la renfermer dans les termes les plus étroits pour que vous n'ayez aucune raison de me refuser. Je ne parlerai pas de vos morts ; je ne chercherai pas pourquoi vous les donnez à l'Église qui vous a déclaré la guerre. Eux-mêmes, direz-vous, peuvent l'avoir exigé (et qui voudrait ne pas respecter la parole d'un mourant?). D'ailleurs les pleurs, le deuil, la consternation, la terreur qui enveloppe un pareil jour, tout, si vous le voulez, sera votre excuse.

Mais les enfants, eux qui viennent de naître, voilà ceux pour lesquels je demande grâce ! Ici, vous n'avez pas l'excuse des larmes, des lamentations, de la terreur du tombeau. C'est un jour joyeux qui luit sur vous ; il vous convie à l'avenir ! Pourquoi, dans ce jour radieux, étendez-vous prématurément les ténèbres sur cette créature qui arrive au monde et aspire à la lumière? Je ne peux plus vous comprendre.

Quoi ! vous réprouvez cette Église ; vous la dénoncez comme la demeure du mensonge et de l'esclavage ; elle vous le rend en haine, en invectives, en malédictions, en imprécations ; partout où elle a la main sur vous, elle vous le fait sentir ; elle encense vos bourreaux ; voilà une lutte ouverte, s'il en fut sur terre.

Pourquoi donc, encore un coup, portez-vous

votre enfant souriant à la source que vous dites empoisonnée ? Pourquoi le baptisez-vous dans la servitude que vous maudissez pour vous ? Pourquoi enchaînez-vous de vos libres mains cet être désarmé qui ne peut résister ? N'êtes-vous pas son père pour le préserver, le sauver de ce que vous avez reconnu être le mal, le faux, la mort ? Et c'est vous qui l'y portez ! C'est vous qui l'ensevelissez, à peine né, dans le servage moral ! C'est vous qui mettez, sur cette tête fragile et toute branlante encore, un joug d'airain de dix-huit siècles !

Je ne sais ce que vous penserez de la franchise de mes paroles ; mais je ne puis les retenir, et tant qu'il y aura un souffle en moi, je réveillerai, j'embarrasserai, je tourmenterai votre conscience, jusqu'à ce que vous reconnaissiez ce qui est évident. Car enfin la nature, la vie, l'avenir, vous donnent dans chaque enfant qui naît l'occasion et, pour ainsi dire, l'injonction de sortir de l'esclavage du passé ; et vous faites servir la nature, l'avenir, la vie perpétuellement renaissante, à renouveler, à perpétuer votre contrat de servitude.

Eh bien ! il faut ouvrir les yeux. Il faut que la liberté, la démocratie profitent de ces forces inépuisables de la nature renaissante, ou bien, si vous êtes décidés à tourner contre vous ces forces invincibles, il faut renoncer à la démocratie comme à la liberté ! Car les lois de l'univers ne changeront pas pour votre plaisir ; et lorsque les générations nouvelles vous sont données pour renouveler la vie humaine, si vous les liez, le sachant et le voulant, à ce qu'il y a de plus immuable, de plus hostile dans le passé, vous désobéissez à toutes les lois de la vie ; vous n'enfanterez que la mort.

Que faut-il donc faire ? Une chose très simple et je crains qu'elle ne soit repoussée à cause de sa simplicité même. Le point pratique, le point utile, le point urgent, c'est de sortir en masse de l'Église qui a fait serment de vous perdre. Il faut que les peuples qui habitent encore le moyen âge prennent enfin pied dans le monde moderne ; et pour cela, je n'exige pas qu'ils deviennent subitement des philosophes. Je ne pense pas non plus que, pour faire un pas en dehors de la barbarie, il soit sage d'attendre cette foi nouvelle, cette forme de culte jusqu'ici inconnue, cette révélation de l'esprit attendu, que je suis loin de nier, mais sur laquelle je ne puis rien bâtir d'assuré ni de solide aujourd'hui, puisqu'une seule chose est certaine, c'est que cette révélation souveraine qui doit relier tous les cœurs ne s'est pas montrée encore.

En des circonstances semblables, si nous ne voulons que les jours passent inutiles et amassent une plus lourde servitude, il me semble sage et sensé de commencer l'affranchissement des hommes pris en masse avec les leviers qui existent aujourd'hui. Et si, pour se délivrer du moyen âge, l'homme, au seizième siècle, s'est tant appuyé du pur évangile, peut-être serait-il raisonnable de s'appuyer aujourd'hui sur les résultats les plus avancés de la révolution religieuse, pour s'affranchir du catholicisme dans sa caducité, la forme la plus aveugle qui ait encore paru dans le monde.

Que ceux qui se sentent l'esprit assez trempé pour vivre dans la philosophie le fassent ; je les applaudirai ; la philosophie reste après tout le temple serein par excellence ; *templa serena*. Celui qui sera baptisé loin des orages, dans l'éternelle sagesse, n'aura rien à envier aux autres.

Mais le nombre de ceux-là ne sera pas le plus grand. Quant aux autres, il y aurait quelque dureté et peu de sens à les compter pour rien. Cela admis, ce serait, certes, un grand malheur, si parmi les mille formes du christianisme moderne qui semblent parcourir toute l'échelle de la liberté religieuse, depuis la moindre jusqu'à la plus grande et la plus semblable à la liberté philosophique, il n'en était aucune que les hommes nouveaux pussent s'approprier selon les besoins différents qu'ils ont d'indépendance ou d'assujettissement.

Je ne blâmerais donc point celui qui, entre tant de cultes divers, tous affranchis du moyen âge, choisirait pour son enfant le culte qui répondrait le mieux à son état moral.

De quoi s'agit-il? De briser la chaîne par laquelle, suivant la forte expression des jurisconsultes, *le mort saisit le vif*, dans un héritage non interrompu d'aveuglement moral. Le moindre ébranlement de la colonne qui soutient à elle seule toutes les servitudes, aura des conséquences infinies pour la liberté, la dignité humaine ; mais ce premier pas, il faut au moins le faire à un titre quelconque, au nom de la politique, sinon de la religion. Donnez-moi un seul rayon ; la grande lumière suivra bientôt.

Ici je les entends d'avance, vous savez comme moi la réponse qui me sera faite : « Tous les
« prêtres se ressemblent, disent-ils ; mieux vaut
« garder les anciens qu'en prendre de nouveaux.
« Un vicaire savoyard, un unitarien, un jésuite,
« c'est pour nous même chose. Restons où nous
« sommes. Refaisons ce que nous avons fait jus-
« qu'ici. L'imprévu avisera. »

Je l'ai déjà dit bien des fois, je le répète encore : l'inconvénient d'une révolution faite par des philosophes, c'est d'abord que les plus égoïstes la renient et la livrent. C'est ensuite que les plus honnêtes, confondant la philosophie et la politique, réclament dès leur avènement l'absolu, l'idéal ; et ne pouvant les réaliser sur-le-champ, ils se dégoûtent de tout ce qui n'est pas parfait. Ceux-là, dès le premier jour, arborent pour devise : *Tout ou rien*. Moyen assuré d'être pris au mot par la fortune qui ôte volontiers aux dédaigneux ce qu'elle s'est laissé arracher dans un moment de complaisance ou de surprise.

Quand même il serait vrai que tous les prêtres ont le même esprit, il faudrait pourtant voir au moins une fois avec sang-froid, s'il n'y a pas une différence presque infinie entre celui qui, lié à une organisation, à une hiérarchie souveraine, toute-puissante, peut à bon droit s'appeler légion, et celui qui, seul, n'a que sa parole, livrée à l'examen de tous. Pour moi, j'avoue qu'il m'est odieux de prouver l'évidence ; je sais trop que rien n'est plus inutile.

Quand les hommes ferment les yeux à l'évidence, c'est qu'ils ont une raison cachée pour le faire. Combien de fois il arrive qu'ils rejettent une réforme comme vaine, pour se dispenser de l'entreprendre ! Car il faudrait vaincre des préjugés qu'il est plus commode de respecter. Combien de fois, chez les plus révolutionnaires des hommes, n'a-t-on pas vu l'instinct naturel du *statu quo*, de la paresse d'esprit, de la routine, de l'immobilité, se déguiser à leurs propres yeux sous le mépris de tout ce qui est, sinon facile, du moins possible !

Voulez-vous donc ne jamais faire un pas, à moins que ce ne soit, comme les dieux d'Homère, pour atteindre au bout du monde !

Après tout, la question n'en reste pas moins très simple. Si parmi toutes les formes modernes de la liberté religieuse ; il n'en est point que vous ne vous croyez en droit de dédaigner ; si toutes les routes, par lesquelles les autres se sont émancipés, vous semblent également fausses et trompeuses, est-ce une raison pour cela de refaire vous-même de vos mains votre alliance avec le moyen âge ?

Si vous ne voulez pour aucun des vôtres tirer nul profit des révolutions religieuses qui se sont accomplies sur la terre, faut-il pour cela que votre audace d'esprit ne vous serve qu'à vous mieux enchaîner dans le passé ? Vous ne voulez sortir de la vieille Église par aucune des portes que l'esprit moderne a ouvertes aux peuples. C'est bien ! Dans ce cas, faites-vous donc une issue à vous-même.

Dans la tunique déchirée du Christ que les peuples modernes se sont partagés, il n'est pas un lambeau que vos peuples veuillent retenir. C'est bien. Dans ce cas prenez donc vous-mêmes la robe virile. Toutes les communions, même celles qui confinent à la philosophie, ne sont pour vous qu'un autre genre de mort. C'est bien ! mais alors sortez donc au moins de votre sépulcre.

Car, n'est-ce pas véritablement le comble de repousser toutes les formes connues, éprouvées de la liberté, comme insuffisantes, et de vous sceller, vous et les vôtres, dans le tombeau, sans faire quoi que ce soit au monde pour en sortir? Par trop d'ambition ou d'orgueil n'embrassons pas le néant!

Pour moi, loin de m'attacher à cette seule issue de la philosophie, qui est la plus difficile, qui, pendant longtemps encore, ne conviendra qu'à un petit nombre, je voudrais que les peuples sortissent en foule de la vieille Église par les mille portes que l'esprit religieux des modernes a pratiquées dans l'enceinte du christianisme. La voie est ouverte; elle est simple, elle est grande, elle est multiple pour ménager la liberté de tous. Choisissez à votre gré! Que craignez-vous? L'obstacle est vaincu, le chemin est sûr, il a été éprouvé par des foules d'hommes et de nations avant vous. Nul besoin d'attendre un prophète, un révélateur. Les siècles modernes ont frappé à la porte et ils ont fait la brèche. Il ne s'agit plus que de passer sur la trace de ceux qui se sont émancipés avant vous. De quoi avez-vous peur? Vous êtes restés ici les derniers. Que tardez-vous? qu'attendez-vous? Marchez donc, avancez et sortez!

Et que l'on ne dise pas que cet écoulement des peuples dans les formes les plus libres du christianisme moderne, tel qu'il s'épanouit par exemple avec l'Unitarisme dans le nouveau monde, ne soit pas un résultat digne d'attention. Car, un philosophe peut bien compter sur l'avènement, sur l'exploitation plus ou moins éloignée d'une foi nouvelle ; mais je ne saurais conseiller rien de semblable à un politique ; et, après soixante-dix ans d'attente, depuis la révolution française, ayant vu comme les peuples sont aisément ressaisis par les vieilles formes, quand ils n'en ont pas revêtu de nouvelles, et surtout de quel ridicule se sont comblés les fabricateurs de nouveaux dogmes, il est permis, il est raisonnable, il est nécessaire de ne pas ajourner davantage l'occasion de respirer et de renaître.

Le camp des amis de la liberté est aujourd'hui, sur presque toute la terre, dans la position d'une armée immense, aguerrie, fidèle, intrépide, qui par suite des manœuvres les plus fausses, se trouve coupée, cernée, bloquée, affamée et que l'on a juré d'anéantir. C'est pour elle le moment de ramasser ses forces vives, de simplifier ses vues, de recourir à l'instinct. Abandonnez sur la grande route le vain bagage des systèmes inexplorés, des idées retentissantes et vides, qui, sans vous nourrir, encombrent votre marche et vous empêchent de faire un seul pas ! Quoi ! des utopies lointaines, à cette heure ! des rêveries, des songes, des nuées ! Soyez tranquilles ! vous en retrouverez d'autres demain ; aujourd'hui il s'agit de sauver votre cause.

L'avantage de nos temps, c'est qu'ils nous dispensent de la nécessité de flatter personne ; grand bien, si nous savons en user. Jusqu'ici pour agir sur la démocratie, il a fallu la flatter ; pour la flatter, il a fallu fortifier ses préjugés, c'est-à-dire éterniser ses servitudes. Sortons de ce cercle fatal ; le premier qui s'en affranchira et qui osera montrer au monde un esprit libre, celui-là sera le sauveur des autres.

Empêchez une nouvelle scolastique de naître. J'entends par là ces embûches de mots dans lesquels l'instinct de la vie réelle, de la vérité politique est sacrifié à une logomachie puérile qui n'a que l'apparence et point de corps. Combien d'âmes droites sont déjà dupes de cette scolastique et s'y embarrassent à plaisir ! Combien surtout d'âmes serviles s'abritent aujourd'hui sous ce masque !

Nous avons trop aimé les mots ! Prenons enfin souci des choses.

Qui aura le courage de dire : Laissez là les bulles gonflées ! revenez au nerf des choses. Attachez-vous à la masse solide, éprouvée du navire échoué, si vous voulez qu'il se relève. Redevenez simples pour redevenir forts. Laissez aux millénaires la partie fantastique, fabuleuse, mythologique de vos théories. Elles appartiennent à l'enfance de la démocratie. Sortons des songes ! Quittons l'enfance, il est bien temps d'être des hommes.

Qui osera dire cela ? Celui qui aimera assez sa cause pour vouloir la sauver.

Bruxelles, le 5 décembre 1856.

LA RÉVOLUTION RELIGIEUSE

AU DIX-NEUVIÈME SIÈCLE

(1857)

LA
RÉVOLUTION RELIGIEUSE
AU DIX-NEUVIÈME SIÈCLE

I

UN RÉFORMATEUR RADICAL

Depuis le jour où ma bonne fortune m'a conduit à étudier la vie (1) de Marnix de Sainte-Aldegonde,

(1) Cet ouvrage a paru d'abord en Introduction aux Œuvres de Marnix, recueillies pour la première fois à Bruxelles, en 1857. Voyez dans mes Œuvres complètes *Vie de Marnix : Fondation des Provinces-Unies*.

Ne voulant pas répéter ici ce que j'ai dit dans l'ouvrage que je viens de citer, je me contente d'y renvoyer le lecteur. Pour achever d'acquitter ma tâche envers Marnix, il me restait à montrer combien sa pensée s'adapte encore aux nécessités de notre siècle. Car c'est le caractère des œuvres durables qu'elles apparaissent toujours, comme une actualité, à quelque moment qu'on les retrouve.

Le vrai moyen de prouver que les œuvres de Marnix sont vivantes, c'est de les rattacher à des questions vivantes et pratiques. J'ai voulu marquer ainsi ces œuvres du sceau de notre temps ; je le fais aujourd'hui en m'abstenant d'entrer dans les affaires d'aucun État en particulier ; il me suffit de rester au centre de l'esprit général de notre époque.

et à entrer en commerce avec cet esprit héroïque, j'ai travaillé à faire revivre ses œuvres à peu près ensevelies sous trois siècles de persécution, d'oubli, ou d'ingratitude. Outre qu'il était juste de rendre à la lumière cet homme de lumière, il me paraissait utile de tirer cette figure de l'oubli dans les temps de silence et de ténèbres morales où nous vivons plongés. Car il est alors d'un bon exemple de montrer que ceux qui ont combattu pour la vérité surgissent quelquefois du tombeau à la face de leurs ennemis.

En voyant que les morts d'il y a trois siècles sortent armés et vivants du sépulcre, tout homme de conscience doit être rassuré sur sa propre mémoire; et les méchants dorment moins tranquilles.

Grâce au concours que j'ai rencontré parmi des amis éclairés de la dignité humaine, mon projet a pu se réaliser.

Voici pour l'honneur de la Belgique le monument de son grand citoyen, du premier de ses écrivains. Un proscrit relève la mémoire d'un proscrit. Je place sous l'égide de la constitution belge le monument exhumé de l'un des héros de la liberté civile et religieuse.

Tout ce qui peut intéresser des esprits libres, les hommes de notre temps le trouveront dans les œuvres françaises et flamandes de Marnix. Ceux-là même qui ne cherchent que le plaisir de l'esprit admireront dans ces pages la robuste diction du xvie siècle, jointe au coloris, à la fougue, à l'imagination d'un peintre et d'un poète ; et soit qu'ils veuillent tirer de ces qualités éminentes un grand et juste titre de gloire pour leur pays, soit qu'ils en rapportent l'honneur à la langue française, ils auront un ample sujet de considérations littéraires dans la comparaison de la langue de Marnix avec celle de Montaigne, de Rabelais et de d'Aubigné.

Mais ce n'est pas seulement un homme de style, un artisan de la parole que nous rendons au public, et il y aurait peu de justice à ne l'envisager que par cet endroit où pourtant il excelle. C'est par-dessus tout un athlète de la vérité, un destructeur du mensonge ; voilà les vertus pour lesquelles j'ai travaillé assidûment à sa résurrection.

C'est ici le triomphe de la vérité et de la sérénité humaine sur les masques et les épouvantements de l'Église de Rome. Que personne n'y soit trompé, Marnix n'a pas voulu seulement, à l'exemple d'autres écrivains, discuter cette Église comme un point littéraire. La lutte est sérieuse et à outrance. Il s'agit ici non seulement de réfuter le papisme, mais de l'extirper ; non seulement de l'extirper, mais de le déshonorer, non seulement de le déshonorer, mais comme le voulait l'ancienne loi germaine contre l'adultère, de l'étouffer dans la boue.

Tel est le but de Marnix. Voilà pourquoi après la dialectique la plus forte, la plus savante, la plus lumineuse, il étend l'opprobre sur le cadavre qu'il traîne et ensevelit dans le cloaque de Rabelais.

Ne cherchez donc point ici les capitulations de notre temps. C'est un livre non de ruse mais de véracité, sans merci et sans quartier. Si vous voulez être abusé, ne le lisez pas. Ce qu'il vous promet, il vous le donne. Pour quiconque l'aura lu jusqu'au bout, le dogme catholique aura disparu de fond en comble. Il restera l'emplacement d'une vieille Église rasée, abandonnée aux sifflements et aux ricanements des vents, une dernière forme du paganisme mis à nu, une mythologie restaurée et soudain renversée, les débris épars d'une autre Diane d'Éphèse, et par-dessus ces ruines païennes la conscience de l'homme moderne qui cherche, examine et se fraye hardiment, à travers l'Évangile, son retour à Dieu et à la liberté.

Que veulent dire ces œuvres d'un autre siècle, rendues ainsi à la lumière? Pourquoi reparaissent-elles aujourd'hui? Qu'ont-elles à enseigner aux hommes de notre temps? Quelles pensées, et au cas échéant, quelles résolutions doivent-elles éveiller dans les esprits? La résurrection des œuvres enfouies d'un homme qui fut grand par l'action, n'est jamais une chose indifférente. Les morts ne reviennent pas, s'ils n'ont quelque chose à dire aux vivants.

En quelles circonstances reparaissent ces œuvres ? Deux siècles et demi ont passé depuis Marnix : et malgré son rire de victoire, pas un peuple dans tout cet intervalle, n'a pu être véritablement arraché à la vieille Église. Elle n'a rien pu reconquérir de ce qu'elle a perdu ; mais elle a gardé dans ses fers tous les peuples que le xviᵉ siècle lui a laissés ; soit que la vigueur ait manqué pour achever la victoire, soit qu'en se proposant des buts trop éloignés, on ait manqué le plus nécessaire.

Pour ne nous occuper ici que des États catholiques, deux peuples ont péri, la Pologne et l'Irlande. Aujourd'hui l'Espagne, l'Italie essayent une liberté née d'hier et déjà menacée. Le reste est esclave, il n'est pas permis d'en parler.

Marnix a démontré que le catholicisme est un paganisme nouveau (1); notre siècle a complété cette idée en y rattachant une autre face des choses. Ce que l'ami du Taciturne a fait à l'égard du dogme, notre temps l'a fait à l'égard de la politique ; et, pour ma part, je revendique l'honneur de n'avoir cessé, depuis quarante ans, un seul jour, de montrer l'incompatibilité radicale, absolue de cette forme de religion avec la civilisation moderne,

(1) Gœthe l'appelle un *paganisme baroque*.

avec l'affranchissement des nationalités, avec les libertés politiques et civiles.

Dieu merci, les événements donnent à ces idées une confirmation qui va même quelquefois au delà de mon désir. Pour achever d'ouvrir les yeux aux plus aveugles, il nous a été donné de voir un grand peuple, après qu'il a dépensé trois millions d'hommes sur plus de cent champs de bataille, que plusieurs assemblées se sont dévorées dans une lutte sans trêve, que les plus beaux génies ont lassé vainement la renommée, que soixante ans d'efforts, de sacrifices, de gloire inouïe, de revers incomparables se sont succédé, il nous a été donné de voir ce peuple, après tant de travaux gigantesques, de combats magnanimes, demeurer sur la vieille base du moyen âge, et condamné par là à ne pouvoir fonder chez lui, d'une manière durable, je ne dis pas un établissement, mais un atome de liberté.

Ainsi deux points sont acquis sur la religion du moyen âge.

Mensonge dans le ciel, tyrannie sur la terre, paganisme et servitude, tel est l'état dans lequel se présente aujourd'hui la question.

Maintenant voulons-nous faire un pas de plus ? ou bien les chances étant arrivées à ce degré d'évidence, où la discussion est close, ne voulons-nous en tirer aucune conclusion effective ?

II

LA LIBERTÉ, EST-CE LE DROIT DE DÉTRUIRE LA LIBERTÉ ?

Il faut que le catholicisme tombe ! Ce cri commence à partir du vieux monde et du nouveau. La diplomatie elle-même prend soin de nous instruire que cette forme de religion est en danger, qu'elle peut être frappée inopinément à la tête dans la Papauté, que déjà l'institution chancelle.

Avertis de tous côtés, voulons-nous en aveugles laisser les choses suivre leur pente sans que nous y prenions aucune part, même de pensée et d'intelligence ? Si, en effet, comme on nous en menace, il y a quelque apparence de voir un jour le catholicisme soudainement démembré par quelque grande surprise du sort, sans tête, sans chef, sans conseil, tout cela arrivera-t-il sans que nous ayons rien prévu, sans que personne d'entre nous ait seulement réfléchi aux moyens de fermer et d'ordonner ce chaos ? Ne voulons-nous pas jeter au moins une idée dans le gouffre qui ne manquera pas de se faire, sitôt que se réaliseront tant d'appréhensions sur la chute de l'Institution Romaine? car, vous l'avouerez, le premier degré de la chute, c'est de publier qu'elle est possible.

Il faut que je reconnaisse ici les avantages qu'ont sur nous les ennemis de la liberté. Quel que soit leur pays, leur croyance, tous ont eu un instinct infaillible quand ils se sont ralliés autour de l'Église romaine, comme autour de leur citadelle. Si la nécessité de nous préserver laissait encore quelque place à l'admiration, j'admirerais sans difficulté cette tactique vive, rapide, plus prompte que le raisonnement, qui en toute contrée, dans toute langue, a montré aux partisans de l'oppression que leur appui naturel, leur lien, leur force, la clef de leur position est là. Tous ont reconnu leur *Labarum*. Pas un ne s'y est trompé. Nulle tergiversation, nul besoin de se concerter. L'instinct, la force des choses ont parlé. Rome papale est devenue le ciment de tout ce qui reste de servitude sur la terre.

Combien, hélas! il en a été autrement des amis de la liberté! Je me lasserais, si je voulais seulement énumérer les faux raisonnements, les subtilités, les illusions, les sophismes, par lesquels ils ont voulu se tromper eux-mêmes sur la nature du danger et fermer les yeux aux progrès, à la marche, aux usurpations de leur mortel ennemi. Que d'efforts, que de catastrophes n'a-t-il pas fallu pour les contraindre de voir le coup qui les frappait déjà !

D'abord, ce n'était qu'une fausse alarme, une alerte sans cause, une opinion de poète, quelque préjugé philosophique. Puis quand l'ennemi a été plus près, fallait-il donc le craindre ? Il était trop chétif pour qu'on daignât s'en soucier. D'ailleurs n'était-ce pas plutôt un allié, peut-être quelque ami ? Le bas clergé au moins, n'était-ce pas la pure démocratie ? Fallait-il donc se défier aussi des siens ? Après tout, la révolution convertirait bientôt l'Église. Qu'on lui fasse seulement bénir la liberté en germe ; la réconciliation sera complète.

A cette ferme volonté de s'abuser chez les uns, comparez chez les autres la netteté d'instinct, la rapidité du coup d'œil, l'alliance instantanée avec l'Église, et demandez-vous à qui doit rester la victoire, si nous ne commençons enfin à nous orienter dans le désastre.

Tous les siècles se sont proposé d'atteindre un but, quand ils ont soutenu une discussion fondamentale. Le dix-neuvième siècle sera-t-il le seul qui ne veuille tirer aucun résultat pratique des protestations qui partent de tous les points de la terre contre la même tyrannie ? Quoi ! toutes les volontés qui se soulèvent dans l'univers ne songent qu'à remuer des mots ? nous ne voulons que parler, écrire, ergoter, sans laisser aucune trace dans les choses ? Tant de cœurs indignés, tant de lumières accumulées, tant de paroles vivantes, ne sont qu'un jeu d'esprit qui ne doit pas dépasser le bout des lèvres ?

Dans le contrat entre le catholicisme et la liberté, tel que notre temps l'a signé les yeux fermés, les parts sont vraiment trop inégales. Il ne peut subsister, sans quelque correction. Vous en jugerez vous-même.

Le catholicisme, partout où il rencontrera la liberté, s'il est le maître, jure de la détruire, et il la détruit en effet. Réciproquement, la liberté, si elle est maîtresse, partout où elle rencontrera le catholicisme, jure de le respecter. Abattu, elle le relève; vaincu, elle lui demande grâce; l'un combat avec un glaive tranchant, l'autre avec un roseau rompu.

Ce contrat doit-il durer toujours?

La liberté, est-ce le droit et le pouvoir de détruire aisément et impunément la liberté?

Ainsi le monde sera la proie d'une scolastique nouvelle, et nous n'essayerons pas même d'en sortir. Nous tomberons sous la fatalité de deux ou trois syllabes et elles auront la puissance magique de nous ôter le plus simple bon sens. Il suffira que l'ennemi nous ait surpris le mot du guet, pour que nous nous croyions obligés de lui ouvrir la porte. Parce que l'oppression a appris de nous à prononcer le mot de passe *liberté*, nous voilà obligés en toute conscience de lui livrer la place que nous avions charge de défendre ! Nous verrons le dix-neuvième siècle tomber en enfance, et nous ne nous croirons pas le droit de l'en avertir !

Honnête Brutus ! dupe magnanime, éternel jouet de la victoire qui se rit de toi, parce que tu n'oses la saisir ! Ne sauras-tu donc jamais que relever ton ennemi abattu à tes pieds ? Car c'est toi, oui, c'est toi qui rouvres le chemin à Antoine. Tu veux qu'Antoine fasse sa harangue à la tribune, et si quelqu'un mieux avisé s'y oppose, c'est toi qui cries à la foule : « Faites silence ! écoutez le noble Antoine ! » Tu veux encore qu'il accomplisse sur la place publique ses rites serviles, ses cérémonies de mort, « car, » dis-tu, « Antoine est notre ami, Antoine nous a serré la main ; pourvu que Brutus parle à son tour, le peuple n'aura de suffrages et de vœux que pour Brutus. »

Voilà ce que tu dis ; et moi je te réponds : Prends-y garde ! Antoine te perdra, toi et tous les tiens, si tu ne perds Antoine.

III

COMMENT L'ÉGLISE CATHOLIQUE A DÉTRUIT LE PAGANISME

La première chose à faire, est de sortir des illusions. Quelles que soient vos intentions, vos espérances, ne croyez pas qu'une vieille religion, même caduque, disparaisse de la scène par l'action seule du temps ou par le travail de l'esprit humain ; c'est là une idée fausse, un leurre ; il y faut renoncer.

Voyez les Églises décrépites de l'Orient païen, le brahmanisme, le bouddhisme. Nulle autorité ne leur a jamais commandé de disparaître. Ces paganismes qui comptent des milliers d'années subsistent pétrifiés, comme une masse inorganique, sourde, aveugle, sur laquelle la discussion passe sans même qu'ils l'entendent.

Il en est tout de même parmi nous du brahmanisme de l'Occident. Vous pouvez supposer autant de réfutation que vous voudrez. Qu'importent la réfutation, la discussion, la lumière, la parole, à qui n'a plus ni yeux pour voir, ni oreilles pour entendre ?

Voulez-vous savoir comment les vieilles religions disparaissent? l'Église catholique a donné le modèle accompli de ces sortes de changements; et je ne sais comment elle pourrait repousser comme exécrable le droit qu'elle a fait elle-même et sur lequel elle repose.

Ses historiens ont peu à peu réussi à faire admettre de tous, que la foi catholique a renversé les religions antérieures par la seule expansion de la doctrine, par le seul empire de la persuasion, de la beauté, de la bonté morale, sans que la force et l'autorité aient eu besoin de s'en mêler. Sur cet échafaudage mensonger, Dieu sait les théories que nous avons bâties aussitôt, touchant la facilité qu'il y a de faire disparaître une religion caduque au souffle seul de la raison, de l'examen, de ce que nous appelons éducation, développement, progrès de l'esprit. Voilà la fiction, voyons les choses.

L'avidité, l'acharnement avec lesquels les Empereurs du Bas-Empire ont saisi l'unité catholique dès qu'ils l'ont entrevue, est un des spectacles les plus extraordinaires du monde. Ils se sont précipités sur cette arme comme des furieux, sitôt qu'ils l'ont aperçue.

Longtemps avant d'être convertis au christianisme, ces despotes avaient vu tout ce que le despotisme aurait à tirer de l'Église catholique. Voilà pourquoi Constantin, avant qu'il fût chrétien, avant qu'il fût baptisé, était déjà fanatique de ce nouvel instrument de domination. Il avait découvert l'Église par le côté politique.

Un naufragé ne se jette pas sur une planche qu'il rencontre, en pleine mer, avec plus de furie que n'ont fait les Empereurs de la décadence sur l'unité de l'Église, pour sauver l'unité dispersée du Bas-Empire qui craquait de toutes parts.

Entre ces deux tyrannies, l'une naissante, l'autre expirante, de l'Église et de l'empire, il y eut un accord subit, dès qu'ils furent mis en contact.

L'Église faible encore épousa l'empire. L'âme impériale des Césars passa dans le catholicisme et le vieillit aussitôt, de plusieurs siècles; il passa en un moment de l'extrême servitude à la domination absolue. L'empire caduc tenta de se rajeunir dans l'esprit de l'Église.

Du mélange de ces deux despotismes, l'un nouveau, l'autre ancien, se forma cette unité monstrueuse à deux têtes, appelée le Bas-Empire.

Sitôt que la foi catholique fut armée et maîtresse, elle se proposa de se débarrasser de la vieille religion païenne. Pour cela, elle ne se borna pas à instruire, à prêcher, à convertir, à catéchiser ; elle profita de l'occasion, dès que l'occasion lui fut donnée. Pour réduire le paganisme à l'incapacité de nuire, elle ne se contenta pas de le dédaigner ; elle voulut en finir. Avec ce projet, elle adopta un ensemble de mesures parfaitement liées entre elles, fondement du droit catholique, qui certainement ne peuvent être acceptées comme règle idéale, mais qui d'autre part dans la pratique, au milieu d'une société amoureuse de la force, ne laissaient aucune issue au passé, et donnaient à l'avenir l'impulsion de la fatalité.

IV

QUELLE A ÉTÉ LA JURISPRUDENCE DU CATHOLICISME CONTRE LE PAGANISME.

Peu de mots montreront le cercle dans lequel l'autorité catholique enferma la religion ancienne, si bien qu'il était impossible à celle-ci de ne pas disparaître.

Il y avait trois points à envisager : l'institution en soi, les personnes, les choses. Voici comment l'autorité en décida, bien sûre de ne rien omettre si ces trois points étaient résolus par le même principe.

En ce qui touche l'institution, la décision est brève. Elle est tout entière renfermée dans quelques décrets de peu de lignes ; il suffit de citer les suivants puisqu'ils se ressemblent tous.

L'Empereur Constantius (1) :

« Que la superstition cesse ! Que la folie du culte

---

(1) Voyez tout le livre XVI du Code Théodosien. Imp. Constantius. — Cesset superstitio. Sacrificiorum aboleatur insania. Nam quicumque contrà legem Divi principis parentis nostri et hanc nostræ mansuetudinis jussionem ausus fuerit sacrificia celebrare, competens in eum vindicta et præsens sententia exeratur. Acc. Marcellino et Probino coss, (341.)

païen soit abolie! Quiconque aura osé contrevenir à cet ordre et célébrer des sacrifices, sera puni des peines portées dans la loi! »

Ou encore (1) :

« Nous voulons que tous renoncent à l'exercice du culte païen. Si quelqu'un désobéit, qu'il soit terrassé par le glaive vengeur. » (Ultore gladio sternatur!)

A l'égard des personnes, les principales dispositions se résument ainsi :

1º Défense d'approcher des temples en aucun lieu, en aucune ville (Nemo templa circumeat) (2).

2º Peine de mort (3) contre quiconque visite les

---

(1) Constantius. Placuit omnibus locis atque urbibus universis claudi protinùs templa et accessu vetitis omnibus, licentiam delinquendi, perditis abnegari. Volumus etiàm cunctos sacrificiis abstinere. Quod si quis aliquid fortè hujus modi perpetraverit, gladio ultore sternatur. Facultatis etiam perempti Fisco decernimus vindicari : et similiter adfligi Rectores provinciarum si facinora vindicare neglexerint. Dat. Kalend. Decemb. Constantio IX et Constante II. AA. conss.

(2) Theodosii magni quinta lex. Nulli sacrificandi tribuatur potestas. — Impp. Arcadius et Honorius AA. Rufino p. f. p. Statuimus nullum ad fanum vel quodlibet Templum habere quempiam licentiam accedendi, vel abominanda sacrificia celebrandi, quolibet loco vel tempore. — Theodosio-Valentiniana lex. Nemo se hostiis polluat, nemo insontem victimam cædat, nemo delubra adeat, templa perlustret.

(3) Pœnâ capitis subjugari præcipimus eos, quos operam sacrificiis dare, vel colere simulacra constiterit. Dat. XI. Kalend. Mart. Med. Constantio A. VIII, et Juliano Cæs. Coss. — Impp. Valent. et Mart. AA. Palladio p. p. Nemo venerandi adorandique animo delubra, quæ olim jam clausa sunt reseret. Absit à sæculo nostro infandis execrandisque simulacris honorem pristinum reddi, redimiri sertis templorum impios postes, pro-

temples, allume du feu sur un autel, brûle de l'encens, fait des libations, orne de fleurs le gond des portes.

3° Ceux qui reviennent à l'ancienne religion, frappés de mort civile. Leurs biens dévolus sans testament à leurs plus proches parents.

4° Les prêtres, exilés hors de la métropole, soumis à la coercition compétente (1).

5° Quand les peines furent adoucies, la confiscation des biens et l'exil.

(Bonorum proscriptioni et coerceri).

6° Les gouverneurs des provinces, les officiers publics rendus responsables de l'exécution de ces lois, sous peine du supplice capital et de la confiscation des biens (2).

Après cela, restait à réglementer les choses, ce qui se faisait de la manière suivante :

1° Ordre de fermer, détruire, raser les temples (3) : *sine turba ac tumultu diruantur !* Car,

fanos aris accendi ignes, adoleri in hisdem thura, victimas cædi, pateris vina libari et religionis loco existimari sacrilegium. Quisquis autem contrà hanc serenitatis nostræ sanctionem sacrificia exercere tentaverit... convictus proscriptionem omnium bonorum suorum et ultimum supplicium subeat.

(1) Sacerdotales paganæ superstitionis competenti coercitioni subjacere præcipimus. — La loi précédemment citée punit de mort les prêtres pris en flagrant délit d'exercice du culte. Conscii etiam criminis ac ministri sacrificiorum eamdem pœnam quæ in illum fuerit irrogata, sustineant.

(2) Capitali supplicio judicamus officia coercenda, quæ statuta neglexerint. Impp. Arcadius et Honorius.

(3) Constantii Prima lex. — Arcadii Tertia lex. — Si qua in

ajoute la loi, en extirpant les édifices, on extirpe la matière même de la superstition.

2° Ordre de renverser, en tous lieux, les simulacres, les statues, les images, de raser, extirper les autels (1).

(De simulacris et aris evellendis, destruendis.)

3° Destruction des écoles païennes, les bâtiments rasés (Excisis priùs aris et scholis.)

4° Suppression de ce que nous appelons aujourd'hui le salaire du clergé, lequel est appliqué à l'entretien des troupes (2).

(De annonis templorum ad annonam militarem transferendis)

5° Transformation des édifices religieux qu'on laissait subsister et qui rentrent dans le domaine de l'Etat et sont affectés à des usages civils, publics (3).

6° Toutes les propriétés privées, où serait ac-

---

agris templa sunt, sine turbâ ac tumultu diruantur. His enim dejectis atque sublatis omnis superstitionis materia consumetur. Dat. III. id. Jul. Damasco, Theodoro, V, C. Cons.

(1) Impp. Arcadius, Honorius et Theodosius. — Simulacra si qua etiam nunc in templis fanisque consistunt..., suis sedibus evellantur. Aedificia ipsa templorum quæ in civitatibus vel oppidis, vel extrà oppida sunt ad usum publicum vendicentur, aræ locis omnibus destruantur.

(2) Impp. Arcadius, Honorius et Theodos. — Templorum detrahantur Annonæ et rem annonariam jubent expensis devotissimorum militum profuturæ.

(3) Omniaque templa possessionibus nostris ad usus ad commodos transferantur. Domini destruere cogantur.

compli un des exercices de l'ancien culte (1), où fumerait l'encens (2), dévolues au fisc.

Voilà comment l'Église nouvelle s'est fait place sur la terre.

Lors même que les vieilles religions auraient eu la force de subsister encore de longs siècles, par l'habitude, par le respect humain, par l'extérieur qui survit si longtemps chez les hommes à la foi, par la croyance même, que l'on me dise comment ces cultes auraient pu échapper à un système si savamment combiné ? Comment les croyances des pères auraient-elles pu se transmettre à leurs fils, surtout à leurs petits-fils, lorsque nul ne pouvait fuir et emporter ses dieux dans le désert ?

Supposez un moment que la Religion catholique qui a fondé ce droit y soit soumise seulement pendant deux générations, et dites-moi ce qu'elle deviendrait elle-même après cette épreuve.

Voyez la logique irrésistible qui lie l'une à l'autre ces mesures; il vaut la peine de les examiner de près.

D'abord le principe général est posé : l'anéantissement de l'ancien culte.

---

(1) Impp. Honorius et Theodosius. AA. omnia etiam loca quæ sacris error veterum deputavit, secundum Divi Gratiani constituta, nostræ rei jubemus sociari.

(2) Namque omnia loca, quæ thuris constiterit vapore fumasse (si tamen ea in jure fuisse thurificantium probabuntur) fisco nostro adsocianda censemus. Imp. Theodosius.

Volumus cunctos sacrificiis abstinere.

Aboleatur insania. Ce n'est pas une réforme, une interruption dans le culte. La pensée humaine ne reste pas un instant en suspens ; l'espérance de rétablir la religion vaincue est extirpée dans sa racine.

Cesset superstitio ! Combien cette ferme et altière parole n'enleva-t-elle pas de demi-croyants au paganisme caduc !

Ils eussent continué de languir, sans foi, sans résolution, dans un dogme entretenu par l'habitude. Mais la parole souveraine a retenti : *Cesset superstitio !* Tout s'incline. La résistance que quelques-uns redoutaient se trouve nulle. Si l'autorité nouvelle eût tergiversé, consulté, au lieu d'agir, le vieux dogme se serait cru une force qu'il ne possédait pas.

Les religions caduques ressemblent à ces vieux arbres qui n'ont plus que l'écorce. Ils ne laissent pas de végéter et de couvrir au loin le sol d'une ombre noire, jusqu'à ce que le bûcheron ou la foudre les atteigne ; alors ce n'est plus que poussière.

Après le principe général, viennent les dispositions particulières, qui sont aussi à considérer. La première (1) concerne les temples : « Que tous les

---

(1) Constantii prima Constitutio : et accessu vetitis omnibus licentiam delinquendi, perditis abnegari.

temples dans tous les lieux, dans toutes les villes, soient fermés sur-le-champ ! Et qu'il soit défendu d'en approcher ! » « Placuit omnibus locis atque urbibus universis claudi protinùs templa ! »

Presque aussitôt la mesure paraissant incomplète, ce qu'on ordonne, ce n'est pas seulement la fermeture, c'est la destruction des édifices de l'ancien culte. La nouvelle autorité catholique sait la puissance des objets extérieurs, principalement des lieux consacrés, sur l'esprit des hommes. Voilà pourquoi ceux qui commandent au nom de cette Église ne se laissent arrêter par aucune considération. Le culte de l'art qui vivait encore chez plusieurs ne peut en retenir un seul. Libanius demande grâce au moins pour les pierres. Ses supplications sont inutiles. Les plus magnifiques œuvres de la main de l'homme, les édifices les plus célèbres, en Grèce, en Italie, en Afrique, en Asie, sont renversés, dès qu'ils font obstacle à la *main ecclésiastique*.

Dans toute l'étendue de l'empire, le marteau, le pic retentissent. Des légions *sont envoyées contre des pierres*.

Si l'autorité politique se lasse un moment, les conciles demandent que l'œuvre de destruction s'achève. Celui de Carthage (1) dénonce les édifices,

(1) Ut Reliquias idolorum per omnem Africam juberet penitùs amputari.

les statues, les arbres même (1). De la poussière des temples, on refait des églises.

Remarquez, en outre, je vous prie, l'intention marquée du décret qui attribue les revenus des temples aux soldats. Par là, les armées étaient poussées au sac de la vieille Église. De même on intéressait au changement les populations, en consacrant à leur usage, quelquefois à des jeux, à des cirques, ce qu'on épargnait par hasard des édifices. Souvent, pour mieux souiller les temples, on en faisait des lieux de prostitution.

Il s'ensuivit que d'un côté, la volonté souveraine de l'autorité, de l'autre, l'intérêt, la cupidité, les passions des masses, se réunirent pour dépouiller, ruiner les édifices du paganisme. Les décrets se précipitent, ils redoublent sans relâche. Enfin, le dernier coup est porté par Théodose II :

« Que tous les temples, sanctuaires, s'il en reste encore d'entiers (si qua etiam nunc restant integra) soient détruits par l'ordre des magistrats et purifiés par la croix. Si quelqu'un contrevient à cette loi, qu'il soit puni de mort (2).

---

(1) Ut Reliquiæ idolatriæ non solùm in simulacris in quibuscumque locis vel lucis vel arboribus omnino delerentur.

(2) Omnibus sceleratæ mentis paganæ, exsecrandis hostiarum immolationibus, damnandisque sacrificiis cæterisque antiquarum sanctionum Auctoritate prohibitis, interdicimus : Cunctaque eorum fana, templa, delubra, si qua etiam nunc restant integra, præcepto magistratum destrui, conlocationeque venerandæ christianæ religionis signi expiari præcipimus ; scientibus universis,

Après cela, le paganisme a disparu, l'Eglise nouvelle reste assise sur des ruines.

Il arriva, en effet, qu'il devint matériellement impossible de continuer l'exercice du culte païen. Les choses manquèrent pour cela aussi bien que les hommes (1). Il ne pouvait plus y avoir ni prêtres, ni temples, ni sacrificateurs ; et ces changements s'étant accomplis non point comme des actes aveugles de violence, mais au nom de la loi (*præcepto magistratuum*), reçurent aussitôt la consécration que l'autorité légale imprime si aisément aux yeux des hommes sur tout ce qu'elle marque de son sceau.

Chez le grand nombre, l'appareil de la force déployée avec une apparence légitime fut irrésistible. Ils reconnurent la volonté du Ciel dans les nouvelles mesures. Puis l'absence soudaine, imprévue de l'ancienne religion laissait parmi eux un vide qu'ils cherchèrent à combler par quelque autre croyance ; et comme rien ne leur rappelait le vieux culte, sinon des ruines et des désastres, ils commencèrent à s'en détacher, puis bientôt à

si quem huic legi apud competentem judicem idoneis probationibus inlusisse constiterit, eum morte esse mulctandum. Dat. XIX, Kal. Decemb. Theodos. XII, Valent. IV. AA. Coss.

(1) Theodosii magni sexta constitutio. Nullus omnino ex quolibet genere, ordine, hominum, dignitatum, vel in potestate positus, vel honore perfunctus, sive potens sorte nascendi, seu humilis genere, conditione, fortunâ, in nullo ponitùs loco, in nullâ urbe... accendat lumina, imponat thura, serta suspendat.

oublier. Découvrant alors autour d'eux une Église riche, triomphante, puissante, qui imitait les cérémonies anciennes, cette Église les attira ; à la fin ils subirent l'empire de la croyance nouvelle ; ils lui étaient, pour ainsi dire, livrés d'avance.

Cela est si vrai, que partout où ce système de lois fut appliqué, le paganisme s'évanouit de lui-même ; partout au contraire, où ces lois ne purent s'étendre, le paganisme subsista, et il subsiste encore sans presque aucune altération, comme vous pouvez le voir dans les grandes religions de l'Asie orientale. Telles étaient ces religions avant le christianisme, telles elles sont encore aujourd'hui.

De ce qui précède vous pouvez conclure que l'autorité catholique, dans sa lutte avec le paganisme, a donné elle-même la méthode la plus absolue, la plus radicale pour réduire à néant une religion ancienne ; et si j'examine de près cette méthode, je la trouve si ferme, si logique, si consistante, que je doute, le problème étant posé dans toute sa rigueur, que l'esprit humain trouve rien de plus sûr pour la résoudre.

V

COMMENT UNE RELIGION FINIT

J'ai dit quel est le droit catholique auquel s'attache le nom de Théodose. J'ajoute que ce droit qui a servi à établir la domination de l'Église, a également servi à la maintenir. Il se retrouve identique dans tous les temps, partout où elle est restée maîtresse ; et d'autre part, c'est avec ce même droit que les adversaires du catholicisme ont réussi à le vaincre. Partout où une province a été arrachée définitivement à l'Église Romaine, cette législation a été retournée un moment contre elle ; témoin l'Angleterre, la Hollande, la Suède, la Norwège, la Suisse, une partie de l'Allemagne, qui n'ont pu s'assurer la victoire qu'en retournant avec discernement contre l'Église les lois de l'Église.

Ici, je n'ai point à exposer ce qui dans cette législation contrarie l'esprit de notre temps, ni quelles sont les parties qui peuvent revivre encore. Je n'ai pas non plus à décider si, par la loi de l'éternel talion, le droit catholique avec le tempérament exigé par l'humanité moderne est destiné un jour à envelopper à son tour l'Église catholique. Ce serait vouloir entrer dans les conseils de l'avenir. Tout ce qu'un écrivain peut faire, c'est de réunir les matériaux par lesquels se forme et se mûrit quelquefois une de ces résolutions qui changent un siècle, et le couronnent. Mais dire par avance : faites ceci, faites cela, tracer prématurément une méthode particulière, ce serait chose insensée, lorsque dans ces questions qui embrassent la nature humaine, tout dépend de la circonstance, du lieu, du moment, du degré de force, de passion, de volonté que vous trouvez parmi vos contemporains.

Avec l'habitude qu'ont les hommes de nos jours, de réduire toute chose à une question d'argent, ils croient volontiers pouvoir se débarrasser de la domination d'un vieux culte, en se contentant de lui ôter le salaire. L'Église naissante, ou plutôt la main ecclésiastique qui tenait la plume des Empereurs, a cru qu'il fallait *labourer plus profond,* et que ce moyen, d'ailleurs élémentaire et indispensable, serait illusoire, s'il n'était accompagné de l'ensemble des mesures que j'ai énumérées plus haut. C'est en quoi je ne puis m'empêcher d'être de l'opinion de l'Église.

Si elle se fût contentée d'enlever le salaire, le budget aux temples, ceux-ci eussent été entretetenus par la pitié publique ; plus ils eussent été misérables, plus ils eussent attiré la compassion, et cette pitié eût alimenté la haine contre les déprédateurs. Car ceux qui auraient fait aumône au vieux culte se seraient crus lésés par le nouveau. Le peuple eût crié au vol ; et l'avarice des hommes se serait rangée du parti du vieux culte. Ainsi la persécution eût paru tout à la fois odieuse et impuissante ; elle eût excité autant de plaintes que l'extirpation. Sans avoir les bénéfices d'une ruine totale, on en aurait eu tous les dommages.

Au lieu de cela, la vieille religion, jusque-là tranquille et souveraine, se trouve, à l'improviste, dans le même moment, surprise, investie, enveloppée, frappée, ruinée, rasée, extirpée, foudroyée, sans qu'il y ait place même à la pitié. Le sentiment de l'irréparable, de l'irrévocable, arrête la plainte avant qu'elle soit formée.

Au spectacle de la ruine instantanée d'une vieille institution à laquelle on ne laissait aucun recours, les hommes, toujours si bons adorateurs de la force, abandonnèrent sans trop de peine des dieux qui paraissaient s'abandonner eux-mêmes.

Ici l'exemple de la révolution française éclaircira ce qui vient d'être dit ; car il n'est pas sans utilité de remarquer combien dans ses décisions les plus extrêmes, en matière religieuse, cette révolution a été timide en comparaison des Empereurs catholiques, Constantin, Théodose, Arcadius, Honorius, Valentinien, Théodose le Jeune, qui ont fait passer l'âme de Rome impériale dans le génie de l'Église. Ces Empereurs ont osé proclamer la chute de l'ancienne religion et finir par là l'ère ancienne, ce que n'a jamais osé la Révolution française ; et je ne doute guère que ce manque d'audace d'esprit n'ait été pour quelque chose dans sa défaite. Car, tandis qu'elle se donnait toute l'apparence de la persécution religieuse, et qu'elle déchaînait contre elle tout le passé, elle n'osait pourtant frapper le passé religieux et y mettre légalement un terme. En sorte qu'elle n'ôtait pas à ses ennemis l'espérance de renaître, quoiqu'elle fit tout pour se les rendre irréconciliables. Situation qui est la pire de toutes et qui contenait infailliblement ces retours, ces revers que nous avons vus et que nous voyons encore.

Les temps qui ont suivi ont enseigné ceci : il fallait ou laisser de côté la religion ancienne (chose, il est vrai, qui me semble impossible) ou, si la nécessité obligeait de déchaîner cette religion contre soi, il fallait en finir.

Par là, on ne se donnait pas un ennemi de plus. Mais provoquer le catholicisme, le désespérer et ne pas le frapper irrévocablement de l'interdiction de la loi ; lui prendre ses prêtres, ses temples, ses autels, ses lois, son or, et lui laisser l'espérance et le droit, en le maintenant debout dans la loi et la constitution, c'était se condamner soi-même infailliblement à périr même après cent victoires. Une telle capitulation ôtait toute force aux résolutions les plus hardies. C'était dire que l'orage allait passer et qu'il n'y avait qu'à attendre pour voir renaître ce que la loi n'osait placer au rang des choses mortes.

Si donc l'on veut tirer de l'établissement politique de l'Église quelque enseignement capable de servir à la pratique des choses, en des circonstances considérables (puisque les hommes, quoiqu'ils en disent, n'ont point changé) voici, je pense, comment cet exemple de l'Église peut se résumer :

Celui qui entreprend de déraciner une superstition caduque et malfaisante, s'il possède l'autorité, doit avant tout éloigner cette superstition des yeux des peuples et en rendre l'exercice absolument et matériellement impossible, en même temps qu'il ôte toute espérance de la voir renaître. Alors, avec la facilité qu'ont les hommes à se détacher de ce que leurs yeux ne voient plus, la première chose qu'ils font, c'est d'oublier. Une nouvelle génération se forme, qui n'ayant rien aperçu que les ruines de la religion morte, est toute disposée à porter ailleurs son espoir et sa croyance.

Le changement est déjà bien près d'être accompli. Vous pouvez dès lors, sans trop de risque, desserrer le frein, comme on le voit par l'exemple de Théodose le Jeune, qui après une seule génération a pu, sans manquer à la prudence humaine, adoucir les peines plus dures édictées par son père.

La première précaution de Moïse pour donner à son peuple un autre esprit, a été de l'enlever du milieu des idoles d'Égypte. Tant que le peuple eut les yeux éblouis par ces idoles il fut impossible de l'arracher aux dieux de pierre. Mais au contraire, sitôt qu'il les eut perdus de vue, il commença à les oublier, et le plus vil des esclaves devint l'un des chefs de la race humaine.

Il faut donc qu'il y ait un temps, où la vieille religion soit voilée, pendant lequel un esprit nouveau se forme et se constitue. Lorsque cet esprit a grandi, vous pouvez ramener le droit commun et rouvrir la porte au vieux dogme, sans courir un péril trop imminent ; car vos constructions nouvelles ont eu le temps de se développer et de s'affermir.

Mais l'expérience n'a encore montré à aucune époque, en aucun lieu, que l'on ait pu, par exemple, laisser subsister avec toute sa force l'Église catholique dans le berceau de la liberté, sans qu'après un certain temps la liberté n'ait été trouvée étouffée dans ses langes.

Ceci explique pourquoi l'idée que la Convention s'était faite du système religieux était sans force et ne pouvait aboutir à une création solide. Lors même qu'aucun obstacle politique n'eût ruiné cette conception, elle se serait ruinée elle-même. La liberté, l'égalité de tous les cultes laissait une force accablante au plus ancien. Cette force n'eût laissé aucune chance de vie à l'ordre nouveau que l'on voulait établir; le frêle arbrisseau n'eût pas manqué d'être écrasé à sa naissance, par la vieille souche gothique qu'on n'avait pas osé extirper de la loi.

Il ne faut pas que l'on m'oppose ici l'exemple des États-Unis; car cet exemple confirme au contraire tout ce que je viens de dire. La religion romaine ayant été tenue là à l'origine de la constitution dans une sorte d'accablement et de dépendance voisine de l'anéantissement, la liberté a pu se former et s'étendre dans les États du Nord; il était trop tard pour l'étouffer, lorsque la religion romaine a été admise à partager le droit commun.

VI.

DE LA RELIGION DE LA FORCE.

C'est ici le lieu d'examiner les principaux moyens, par lesquels les hommes de nos jours croient pouvoir mettre le frein à une église tyrannique ou même la réduire entièrement.

Mais, avant d'entrer dans la question, je constaterai un fait qui jettera quelque lumière sur ce qui doit suivre.

L'Europe, par son admiration ou sa complaisance pour la force déchaînée, a montré clairement à tous les yeux qu'elle est restée plus barbare qu'on ne l'imaginait. Il y a encore du Vandale chez elle. Et celui qui ne tirerait de cette première observation sur la religion de la force aucune conséquence pratique, celui qui se croirait jeté dans une société idéale, où le droit, la vérité, la justice, n'ont qu'à se montrer nus et désarmés pour l'emporter, celui-là perdrait d'avance par sa faute et sa cause et lui-même; il méconnaîtrait les choses; elles s'en vengeraient bientôt sur ses théories. Je pourrais en dire davantage à ce sujet; je m'arrête.

VII.

PREMIÈRE SOLUTION.

Quelques-uns de ceux qui sont le plus décidés à mettre fin à l'Église du moyen âge, croient qu'ils arriveront à ce résultat lentement, graduellement, par l'autorité de l'éducation seule. C'est là un cercle vicieux, dont ils ne se rendent pas compte. Comment l'éducation toute seule pourrait-elle détruire une religion malfaisante? Cela ne s'est jamais vu et ne se verra jamais? En voici la raison principale :

La véritable éducation d'un peuple, c'est sa religion; à proprement parler, il n'a pas d'autre enseignement. Bonne ou mauvaise, vivante ou caduque, c'est la religion qui pénètre dans les profondeurs du peuple pour y porter la vie ou la mort. Ne me répondez pas que l'Église Romaine est toute de surface et qu'elle ne possède ainsi que les dehors: car il y a des temps où la surface est tout ce qui reste d'un monde. Celui qui possède alors l'extérieur de l'homme, possède l'homme tout entier. Dans ces temps-là, donnez-moi le masque, je vous tiens quitte du reste; avec le masque, je ressaisirai la personne.

Croire que quelques maisons laïques, quelques rares établissements d'enseignement, pensions, collèges, universités, qui ne s'adressent qu'à un petit nombre, peuvent se substituer à l'action d'une Église souveraine et la faire disparaître au bruit de quelques paroles, de quelques conseils, c'est se faire la plus grande illusion du monde.

Que sont tous les systèmes déposés dans les livres, répandus par quelques mains, en comparaison de cette autorité qui enveloppe une nation de toutes parts? Tant que cette autorité est debout et qu'elle pétrit l'âme d'un peuple, vos traités de philosophie, vos méthodes, vos conseils, vos avertissements, vos leçons, vos brochures, accueillis avec transport à la surface de la nation par quelques-uns, restent ignorés des masses, qui ne connaissent, ne voient, n'entendent, ne respectent, ou ne craignent que l'Église avec laquelle elles sont jour et nuit en contact, et qui peut d'un mot les perdre, les déshonorer, les ruiner, les effacer de la terre.

C'est ce sentiment qui a empoisonné pour moi toutes les joies de l'enseignement, dans le temps où il m'était donné, au Collège de France, de vivre au milieu d'une foule d'amis, dont les témoignages eussent pu me faire illusion sur la réalité des choses. Il ne m'est pas arrivé un seul jour de sortir de cette atmosphère vivante, sans me dire : Hors de cette enceinte, la parole, la vie ne s'étendent pas. A peine aurai-je franchi le seuil, je retrouverai la même masse opaque, ténébreuse, où aucun écho ne parvient.

L'événement a prouvé que je ne m'étais pas trompé.

N'espérez donc pas que la pensée de vos livres, de vos systèmes s'enracine dans l'esprit des peuples que l'Église tient occupés par son culte, par sa liturgie, ses fêtes, ses terreurs. S'il arrive quelque écho lointain de vos enseignements dans le fond des peuples, ils en sont plutôt étonnés qu'éclairés. Voyez-les partagés entre une Église qui a pour elle la menace, l'autorité, la force, et des idées qui apparaissent isolées, désarmées, en contradiction avec les ténèbres natives amoncelées sur eux; ils ne tirent de cette opposition aucun résultat pratique; ils ont peur, sinon de l'enfer, au moins du prêtre.

J'ai parlé des États où l'éducation est libre. Que dirai-je des États où elle ne l'est pas, de ceux où il n'y a d'enseignement possible que sous le bon plaisir et avec l'agrément de l'ennemi même ? Comment imaginez-vous qu'une éducation qui n'existe pas, qui est radicalement impossible, puisse par le seul bénéfice de la patience avoir raison d'une institution souveraine, indiscutable? L'illusion touche ici à l'absurde.

Le despotisme religieux comme tout autre despotisme ne peut être extirpé sans que l'on sorte de la légalité, puisque sa légalité, c'est son caprice. Aveugle, il appelle contre soi la force aveugle; et, en effet, avec le tempérament qui se forme dans les gouvernements et les religions de bon plaisir, il ne faudrait pas non plus se montrer trop étonné si tant de peuples serfs brisaient eux-mêmes demain ce qu'ils adorent aujourd'hui.

VIII.

SECONDE SOLUTION.

D'autres sont persuadés qu'ils feraient quelque chose d'irrévocable, s'ils ôtaient simplement au Saint-Siège le patrimoine de Saint-Pierre.

Disons-leur ce qui arriverait à coup sûr de ce demi-affranchissement.

Il y a deux hommes dans le pape. Il y a le prince et le pontife. Lorsque l'on a chassé le prince, le pontife l'a toujours ramené par la main.

Si le cœur eût manqué à la réforme, et si elle n'eût arraché que le pouvoir temporel à la papauté, son œuvre n'eût pas été de longue durée. Le spirituel eût fait bien vite regagner le temporel. Les clefs de Saint-Pierre eussent ramené le glaive. Il en serait assurément de même aujourd'hui.

En effet, quiconque a laissé subsister la domination spirituelle et toutes les marques de cette souveraineté, a toujours été contraint de rendre aussi le domaine temporel, comme on l'a vu par l'exemple de Napoléon. Personne ne croit à la durée d'un changement accompli seulement dans l'ordre politique. Dès lors peu de gens sont décidés à se compromettre pour un établissement nouveau, si peu sûr de lui-même qu'il maintient l'ennemi au cœur même de l'État. Une armée de prêtres soutenue de tout ce qui reste d'hommes intéressés à l'ancienne domination, dénonce l'impiété, la spoliation, le sacrilège; et ces plaintes ne pourraient être plus vives, s'il s'agissait du dogme.

En quelque lieu que la Papauté soit retirée, elle continue de régner moralement sur ses anciens sujets; elle tient dans ses mains le fil de toutes les menées, de toutes les brigues; son pouvoir spirituel ne paraît que plus imposant parce qu'il atteste la timidité de ceux qui n'ont osé y porter atteinte.

La théocratie, il est vrai, est sortie de la place, mais elle y a encore un pied. Il ne faut donc qu'une occasion pour l'y faire rentrer, et toutes les tyrannies solidaires l'une de l'autre font infailliblement naître cette occasion. Alors l'ancien pouvoir théocratique rattache de nouveau le glaive à la tiare; il reparaît plus invincible après cette épreuve. Il montre par des actes sans réplique aux chefs de la demi-révolution, à ses partisans, à ses instruments, à ses agents, qu'en pareille matière, il faut savoir oser ou obéir, et que celui qui ne fait ni l'un ni l'autre court au-devant de son châtiment et de sa ruine.

IX

SI UN NOUVEAU DOGME EST NÉCESSAIRE POUR SORTIR DE
LA SERVITUDE.

D'autres imaginent qu'il n'y a rien à tenter contre la vieille Église, si le monde n'a pas trouvé d'abord un nouveau dogme ; et sur cela, ils se mettent à la recherche d'une Église nouvelle pour remplacer l'ancienne dans son autorité, son infaillibilité, son universalité.

Je pourrais me contenter de répondre à ceux-ci qu'il n'est pas donné à chaque peuple d'enfanter une religion. L'Angleterre, la Hollande, les États-Unis d'Amérique, la Suède, n'ont produit dans leur sein aucun réformateur dogmatique national, à véritablement parler, et n'ont pas laissé de s'affranchir. Si ces nations eussent attendu qu'elles eussent produit chez elles un dogme véritablement nouveau, elles seraient encore esclaves du moyen âge, comme les autres.

Je voudrais m'en tenir à cette première raison ; car les personnes qui ajournent toute vie, tout effort, dans l'attente de je ne sais quel Messie social, ont souvent des intentions si excellentes que je serais désespéré de rien ajouter qui les afflige. Et pourtant, convaincu, comme je le suis, qu'elles cherchent l'impossible, qu'elles sont en pleine opposition avec l'esprit moderne, je ne puis m'empêcher de les contredire, avec plus d'insistance.

Deux choses sont à considérer dans l'opinion qu'elles embrassent, la pratique et la vérité même de l'idée.

Voyons d'abord la pratique. Il est trop évident qu'elle est désastreuse. Car s'il s'agit de découvrir un dogme encore inconnu pour échapper à la tyrannie subsistante, apprenez-moi ce que peut devenir l'homme jusqu'à ce qu'il ait fait cette découverte? N'est-ce pas abandonner purement et simplement la place à l'oppression? D'ailleurs cet inconnu, ce grand X que vous cherchez, sans lequel vous prétendez ne pouvoir rien faire, si vous ne le trouviez pas? Si votre attente était trompée? Voilà donc le monde entier légitimement livré, sans lutte possible, au premier occupant, c'est-à-dire à toute tyrannie, pourvu qu'elle ait le bon sens de prétendre posséder le mystère qui vous échappe. Quelle bonne fortune, grand Dieu! pour quiconque aspire à opprimer les autres! Jamais l'homme n'aura été ainsi livré à la violence et au hasard.

De grâce, sortons de ce rêve, il donne le vertige

de la mort. Hommes de bonne foi, ne vous abandonnez pas à la merci de quiconque voudra se jouer de vous. Considérez une chose : nous n'avons pas seulement des devoirs envers ce que nous appelons l'avenir ; nous avons premièrement des devoirs envers le présent.

Accomplissons donc ceux-ci, et les autres s'y trouveront compris. Car ce n'est pas l'avenir qui est enchaîné, c'est le présent ; c'est lui qui souffre et qui crie ; c'est vous, c'est moi, c'est nous tous, hommes qui vivons à cette heure sur la terre. C'est donc avec ce qui existe aujourd'hui dans le monde, que nous devons travailler à délivrer le monde. L'oppression est actuelle, elle s'exerce sur des êtres réels, vivants, dont la plaie est saignante. C'est donc avec des choses actuelles, avec les pensées qui existent aujourd'hui, quelque part, dans l'esprit de l'humanité, avec les forces vivantes, présentes, que vous pouvez, que vous devez combattre une oppression vivante, présente.

Pendant que la tyrannie a trouvé son dogme, dire que vous cherchez le vôtre, c'est accepter une trêve dans le combat du juste et de l'injuste, un armistice avec le mal, une capitulation avec le mensonge ; c'est admettre dans le droit, dans l'esprit humain, dans l'ordre moral, dans la tradition de la vérité, de la vie, un *intérim*, une suspension, un évanouissement de la conscience ui n'a jamais été, qui ne sera jamais, qui serait la mort même de la nature humaine.

Non ! point de trêve avec l'injuste ! Je n'en accepte aucune ! Point d'armistice avec le mal, avec le mensonge couronné et triomphant ! Point de suspension d'armes avec la force oppressive et homicide ! Si elle peut nous écraser, qu'elle le fasse. Nous n'en sommes point en peine. D'autres viendront après nous, meilleurs que nous !

Il y a toujours assez de vérité manifestée dans le monde pour combattre le règne reconnu du faux. Vous laissez l'empire à l'injustice et vous vous réfugiez dans l'inconnu, c'est-à-dire dans le vide. Est-ce là que vous trouverez un point d'appui ?

Cette idée n'est si désastreuse dans la pratique de la vie que parce qu'elle est essentiellement fausse en elle-même. On ne cherche pas un dogme ; on ne se le démontre pas à la sueur de son front. On le rencontre sur le chemin de Damas, et il vous éblouit.

En second lieu, c'est aller directement contre le génie des temps modernes, que de s'imaginer qu'un dogme puisse conquérir l'Universalité à la manière de l'ancienne Église. Enfermer l'expansion, l'énergie infinie de l'âme moderne dans la lettre close d'un nouveau symbole, c'est là une entreprise qui répugne essentiellement à l'humanité contemporaine. N'oubliez pas que l'homme moderne est né, il y a trois siècles ; depuis ce moment il n'est plus de pape, ni de concile religieux qui puisse s'imposer à la conscience individuelle.

Que serviraient tous vos conciles ! Un seul homme qui se lèvera pour refuser votre dogme, le mettra en poussière. Il restera une théorie, un système, une opinion, une secte peut-être, mais rien qui ressemble à un symbole général.

Remarquez encore que cette idée de refaire un dogme universel est un triste legs de l'Église que vous voulez combattre. C'est là chez vous un reste du vieil homme ; vous sortez de l'Église catholique pour la refaire sur un autre plan. Mais ce plan, je vous le répète, a été rejeté ; ce moule, dans lequel votre esprit retombe, a été brisé. Que nous parlez-vous de conciles ? ils ont été fermés ; ils ne se rouvriront pas. Rompez donc cette dernière chaîne, ombre d'une servitude dont vous ne voulez plus.

X.

QU'ATTENDEZ-VOUS.

Je reproche au Saint-Simonisme de s'être absolument abusé sur la chose la plus fondamentale et d'avoir, par imitation du passé, rengagé beaucoup d'esprits dans la servitude du moyen âge, en fermant les yeux à la lumière vivante du monde moderne. L'idée de refaire un pape, un conclave, un concile, prouve que cette école était incapable d'orienter les esprits ; elle tournait le dos à l'avenir. Elle a joint à la confusion, l'imitation stérile et fausse. Elle a tout fait pour aveugler l'esprit français, et lui ôter la tradition de sa propre indépendance.

Il est bien temps que l'aiguillon de l'adversité nous rende enfin le sentiment du réel. Lors même que l'impossible se trouverait réalisé, que vous découvririez votre dogme, quel résultat s'ensuivrait-il pour dénouer l'universelle servitude ? Je veux que vous trouviez demain ce Christ nouveau que vous cherchez ; je vous l'accorde. Quelle en sera la conséquence pour le monde que nous voyons et dont nous faisons partie ? Il a fallu trois siècles au Christ avant d'agir efficacement sur le monde et de l'enlever à ses anciennes dominations. Est-ce trois siècles de répit que vous voulez donner encore aux dominations qui le possèdent aujourd'hui ?

Qu'attendez-vous ? Une nouvelle unité religieuse et sociale. Voilà ce qu'il nous faut, dites-vous, pour revivre : *Quod unitatis cupimus plenâ redintegratione firmari* (1). C'est justement le mot des moines du Bas-Empire.

Ah ! si vos vœux étaient exaucés, que vous seriez prompts à vous repentir ! l'homme moderne protesterait bientôt en vous contre ce vœu imprudent ! A quel prix a été achetée cette unité si vantée de doctrines dans les choses secrètes, mystérieuses, intimes, qui sont le for intérieur de la conscience humaine ? Au prix de quinze siècles d'une tyrannie de fer. Or cette tyrannie serait cent fois plus nécessaire aujourd'hui que l'âme humaine, individuelle, a conquis sa liberté dans ces domaines et qu'elle a appris à s'en servir. Vous êtes à peine affranchis de la vieille chaîne ; déja vous voulez vous en forger une nouvelle ! Votre demande aveugle ne vous sera pas accordée.

---

(1) Quod unitatem reddidisse... videreris. — Epistola concilii Romani ad Gratianum et Valentinianum. Impp. V. Cod. Theodos. Appendix, p. xxxi.

Vous resterez libres, en dépit de vous-mêmes, au moins sur ce point-là.

Que demandez-vous encore? des armes sacrées, qui vous tombent du ciel? Mais le temps est passé où des messagers apportaient des boucliers divins, forgés dans la nue par les Cyclopes. Vos boucliers, vos armes, c'est à vous de les forger vous-mêmes en pleine lumière, dans la conscience libre que vous avez reçue en naissant. Ce siècle, qui a repris tant de choses qu'on croyait assurées, ne vous a pas encore ôté celle-là.

Vous ne pouvez vous sauver, ajoutez-vous, qu'avec des forces, des idées qui n'existent encore dans l'esprit de personne, pas même dans le vôtre. Écoutez :

Si un homme est échoué sur un banc de sable, au milieu d'une mer déserte, il se sert de ce qui est sous ses mains, et de ses propres débris pour se faire un radeau. Avec le secours de ce qu'il a sauvé du naufrage, il s'embarque de nouveau, et il finit par revoir sa patrie, ses amis, ses parents qui le croyaient perdu et qui déjà portaient son deuil. Au lieu de cela, si le même homme attendait qu'un navire lui vînt du ciel; s'il rejetait tous ceux qui existent réellement et qui passent devant lui; s'il ne voulait accepter pour sa délivrance et son salut qu'un vaisseau encore idéal que personne n'a vu, qui n'existe encore nulle part et n'existera peut-être jamais, dont le plan même est à trouver, que pensez-vous, dites-moi que deviendrait ce naufragé sur son îlot, perdu au milieu de l'océan?

XI

DE CEUX QUI ATTENDENT UNE SOLUTION FINALE.

Concluons. — Rien au monde n'est plus illusoire que d'attendre, comme vous le faites, *la solution finale du problème*. Cette solution ne vous sera jamais donnée par aucun livre, par aucun catéchisme; vous passeriez des siècles à attendre ainsi vainement que l'eau du fleuve ait coulé pour vous faire un passage.

Faites chaque jour ce que vous avez à faire. C'est la première règle pour résoudre la question. Mais croire que la solution suprême vous sera donnée en bloc, qu'elle tombera des nues comme un aérolithe, ou comme un autre Coran, et que jusque-là vous êtes dispensé de vivre, de sentir, de lutter, d'aimer, de haïr, de combattre à la manière des hommes, c'est une idée si insensée que toute une génération peut aisément s'y perdre.

On veut régir la vie sociale comme une figure de géométrie et l'on est dupe de ces grands mots. Voyez en effet la différence qu'il y a de l'une à l'autre.

Un géomètre, un savant, s'il ne découvre pas un certain théorème qu'il poursuit, se trouve arrêté court dans la déduction de ses idées. Il n'a qu'à se croiser les bras jusqu'à ce qu'il ait dénoué l'énigme. L'illustre Geoffroy Saint-Hilaire me racontait, un jour, que n'ayant pu résoudre une certaine difficulté d'ostéologie, le découragement le prit ; il renonça à l'étude de l'histoire naturelle pendant cinq ou six ans. Il fallut qu'un hasard le ramenât à ses travaux abandonnés.

Qui ne sent qu'appliquer des procédés semblables à la vie sociale, politique, c'est y porter la mort ? Un homme, une nation ne peuvent, sans risquer de périr, renoncer à la vie morale, parce qu'ils ont rencontré un obstacle. Ils ne peuvent impunément se retirer hors de l'humanité vivante, jusqu'à ce que la solution de la question leur soit tombée des nues. Chaque jour apporte son devoir immédiat, auquel il faut satisfaire, sa question à laquelle il faut répondre.

Et un peuple, une génération qui donnerait sa démission d'hommes, sur le prétexte qu'un certain théorème, un certain scolie de géométrie sociale est encore à découvrir, cette génération se couvrirait certainement de ridicule et peut-être d'infamie, puisqu'elle renoncerait à la nature humaine, qui n'accorde ni répit, ni congé dans la pratique des devoirs publics ou privés.

Le mal que les écoles de sectaires ont fait aux hommes de notre époque en grossissant les idées fausses des maîtres, est incalculable; quant à nous, nous expions les fautes que nous n'avons pas commises. La pensée de faire régir la société par des instituts de savants, comme s'il s'agissait d'une équation d'Euler, cette pensée, en dehors de toute nature, de toute vie, de toute politique, a troublé, dénaturé les esprits les mieux faits. Chacun cherchant sa formule a oublié de vivre. On n'a plus rencontré que des hommes qui construisaient l'équation, cherchaient les asymptotes de l'hyperbole sociale, et, en attendant, perdaient les instincts les plus simples, jusqu'à se mettre à la merci de tous leurs ennemis.

On a fait de la vie sociale un problème mathématique si difficile, si inaccessible, que je ne m'étonne point de voir tant de gens y renoncer et y préférer la mort. A ce compte-là, on pourrait aussi faire de la respiration humaine un tel épouvantail de science, on pourrait exiger tant de labeurs préparatoires, tant de combinaisons dynamiques pour se tenir debout sur ses deux pieds, qu'il serait infiniment plus commode d'y renoncer.

Non, la vie humaine n'est pas un problème si irréalisable qu'on nous l'a faite.

Le progrès social n'est ni une géométrie, ni une mathématique, ni une mécanique; c'est une vie, non une formule. Comme toute vie, celle-ci est plus simple que vous ne dites. Pour faire une œuvre humaine, redevenons si nous pouvons des hommes ; voilà le premier point.

Pendant que les amis de la liberté, égarés par de fausses mathématiques, interrogeaient toute science, excepté celle de l'homme, pendant qu'ils cherchaient partout dans l'univers extérieur leur solution, excepté en eux-mêmes, les ennemis de la liberté agissaient autrement ; ils savaient que les affaires humaines se débattent plus simplement au for intérieur du cœur de l'homme, et que l'important est de faire chaque jour un pas pour rester maître de la place. Ils ne perdaient point terre ; car ils savaient que la victoire, à certains moments, est une affaire de tact, de sens, de coup d'œil, d'opportunité. C'est avec les notions les plus simples, les plus unies du monde, qu'ils ont eu bon marché de ceux qui ne voulaient prendre conseil que de la mécanique des sphères.

Que l'on se persuade bien que la liberté, en Europe, est tombée, non point faute de conceptions transmondaines, mais pour avoir méconnu les plus simples éléments des choses. Nous avons péri par l'A B C.

Ne confondons plus ce qui est absolument différent : la science et la vie, la mécanique et la société civile.

Les Archimèdes de la liberté ne font pas des œuvres mortes ; ils portent leurs machines vivantes, armées dans leur esprit. Ils demeurent au centre de la nature humaine. Qui les attaque, les trouve toujours debout et préparés. Quand vient le moment d'agir, ils ne vont point étudier à l'écart le problème social ; ils le résolvent à chaque heure, à chaque instant de la vie, toujours instruits, toujours armés suivant l'occasion, le moment, la difficulté, ou l'opportunité.

Qui dira jamais, qui croira plus tard combien l'abus de la langue théologique, de la langue mathématique, transportées là où elles sont déplacées, a ôté aux hommes de ce temps-ci, le sentiment vif, simple, vrai, actif de leurs propres affaires ! Combien ces alliances de mots surannés : papauté civile, communion, conclave social, concile social, n'ont-ils pas souvent ramené les novateurs eux-mêmes à des choses surannées ! .

De même l'abus de la langue scientifique mal appliquée a substitué chez un grand nombre une vague idée pédantesque et morte, à la place d'une idée vivante, d'une œuvre de conscience, dont ils sont eux-mêmes les artisans et les juges. L'âme des choses a disparu, nous avons gardé quelques mots de vingt coudées, sans force et sans justesse.

Ce n'est ici affaire ni de moines et de théologiens du moyen âge, ni d'érudits ou de géomètres : c'est une affaire d'hommes. Reprenez donc le langage humain, connu, vivant. Retrouvons au moins la langue de la liberté, si nous avons perdu la chose.

XII

UN SOPHISME.

Ainsi plus d'embûches de mots, je vous en prie. S'il vous est défendu de parler, gardez le silence; mais n'essayez pas à la fois de parler et de vous taire, vous ne le pourriez sans torturer le sens commun. Le plus grand mal de la servitude, c'est qu'elle est la mère de tous les sophismes.

Par exemple, ce que vous proposez est en exécration à l'Église, dont il ne resterait pas, si l'on vous écoutait, pierre sur pierre. Néanmoins c'est là ce que vous appelez *Réconciliation de l'Église et de la Révolution.*

Je veux bien que votre intention soit franche, mais votre langage ne l'est pas; et, comme il est obscur, il cache ainsi que toute obscurité un esclavage. Car par cette ambiguïté de paroles, vous ne ferez pas illusion à nos ennemis. Si c'est un piège innocent, vous ne les y ferez pas tomber; ils ont trop d'instinct, d'expérience pour cela. Mais vous y entraînerez les simples, les crédules, qui ne cherchent, n'attendent, ne demandent, n'implorent qu'une embûche nouvelle. En voyant cette doctrine si honnêtement exposée de la réconciliation du catholicisme et de la démocratie, lequel d'entre nous se dira que ce catholicisme prétendu est le renversement du catholicisme, que le noir veut dire ici le blanc, que la réparation de l'Église veut dire ici la chute de l'Église ?

L'ancienne illusion, qui ne demande qu'à renaître, qui nous a déjà perdus vingt fois, qui cherche un accord impossible et absurde entre l'Église et la liberté, entre le cercle et le quarré, cette illusion vous la relevez ; vous la réchauffez. Vous aveuglez ceux qui commencent à ouvrir les yeux. Quant à ceux dont les ténèbres font la vie, vous les fortifiez de votre faiblesse. Ils règnent ; vous leur donnez le sacre !

Si vous êtes pour l'Église, dites-le. Mais si vous voulez le renversement de l'Église, n'appelez pas cela conciliation du Catholicisme et de la Démocratie. C'est se jouer de vos amis comme de vos ennemis.

Ne nous prenons pas les uns aux autres nos noms, nos devises, nos drapeaux. Sauvons au moins, s'il se peut, la franchise de l'esprit humain. Sortons de la confusion. Mais comment en sortir, quand nous prenons plaisir à la faire renaître d'elle-même ?

O siècle tortueux qui détestes la voie droite,

quand en aurai-je fini avec tes détours? Dès que j'ai surpris une de tes subtilités tu vas en serpentant, en rampant, te replier dans une autre plus obscure. Tu roules un peu plus loin tes anneaux et l'on ne peut te faire regarder en face la simple lumière du jour! Que de subtilités j'ai déjà rencontrées! En as-tu encore d'autres!

XIII

AUTRE SOPHISME. SI TOUTES LES RELIGIONS SONT ÉGALES.

Après les sophismes que je viens de combattre, le premier que je rencontre, le plus enraciné, le plus contraire à l'établissement de la liberté, est celui-ci : que toutes les religions se valent au point de vue de la vérité, et même de la politique, en sorte qu'il n'y a nulle différence à établir entre les unes et les autres. Ce principe est le contraire de toute philosophie, de toute science, de toute histoire, qui cherchent partout à marquer la nature diverse des choses; et cette fausse philosophie a entraîné bien vite des résultats mortels à la révolution, comme à la liberté!

Car loin que les religions soient toutes égales, il est certain qu'il y a entre elles des différences, des degrés dans le vrai, des spécialités, des nuances, comme il y en a dans toutes les choses de la nature. Il y a une religion qui se proclame elle-même l'ennemie de toutes les autres ; elle se glorifie d'être incompatible avec la liberté moderne. Cette religion a des institutions, des organes, des instruments de servitude, que d'autres ne possèdent pas, tels, par exemple, que la papauté, le célibat, d'où naît une forme nouvelle de caste, absolument inconciliable avec l'organisation des sociétés nouvelles. Il y a d'autres religions qui sont compatibles avec la liberté moderne, puisqu'elles l'ont engendrée et qu'elles la conservent. Il y en a enfin qui confinent à la liberté philosophique, puisque ce sont des philosophes qui les ont révélées.

Si la Révolution française avait clairement vu ces degrés, ces différences, elle eût pu, en concentrant ses forces, ses inimitiés, ses décisions contre le culte qui exclut la civilisation moderne éliminer ce culte, en laissant subsister le principe de la liberté, et ouvrir par là une ère nouvelle. Mais en faisant vaguement la guerre à tous les cultes sans distinction, elle n'en a pas atteint un seul; elle a manqué d'audace; et celui qu'elle avait mission d'abattre est sorti de ses mains plus entier, plus indompté qu'auparavant.

Supposez que la Révolution française eût mieux apprécié l'organisation du monde religieux, elle eût pu appuyer son levier sur tout ce qui renferme un élément de liberté morale et renverser par là l'édifice de toute tyrannie.

Elle aurait eu la force de mettre fin au culte qui proscrit tous les autres.

Elle aurait osé réduire son ennemi; mais n'ayant

fait aucune différence dans l'échelle des choses religieuses, elle a déchaîné contre soi la religion même, sans trouver d'appui nulle part pour déplacer irrévocablement la borne du vieux monde.

XIV

DEUX VOIES RESTENT OUVERTES : LAQUELLE CHOISIR ?

Ne refaisons pas la même faute. Il nous est encore une fois donné de choisir entre deux chemins. Seulement, si après tant d'expériences, de revers, d'enseignements, produits par la persécution, nous nous obstinons à répéter les fautes d'autrui, il est probable que pour longtemps seront compromis le salut, la liberté, la dignité de l'esprit humain en Europe.

Voici les deux voies qui s'ouvrent encore devant vous : vous pouvez attaquer en même temps que le catholicisme toutes les religions de la terre, spécialement les sectes chrétiennes, sans distinction, et par là les obliger à faire de nouveau une seule masse avec lui; dans ce cas, vous avez contre vous l'univers entier. Vous voilà encore une fois réduits à l'impuissance.

Au contraire, vous pouvez vous armer de tout ce qui est opposé au catholicisme, spécialement de la masse de toutes les sectes chrétiennes qui lui font la guerre; en y ajoutant la force d'impulsion de la Révolution française, vous mettrez le catholicisme dans le plus grand danger qu'il ait jamais couru. Vous pouvez dès lors vous promettre raisonnablement de le placer au moins dans l'impossibilité de nuire.

De ces deux voies, laquelle voulez-vous adopter? La première a été tentée jusqu'ici ; elle n'a conduit qu'à des revers, sans un seul résultat durable ; la seconde (et c'est celle que je propose) n'a point été essayée ; elle s'accorde avec la justice, avec la science, avec l'histoire, avec la politique, avec l'équité. Choisissez. On a vu souvent une armée dispersée, soudainement ralliée et victorieuse, seulement pour avoir changé son ordre de bataille.

Au lieu de vous chercher vaguement des ennemis à tous les bouts de l'horizon, sans en atteindre aucun, il s'agit de concentrer vos vues, vos forces, vos volontés dispersées, sur le point unique qui est le centre d'où partent toutes les attaques dirigées contre vous ; et si vous reconnaissez avec la même unanimité que vos adversaires, que ce point précis, qui soutient tout l'échafaudage de servitude, est l'Église romaine, il s'agit non plus de dépenser vos paroles, vos répugnances, vos haines, vos menaces à tous les vents, mais de vous appliquer à ce point, sans vous en départir que vous ne soyez arrivé à un résultat pratique, que vous pourrez léguer à vos fils.

Pour ces grands résultats, il vous faut des alliés; il faut qu'une partie du monde au moins soit de cœur avec vous.

Que si vous montrez la pensée de repousser également toutes les croyances, vous êtes premièrement injustes, secondement ennemis de vous-mêmes, puisque vous vous faites des adversaires de ceux qui doivent être une partie de votre force.

Voilà pourquoi je m'adresse à toutes les croyances, à toutes les religions qui ont combattu Rome; elles sont toutes (qu'elles le veuillent ou non) dans nos rangs, puisqu'au fond leur existence est tout aussi inconciliable que la nôtre avec la domination de Rome.

En effet, puisque la prétention ancienne, nouvelle, éternelle de cette religion est d'asservir l'univers (urbi et orbi), c'est dans tout l'univers que vous devez trouver des points d'appui et des alliés. Je n'invoque pas seulement une théorie, une philosophie, un système particulier; je fais appel à toute croyance opprimée, à toute église persécutée, à tout temple qui peut montrer ses martyrs. Ce n'est pas seulement Rousseau, Voltaire, Kant, qui sont avec nous contre l'éternelle oppression; c'est aussi Luther, Zwingle, Calvin, Marnix, Herder, Channing, toute la légion des esprits qui combattent avec leurs temps, avec leurs peuples, contre le même ennemi qui nous ferme en ce moment la route. Ils trouveront place dans nos rangs, tous les athlètes de l'esprit. Surtout nous appelons ceux qui dans les formes les plus affranchies du christianisme font le lien des uns et des autres. Je ne propose ni un système ni un dogme. Ce que je demande, c'est un acte, c'est une œuvre de vie, une alliance de tous les esprits libres de la terre, pour l'affranchir en commun de l'esprit qui la possède et qui la stérilise.

Alliance très possible que la force des choses produit, qui seule peut amener un dénoûment à tant de paroles, de discussions, où le dix-neuvième siècle court risque de s'user, sans honneur, sans profit, sans réaliser même une seule de ses idées.

Qu'y a-t-il de plus logique au monde que de faire un seul faisceau des révolutions qui ont paru dans le monde depuis trois siècles, de les réunir dans une même lutte, de reparaître ainsi sous le soleil, pour achever la victoire sur la religion du moyen âge?

Le malheur de la Révolution française, c'est de s'être isolée des révolutions qui l'ont précédée. Réparons cette faute. Replaçons-nous au cœur du monde moderne.

Voulez-vous ne faire qu'une école littéraire,

académique, philosophique, sans laisser aucune empreinte réelle sur la face de la terre ? Vous pouvez alors rester dans l'isolement. Il est certain que quelques écrivains, quelques penseurs solitaires suffiront toujours à imprimer un mouvement quelconque à la vérité abstraite, dans les murs d'une école.

Pour moi, je crois que, malgré beaucoup de fautes, il n'est pas encore trop tard pour couronner cette fin de siècle par quelque grand et mémorable changement dont la postérité garderait la mémoire. Voilà pourquoi j'appelle tout ce qui a un esprit de vie, d'examen, tout ce qui a scellé un jour, une heure, son contrat d'alliance avec la liberté ; tous ceux qui veulent que les paroles laissent une trace dans les choses; tous ceux qui cherchent dans les discussions un dénoûment pratique; tous ceux qui veulent, non pas seulement médire du moyen âge, mais en sortir et l'abolir ; tous ceux qui, à un degré quelconque, ont fait entrer l'esprit moderne dans le monde chrétien. Hérésies nationales, religions modernes, sectes, croyances affranchies, écoles de libres penseurs, systèmes, philosophies, tout ce qui vit, tout ce qui respire doit entrer dans ce grand et suprême effort contre la mort qui jette déjà son ombre sur nous.

Quelle serait la force des révolutions modernes

ainsi ramenées au point de jonction dans lequel elles se rassemblent toutes? Cette force est incalculable. Je dis qu'elle serait invincible. C'est ici la cause du seizième siècle comme du dix-neuvième, de la Réformation comme de la Révolution, de Marnix comme de Voltaire. Quels sont ceux qui refuseront d'entrer dans cette alliance pour achever d'expulser le moyen âge? Ceux pour qui toute religion n'est plus qu'un frein politique, également bon pourvu qu'il asservisse le monde. Mais bien peu feront un aveu de ce genre, et il ne manquerait pas de se retourner contre ceux qui le feraient. Tous ont le même but, tous ont le même intérêt; car je suppose qu'il y a encore des intérêts moraux sur la terre. Sinon donnez-nous le pain et le cirque. Oublions que nous avons été des hommes.

Si le seizième siècle a arraché la moitié de l'Europe aux chaînes de la papauté, est-ce trop exiger du dix-neuvième qu'il achève l'œuvre à moitié consommée? Est-ce trop demander de sa résolution, de sa force, ou de sa maturité?

XV

QUEL SERA L'HÉRITIER DU CATHOLICISME ?

Ici, n'objectez pas que l'alliance avec tous les éléments hostiles à Rome, pour un œuvre de vie, un but déterminé, dans le temps de l'action, est contraire à la philosophie ; car j'ai montré, un peu plus haut, qu'il n'est rien de plus conforme à la vraie philosophie pratique, que de reconnaître les différences, les degrés qui existent entre les choses. Voulez-vous savoir ce qui est l'opposé de la philosophie ? C'est de ne reconnaître, de n'admettre aucune diversité entre les institutions religieuses, et de les confondre toutes dans une même exclusion ; vue aveugle, s'il en fut, opposée à toute vraie science, encore plus qu'à toute vraie politique.

Que diriez-vous d'un musicien qui prétendrait que toutes les musiques sont égales ? et d'un peintre qui mettrait sur le même plan tous ses personnages, sans observer aucune perspective ? Le philosophe, le politique, le législateur qui confond toutes les religions de la terre, toutes les époques, tous les âges de développement de l'esprit humain, dans la même exclusion, ne manque pas moins essentiellement aux conditions de la philosophie, de la politique ou de la législation, qui est aussi un art.

Il ne serait pas juste non plus de m'accuser de prêcher une foi qui n'est pas la mienne, quand je montre des routes diverses dans lesquelles la dignité politique peut se concilier avec la croyance. Voilà des chemins divers, où la liberté est possible. Voilà un chemin obscur, qui mène infailliblement à la servitude; choisissez entre les premiers, rejetez le dernier. Celui qui parle ainsi exprime le principe fondamental du monde moderne, la liberté.

Encore une fois, je ne réclame pas la succession du catholicisme pour une formule, pour une théorie, pour une secte en particulier. Je réclame cette succession pour toutes les idées qui ont sauvé une parcelle de la liberté humaine; c'est-à-dire que je demande, pour héritier, l'esprit humain tel qu'il a pu se développer dans le monde moderne, avec ses croyances, ses aspirations, sa philosophie, ses instincts nouveaux.

Liberté pour tous, expansion de toutes les énergies de l'âme et de l'esprit, en dehors de l'Église despotique et serve.

Si vous repoussez ces largues issues, que la

force des choses a ouvertes elle-même aux peuples modernes, pour sortir de l'antiquité et du moyen âge, il faudrait donc se contenter de la philosophie? Mais laquelle? Déjà vous excluez Rousseau; il n'est pas, pensez-vous, assez avancé pour les adorateurs de saint Janvier et de la robe de Trèves. Un autre prétendra que votre système à son tour est aussi trop circonspect. Jusqu'à ce que vous ayez trouvé l'impossible, c'est-à-dire la formule philosophique qui dans le même temps convienne également à tous les esprits, à tous les lieux, à tous les peuples, voilà l'ancienne servitude établie sans contestation sur la terre.

Ce qui nous aveugle, encore un coup, c'est que nous nous représentons toujours l'avenir sous la forme d'une unité, dans laquelle nous n'acceptons que notre secte, ou notre formule. Même en rejetant le passé, nous travaillons à le faire renaître. A une Église universelle, nous autres catholiques, nous cherchons toujours pour hériter une autre Église universelle, ou du moins une autre philosophie universelle; c'est en cela que nous nous abusons.

La centralisation religieuse, à laquelle nous voulons échapper, ne renaîtra pas, si tant est que nous établissions la liberté. Tout au contraire, la vieille Église, unité aveugle, inorganique, inférieure, chaos ténébreux, ira de plus en plus en se partageant pour faire place à la variété de la vie. Comme du sein de la nature inorganique sont sortis des centres de vie organisée, de même du fond aveugle de l'Église immobile, sortiront de plus en plus des individualités, des personnalités, qui auront, chacune, leur intuition propre, soit dans la religion, soit dans la philosophie. Déjà le siècle n'est plus le disciple d'un seul livre, *homo unius libri*. Il le deviendra de moins en moins. S'il est vrai que tout homme est appelé à devenir son prêtre, il l'est aussi que tout homme doit devenir son philosophe ; ce qui n'empêche pas qu'il y aura encore des sectes, des croyances générales, des écoles diverses de philosophie, des maîtres et des disciples.

Ouvrez donc les portes, à deux battants, à tout ce qui renferme un élément de liberté, une étincelle de vie, de dignité ; ouvrez-les toutes grandes ; il y faut faire passer un monde.

Ne dites pas : « Si vous n'acceptez pas ma formule, mon système, je préfère que vous restiez dans le sépulcre. »

Dites au contraire : « Il y a diverses voies, outre la mienne que je crois la meilleure. Toutes seront bonnes, pourvu que vous sortiez de la mort. »

— Si vous détruisez cette Église, où me conduirez-vous ? Voilà ce que le monde est en droit de vous demander.

— A mon système de philosophie, répondez-vous.

— Cela ne me suffit pas ; cette porte est trop étroite, je m'en défie. Je demande à passer par la brèche que l'humanité moderne a ouverte ; car cette issue est éprouvée et j'aime les chemins battus.

Voilà ce que vous réplique une bonne partie des hommes.

Le temps de la domination d'un livre, d'un système est passé. Nous ne verrons plus de Mahomet ni de Coran. Nous ne verrons plus même de *Contrat social* devenir le livre de classe de toute une nation.

Ouvrez donc aussi tous les livres de vie, et laissez au monde la satisfaction de choisir sa voie de délivrance ; instruisez-le, poussez-le, mais ne le contraignez pas dans son droit d'élection. Même lorsqu'il vous suivra, qu'il croie vous précéder. S'il accepte votre système, votre symbole, votre doctrine, qu'il puisse s'imaginer les avoir trouvés lui-même. Car c'est un orgueilleux. Il se défie de tout ce qui lui paraît exclusif, étroit, magistral. D'ailleurs, il sort d'une prison de dix-huit siècles ; tout lui fait ombrage. Il voit partout des geôliers et des chaînes.

XVI

CE QUI ARRIVERAIT DE LA CHUTE DU CATHOLICISME.

Si l'alliance que je propose à des esprits, à des Églises, à des systèmes, qui tous ont un intérêt commun, s'accomplissait; si par la justice de l'histoire, la loi de l'éternel talion voulait que le Droit catholique fût appliqué par la Providence à l'Église catholique, avec les tempéraments qu'exige l'humanité moderne; si les avertissements de la diplomatie se réalisaient; qu'arriverait-il? La chute de cette Église.

D'abord, la surprise, la peur, un grand silence; puis le lendemain, les hommes s'étonneraient de pouvoir subsister sans l'organisation qui leur semblait indispensable; et, passant bientôt à un autre sentiment, les peuples qui sont aujourd'hui le plus rivés à cette Église s'étonneraient le plus d'avoir gardé si longtemps cette chaîne.

Le grand mât étant coupé, le vaisseau, aujourd'hui échoué de l'humanité se relèverait de son écueil; il flotterait avec orgueil et se pavoiserait de couleurs nouvelles.

L'âme du christianisme, partout où elle s'est maintenue libre, afflucrait pour combler le vide que laisserait l'institution du moyen âge.

Dans le même temps, l'esprit philosophique sortant des livres et des systèmes de quelques docteurs, deviendrait esprit de vie, d'action ; il se répandrait à son tour sur les ossements arides et dispersés du vieux culte.

Il ne se formerait pas un symbole unique, pétrifié aussitôt que conçu, mais une grande âme humaine et divine qui passerait sur la face des nations et les renouvellerait. Car chacun voudrait avoir part à la succession de la religion morte ; et, soit dans les philosophies, soit dans les sectes, tous feraient quelque effort pour mériter d'occuper ce vaste héritage.

L'esprit moderne, agrandi par sa propre victoire, communiquerait à toutes choses un essor inattendu.

Ce qui survivrait, ce serait *le dogme liberté* qui assurerait, en dehors de l'Église tyrannique, le présent au plus sage, l'avenir aux meilleurs.

Là où l'esprit pur du christianisme ou de la philosophie ne pourrait s'enraciner encore, on verrait du moins sortir du catholicisme démembré, des formes nouvelles, locales, nationales, spontanées, indépendantes, qui ne pourraient dans aucun cas refaire l'œuvre de la tyrannie, parce que la tête de cette tyrannie aurait été abattue avec la papauté, et qu'il serait impossible de la retrouver.

Il y aurait encore des luttes dans le monde, puisque c'est le lot de la nature humaine, mais ces luttes ne seraient plus stériles.

Le dix-neuvième siècle enchaîné, hébété, ivre de matérialisme, ne deviendrait pas un objet de risée pour la postérité; il aurait fait sa tâche comme les autres; il pourrait dire :

« Voici mes œuvres! » Il ne se contenterait pas de dire :

« Voici mes chaînes, elles sont dorées. »

La religion ne serait pas seulement un masque; elle aurait concouru à rendre à l'homme la vie morale.

La philosophie ne serait pas seulement une abstraction, une chimère; elle serait devenue action, affranchissement.

L'industrie ne serait pas une nouvelle glèbe pour de nouveaux serfs; ce serait une grande fabrique de peuples; elle produirait non seulement des choses, mais des hommes.

L'Europe ne serait plus seulement un vieux monde; ce serait un monde rajeuni, supérieur au nouveau.

XVII

SI L'INDUSTRIE PEUT SAUVER L'EUROPE ?

Supposez, au contraire, que la papauté continue d'être la tête de toutes les tyrannies religieuses, politiques, financières, industrielles, administratives, comme ces idoles de l'Inde aux mille bras armés de glaives, et dites s'il restera un mot dans une langue quelconque pour exprimer le progrès indéfini de servitude où vous vous trouvez engagés.

L'énergie spirituelle, morale, diminuant de plus en plus, en même temps que les forces matérielles s'augmenteraient à vue d'œil, ce défaut total d'équilibre produirait nécessairement le renversement et la chute de la dignité humaine. L'homme disparaîtrait sous la machine.

Vous comptez trop, en effet, que la matière toute seule vous affranchira, vous rendra l'honneur, la dignité, la bonne foi, la conscience, la probité, tout ce que vous perdez chaque jour. C'est là une illusion; vous avez beau chercher hors de vous votre sauveur dans le progrès de la mécanique, dans le seul développement de l'industrie, dans une machine de bois ou de fer.

Vous croyez, vous espérez que ces machines vous dispenseront d'avoir vous-même une valeur propre, qu'elles vous communiqueront celle qu'elles possèdent. Détrompez-vous. Rien au monde ne peut vous dispenser d'avoir vous-même une âme, une dignité personnelle, le respect de vous-même, un caractère, une conscience, une parole. Tous les rails de fer, toutes les chaudières à haute pression, ne peuvent vous acquitter de l'obligation d'avoir vous-même cette trempe invisible, ce ressort interne, ce point moral qui résiste, s'il le faut, au poids de l'univers, et constitue l'être humain. Ni le fer, ni le bois, ni la tôle, ne vous prêteront leurs vertus. Il faut absolument que vous ayez les vôtres, celles qui caractérisent la nature humaine. Aucune machine ne vous exemptera d'être homme.

Tout au contraire, le développement des forces mécaniques exige un développement au moins égal des énergies de l'esprit. Mais si celui-ci s'endort, se démet, se rapetisse, se ravale à plaisir, il ne peut manquer d'être écrasé par les forces même qu'il met en jeu; toutes, loin de le servir, se tourneront contre lui.

Il restera comme enseveli dans ce qu'il lui plaît d'appeler sa victoire sur la nature.

C'est ce que vous avez vu partout où les puissances industrielles ont grandi, sans que l'esprit de l'homme ait fait effort sur lui-même pour grandir à son tour. Considérez les vieilles sociétés dans leur âge de décadence. Toutes étaient parvenues à la plus haute industrie qui fût dans le monde. Elles possédaient les plus grands instruments de fortune! Mais quoi! l'homme avait disparu. Enveloppées de l'ombre d'une vieille religion morte, elles élevaient des pyramides à la mort. Elles commerçaient, elles trafiquaient, elles tissaient, elles produisaient, elles consommaient. Mais leurs richesses croissantes ne servaient qu'à accroître la misère et la servitude de tous. Les plus belles machines, celles d'Archimède, n'ont pas empêché Syracuse d'être la sentine du monde. Les plus belles voies de communication, dans l'antiquité, les meilleurs aqueducs, les plus magnifiques tunnels, les projets les mieux étudiés sur le percement des isthmes, appartiennent à l'époque d'opprobre du genre humain, à l'époque impériale. Les thermes les plus confortables sont les termes de Caracalla.

Quand ces belles voies romaines de communication furent achevées et que le réseau fut tendu à travers l'Europe, que s'ensuivit-il? L'avez-vous oublié? Il arriva que la pensée qui gouvernait le monde eut ses chemins préparés, et, comme cette pensée était la fantaisie d'un maître, ses caprices, ses colères, ses ordres, ses cruautés franchirent l'espace.

Il atteignit de la main la conscience humaine au bout de la terre. Dès lors il n'y eut plus un seul refuge pour une seule âme libre. A qui voulut échapper, il ne resta qu'à se poignarder.

Il est vraiment trop plaisant de vous voir vous imaginer que les chemins de fer vous rendront la dignité, la sécurité, la liberté sans que vous y soyez pour rien. Je veux encore vous ôter ce dernier leurre. La servitude courra plus vite que vous sur vos routes ferrées ; elle vous devancera, si vous n'avez pas d'autres moyens de vous y dérober. Les chemins de fer n'entraîneront que l'idée que vous y laisserez monter ; et si c'est une pensée d'esclave, les rails, la vapeur, l'électricité, le télégraphe, les puissances rassemblées de la nature ne pourront transporter à l'extrémité du monde que votre esclavage.

Eussiez-vous à votre service toutes les forces conjurées de l'univers, elles serviraient comme autrefois à publier dans l'univers votre déshonneur.

La vieille nature des choses n'est pas changée. Rien n'ôtera à l'esprit sa prééminence. Même souillé, même ensanglanté, c'est lui qui continuera de gouverner le monde ; et, si ce n'est une âme juste qui tient les rênes, ce sera une âme criminelle. Un Caligula, au centre d'un réseau de chemins de fer ! voyez où cela conduit !

Que veux-je prétendre par-là ? Deux choses. La première, c'est qu'il ne faut pas vous fier, tant que vous le faites, du soin de votre honneur, de votre avenir à vos machines. Ce sont des esclaves ; si vous vous endormez, elles pourront vous trahir.

La seconde conséquence, c'est que vous vous pressez trop de vous louer. Je voudrais vous voir moins contents de vous-mêmes. Mon espérance en vous n'en serait que plus grande. Après tout, le monde n'est pas encore dans une telle félicité, que vous ne puissiez ajourner quelque peu les actions de grâce que vous ne cessez de vous rendre à vous-mêmes.

Souvenez-vous un peu plus de ceux qui meurent au loin pour vous ; cela calmera votre ivresse.

Lorsque dans la situation où vous êtes, vous continuez de vous donner pour des modèles à ce qui reste encore de peuples libres et fiers sur la terre, comment ne sentez-vous ce qu'il y a là de ridicule pour vous et d'injurieux pour la nature humaine ? il me semble que votre langue devrait se sécher, dans votre bouche, en prononçant vos louanges.

Que l'esprit d'inertie est ingénieux ! qu'il trouve d'admirables consolations ou de sublimes prétextes pour endormir le monde ! Qui eût pensé que la doctrine du progrès, à laquelle nous aussi avons travaillé, devînt si vite un instrument contre tout progrès?

Car les hommes de notre temps ont conclu une seule chose de cette noble doctrine, à savoir, que quoi qu'ils fassent, le bien ou le mal, dormant, veillant, buvant, mangeant, rampant, ils servent le progrès. Certes les voilà bien à leur aise ! Et, en effet, cette formule une fois tombée dans leur esprit, il faut voir comme ils en tirent parti, au profit les uns de leur apathie, les autres, de leur cupidité.

Les meilleurs se contentent de ne pas bouger; ils sentent, disent-ils, que l'idée marche! il ne serait pas bon de la trop précipiter. Les autres, de nus qu'ils étaient, se font millionnaires en un jour, en trichant à la bourse par amour de la bonne vieille cause humanitaire. Turcaret et Crispin sont des apôtres.

Quant aux peuples, les voilà tout glorieux d'avoir fait, en dormant, sans le savoir, la nuit dernière, cinq ou six grandes révolutions industrielles, anarchiques, féodales, communales, royales; sans y penser, ils ont enjambé six siècles, bien comptés, étendus sur le seuil! Que ces nations se rendorment seulement du bon sommeil! Il sera toujours assez tôt pour les réveiller quand on sera dans l'Éden.

XVIII

CE QUI ARRIVERAIT DE LA VICTOIRE DU CATHOLICISME.

Voyons les suites de la victoire du catholicisme. Réduits à l'impossibilité de s'éclairer, les peuples qui ont pris en main la grande affaire de nos temps, la Révolution du dix-neuvième siècle, la laisseraient avorter ! Et cet avortement de la pensée d'une époque serait un démenti donné à toute l'espèce humaine ; les conséquences s'en feraient sentir partout.

Les peuples qui s'étaient donnés pour missionnaires de leur temps, se trouveraient condamnés les premiers à un aveuglement éternel. Les yeux fermés sans même avoir la conscience de ce qui les retient dans les ténèbres, tous leurs efforts se perdraient dans le vide. Bientôt, désespérant d'échapper à la condamnation portée contre eux, ils s'assiéraient dans la nuit ; persuadés que tout est inutile, ils ne donneraient plus leur confiance à personne, car ils auraient d'abord perdu confiance en eux-mêmes ; ils n'estimeraient personne, car ils auraient perdu leur propre estime.

Alors ils accuseraient leurs défenseurs de l'oppression inexplicable et de l'abjection qui pèseraient de plus en plus sur eux ; ils se promettraient de ne plus suivre aucun guide, de n'écouter aucune parole, de n'aimer, de n'admirer qui que ce soit, de ne prendre conseil que de la nuit. Ils croiraient voir partout, faiblesse, incapacité ou trahison.

Arrivés à ce point, ils tomberaient dans l'endurcissement de la pierre. Ils n'auraient nulle pitié de ceux qui souffrent pour eux ; car, se diraient-ils, les martyrs ne sont que des ambitieux joués. Eux-mêmes affecteraient l'indifférence de l'esclave. A toutes les décadences morales, à toutes les chutes de la civilisation, de la liberté, humaine, ils secoueraient la tête avec indifférence, comme si aucune de ces choses-là ne les regardait. Par toutes ces apparences et d'autres encore, ils sembleraient être les complices de leur propre servitude; plus d'un les accuserait d'avoir vendu, comme Judas, l'espèce humaine pour trente deniers.

Mais d'autre part, comme ils auraient entrevu la lumière morale, même après l'avoir perdue, le souvenir leur en resterait ; ils ne pourraient l'oublier entièrement. C'est pour cela qu'ils ne deviendraient jamais de bons esclaves.

Vous entendriez, par intervalles, une immense aspiration sortir du fond de la terre; cette aspiration serait celle d'Encelade vaincu, terrassé, avouglé, enchaîné, qui se souvient qu'il a connu la lumière, et qui se réjouit dans son cœur de vous la disputer et de vous l'enlever à votre tour.

Il y aurait d'autres conséquences ; celles-là s'étendraient jusqu'aux institutions libres, qui se corrompraient par l'exemple.

En voyant les peuples terrassés par le catholicisme et la victoire si aisée du despotisme, un grand désir d'imitation saisirait les chefs des Églises dissidentes ; car ils voudraient partager la victoire ; et, comme toutes les révolutions sont liées entre elles, ils commenceraient par déplorer que la Réforme ait réussi au seizième siècle ; ils déclareraient que s'il fallait la refaire, ils s'y opposeraient eux-mêmes.

Du moins ils tenteraient de se rapprocher, autant que possible, du catholicisme vainqueur. Vous verriez les Églises schismatiques, ardentes à se renier, emprunter d'abord la tactique, l'esprit, les antipathies, les haines, puis aussi les armes de leurs plus anciens ennemis.

Il ne resterait plus en Europe que des religions politiques ; toutes auraient pris le tempérament du vainqueur. L'esprit de tyrannie de l'Église Romaine se répandrait comme l'eau dans les Églises du libre examen ; car chacun aurait conscience que le modèle du despotisme heureux, c'est Rome. Et chaque Église, chaque temple, chaque communion, chaque secte mettrait son honneur à se rapprocher de ce modèle et à porter le dernier coup à la raison humaine tombée et prosternée ; tant est grand parmi les hommes le désir qu'ils ont de se joindre au plus fort.

Le reniement du dix-neuvième siècle irait ainsi corrompre, jusqu'à sa source même, les libertés du du seizième.

Il en serait de même dans l'ordre politique. Toutes les institutions modernes de la liberté, suffrages, élections, seraient retournées contre la liberté. Il n'y aurait plus de tribunes ou d'assemblées qui ne missent leur honneur à montrer qu'elles aussi peuvent être de bons instruments d'oppression.

Plus vous descendriez dans le fond des masses, plus vous puiseriez à pleines mains la servitude ; vous verriez de grands peuples voter, en riant, leur esclavage.

Les nationalités expirantes, se traînant au pied du plus fort, renieraient la seule chose qui aurait pu les faire revivre, le droit.

Le paupérisme moral entraînerait après lui le paupérisme physique et réciproquement. Ce qui resterait d'une nation, ce seraient quelques compagnies de finance anonymes qui dévoreraient en silence des générations anonymes.

Chacun reprocherait à son voisin d'être indigne de la liberté, et chacun deviendrait par là garant de l'abjection de tous.

Le niveau de l'intelligence baissant plus vite encore, s'il est possible, que celui des consciences, la philosophie serait méprisée, parce qu'on ne la comprendrait plus.

Une seule chose survivrait en tous : la vanité. Car le plus abaissé se donnerait pour modèle aux autres. Le plus asservi ferait la leçon à ceux qui ne le seraient pas encore ; il faudrait endurer, sans réplique, ce qu'il y a de plus intolérable au monde, la fatuité de l'esclave.

Les temps reviendraient alors, où les écrivains, les penseurs, les amis de la vérité, chassés de leur pays, iraient errants à travers le monde, et le monde les repousserait de lieu en lieu jusqu'à ce que la terre manquât sous leurs pieds. Ils continueraient de penser, mais personne ne les comprendrait. Ils appelleraient, personne ne répondrait.

Leur pensée sans écho s'ensevelirait avec eux. Quand on la retrouverait, elle paraîtrait surannée. Les générations et les peuples passeraient sur leurs tombeaux, sans les reconnaître.

Le Christianisme tout entier, prenant le tempérament de l'Église Romaine, se dessécherait et se flétrirait comme elle.

Dès lors il y aurait dans le vieux monde deux ou trois grandes religions mortes et pétrifiées : en Orient le Brahmanisme et le Bouddhisme, en Occident le Catholicisme. Elles étendraient, comme les pyramides d'Égypte, leur ombre massive sur un désert moral. Ce serait pour servir de sépulcre à des cadavres de peuples; et le silence se ferait sur une bonne partie de la terre.

XIX

CONCLUSION. — CE QU'IL FAUT FAIRE.

Si on laisse la victoire du Catholicisme se consommer, je tiens pour inévitables les conséquences que je viens d'énumérer. Au contraire, si le Catholicisme est vaincu, comme on nous annonce qu'il en court le risque par une de ces réactions qui sont la loi de la nature humaine, les conséquences opposées ne sont pas moins assurées.

Car autant, dans le premier cas, il y aura d'émulation à se rapprocher du triomphateur, s'il réussit, autant, dans le second, vous verrez d'empressement à le renier s'il tombe, à le maudire dès qu'il sera désarmé. Alors l'exemple de sa victoire n'étant plus là pour pervertir le monde, chacun rentrera dans sa conscience. Les institutions de la liberté ne seront plus si impatientes de se changer en instruments d'esclavage.

Dans cette alternative, où les choses sont pendantes, ce qui pourrait inquiéter les amis de l'humanité, c'est l'infatuation des nations esclaves.

Car comment se relever d'une déchéance où l'on s'admire ? Les hommes de notre temps, dès que vous ne les louez pas, vous accusent de découragement ; ils en parlent vraiment trop à leur aise.

Certes, il est permis d'éprouver quelque surprise à voir une infatuation qui est tout ensemble un défi au sens commun et un défi à la conscience universelle. Mais, Dieu merci, je ne suis ni étonné, ni déconcerté ; je sais combien la vanité ou la peur fait dire aux hommes de choses mêmes criminelles, qui ne dépassent guère le bout des lèvres, et comme ils seraient prêts à changer de langage, sitôt que d'autres circonstances les auraient corrigés.

Non, ce n'est pas être découragé que de ne pas applaudir à votre abaissement ; c'est au contraire vous inviter à en sortir ; car je crois, pour ma part, que la force d'esprit consiste non à se payer de mots, à se vanter de ses chutes, à caresser ses chaînes, à nier le péril, mais bien à le mesurer et à indiquer les moyens les meilleurs de le vaincre sûrement.

Que faut-il donc faire ?

Je vous l'ai dit (1). Je le répète, puisque vous ne m'avez pas entendu.

Sortez de la vieille Église, vous, vos femmes,

(1) Voyez ma *Lettre sur la situation religieuse et morale de l'Europe.*

vos enfants. Sortez, pendant qu'il est temps encore, avant qu'elle n'ait muré elle-même la porte.

Sortez par toutes les voies ouvertes, pour ne pas périr de paupérisme moral et physique.

Sortez ! et, si par des événements que j'ignore, la Providence vous tend encore une fois la main, sachez enfin la saisir. Ne donnez plus au monde le spectacle d'hommes qui, ne pouvant s'accoutumer à la défaite, ne veulent pourtant jamais profiter de la victoire.

Ne faites pas comme les Juifs qui attendaient le Messie, quand le Messie avait paru au milieu d'eux et qu'il était déjà sur la croix ! Vous cherchez le dogme mo.... ne, et vous fermez les yeux pour ne pas le voir. Car ce dogme vit, marche ; le monde le connaît e. ...s ne l'avez pas connu, lorsqu'il a paru au milieu de vous. Il est aujourd'hui élevé sur la croix, et vous ne le voyez pas encore ; il s'appelle Liberté !

FIN.

TABLE

Préface. . . . . Pages I

LE LIVRE DE L'EXILÉ (1852)

- I. Décembre 1851. 1
- II. L'esprit seul peut vaincre l'esprit. 3
- III. Je ne suis pour rien dans ce qu'ils font 10
- IV. Béni soit l'exil!. 12
- V. Mes joies. 15
- VI. Souvenez-vous!. 17
- VII. Une grande nation. 21
- VIII. Où est la France?. 24
- IX. Départ d'un proscrit. 25
- X. Que disent-ils?. 27
- XI. Le refuge. 28
- XII. Le combat du proscrit. 29
- XIII. Vertu du châtiment. 30
- XIV. Ce qui soutient les bannis. 31
- XV. Le barbare et l'esclave. 34
- XVI. A Waterloo. 36
- XVII. Despotisme ou République. 38
- XVIII. A quoi s'intéressent-ils?. 41
- XIX. Comment nous entendons l'histoire?. 45
- XX. Un fanatisme nouveau, sans foi. 47
- XXI. Un des signes de ce temps. 50
- XXII. Dernier remède. 52
- XXIII. Le mal du pays. 54
- XXIV. La mer du Nord. 56

LE DROIT D'ASILE (1858)

I. 61

PROTESTATION CONTRE L'AMNISTIE (1859)

I. 77

L'EXPÉDITION DU MEXIQUE (1862)

I. Les prétextes. 83
II. Le deux décembre en Amérique. 87
III. Nouveaux principes de 89. 90
IV. Les Républiques espagnoles. 93
V. La race latine. 96
VI. Amérique du Nord. 98
VII. Vraies causes de l'entreprise 100
VIII. Première illusion. 106
IX. Seconde illusion. 108
X. Les résultats. 114
XI. Le droit. Les nationalités. 120
XII. Un dommage pour la France 123
XIII. Conclusion 128

POLOGNE ET ROME (1863)

I. Prière au clergé catholique. 135
II. Première réponse à Msr l'évêque d'Orléans. . . 138
III. Seconde réponse à Msr l'évêque d'Orléans. . . . 147

LE PANTHÉON (1866)

I. 155
II. 164
III. 168
IV. 173

FRANCE ET ALLEMAGNE (1867)

I. Point de vue de l'Allemagne. 183
II. Point de vue de la France. 198
III. Point de vue de l'Europe. 214

TABLE

Pages

FRANCE ET ITALIE (1867)

I. 325

LA MORT DE LA CONSCIENCE HUMAINE (1867)

I. 243

RENAISSANCE DE LA CONSCIENCE HUMAINE (1869)

I. 255

LE RÉVEIL D'UN GRAND PEUPLE (1869)

I. Le 24 mai 1869. 261
II. Le 7 juin. 269

LE PLÉBISCITE ET LE CONCILE (1870)

I. Le Plébiscite. 275
II. Le Concile. 282
III. 1870. 287

LETTRES POLITIQUES (1868-1870)

I. Les écrivains français et la loi sur la presse. . . 293
II. Comment la vie reparaîtra. 297
III. Le journaliste. 300
IV. Pourquoi j'espère. 302
V. Les élections de Paris. 306
VI. La vraie et la fausse tactique. 309
VII. La France et l'étranger. 312
VIII. L'art de faire le mort. 315
IX. Le moulin sans eau. 318
X. La vraie et la fausse liberté. 321
XI. Le secret du règne. 325
XII. La Renaissance. 330
XIII. Les nouvelles libertés conquises 332
XIV. A un comité des électeurs de Paris. 335
XV. A un comité des électeurs de Paris. 338
XVI. A mes électeurs. 341
XVII. La situation. 343
XVIII. Ma conversion. 347

| Pages
XIX. La tache des Bonapartes.   350
XX. La peur.   353
XXI. Réviser la tradition française   356
XXII. La nouvelle barbarie.   359
XXIII. Que serait la France sans ses écrivains ?   361
XXIV. Une heure de vérité.   363
XXV. Rendons à César ce qui est à César..   365
XXVI. Villes et campagnes.   367

AUX PAYSANS (1870)

I.   375

APPENDICE

I. Les hommes de la Réforme (1857).   385
II. Sur le champ de bataille de Zurich (1858)   387
III. Aux Italiens (1860).   389
IV. A des patriotes vaudois (1862) Discours   391
V. Lettre sur les *Révolutions d'Italie* (1864). . . .   393
VI. Lettre sur le *Génie des Religions* (1864).   395
VII. Séparation de l'enseignement laïque et de l'enseignement des dogmes (1865).   397
VIII. Discours sur la tombe de Charras (1865).   401
IX. Discours sur la tombe de Flocon (1866).   405
X. Discours sur la tombe de Mickiewicz (1867). . . .   408
XI. Lettre sur la bataille de Custozza (1866).   411
XII. Lettre sur l'Allemagne (1866)   413
XIII. Mentana, lettre à Garibaldi (1867).   417
XIV. Sur la peine de mort (1868).   421
XV. A la société d'histoire Romande (1868) Discours.   423
XVI. Pas de progrès en dehors de la liberté (1868). . .   425
XVII. Le concile (1869).   427
XVIII. La guerre (1870).   429

TABLE

Pages.

LETTRE SUR LA SITUATION RELIGIEUSE ET MORALE
DE L'EUROPE (1856) (1). 435

LA RÉVOLUTION RELIGIEUSE AU DIX-NEUVIÈME SIÈCLE
(1857.)

I. — Un réformateur radical. 471
II. — La liberté, est-ce le droit de détruire la liberté? 477
III. — Comment l'Église catholique a détruit le paganisme. 482
IV. — Quelle a été la jurisprudence du catholicisme contre le paganisme. 486
V. — Comment une religion finit. 496
VI. — De la religion de la force. 503
VII. — Première solution. 504
VIII. — Seconde solution 508
IX. — Si un nouveau dogme est nécessaire pour sortir de la servitude. 510
X. — Qu'attendez-vous?. 515
XI. — De ceux qui attendent une solution finale. . . 519
XII. — Un sophisme. 525
XIII. — Autre sophisme. Si toutes les religions sont égales. 528
XIV. — Deux voies restent ouvertes. Laquelle choisir ?. 531
XV. — Quel sera l'héritier du catholicisme ?. 537
XVI. — Ce qui arriverait de la chute du catholicisme. . 542
XVII. — Si l'industrie peut sauver l'Europe. 545
XVIII. — Ce qui arriverait de la victoire du catholicisme. 551
XIX. — Conclusion. Ce qu'il faut faire. 557

1. Cette *Lettre* et *la Révolution Religieuse au XIXᵉ Siècle* que des nécessités typographiques ont placées à la fin du volume se trouveront dans un prochain tirage avant le *Droit d'Asile*, selon l'ordre chronologique.

Soc. d'imp. Paul Dupont. Paris 41, rue J.-J.-Rousseau (Cl.) 374.6.82.

EDGAR QUINET

La démocratie républicaine, tenant à honneur d'élever un monument aux lettres françaises et de populariser l'œuvre du penseur, du citoyen qui a si fidèlement servi la patrie et la liberté, forme un Comité pour la publication des *Œuvres complètes* d'Edgar Quinet. Cette édition comprendra tous ses ouvrages (1825 à 1875), épuisés ou disséminés par vingt ans d'exil, et ses manuscrits inédits. Elle réunira à la fois les cours du professeur de Lyon et du Collège de France, l'œuvre entière de l'historien, du poète, de l'exilé et de l'intrépide adversaire de l'esprit clérical.

Philosophie. **Cours de Lyon.** — **Collège de France.** Génie des Religions. Origine des dieux. Les Jésuites. L'Ultramontanisme. Introduction à la philosophie de l'histoire. Essai sur Herder. Examen de la vie de Jésus. Le Christianisme et la Révolution française. Philosophie de l'histoire de France. La Création. L'Esprit Nouveau. Vie et mort du génie grec.

Histoire : Les Révolutions d'Italie. Marnix. Fondation de la République des Provinces-Unies. Les Roumains.
La Révolution. Histoire de la campagne de 1815.

Voyages. — **Critique littéraire :** La Grèce moderne. Allemagne et Italie. Mes vacances en Espagne. Histoire de la Poésie. Epopées françaises. Mélanges.

Politique et Religion : Enseignement du peuple. La Révolution religieuse au xixe siècle. Situation morale et politique. La Croisade romaine. La Sainte-Alliance en Portugal. Pologne et Rome. État de siège. Le Panthéon. Le siège de Paris et la Défense nationale. La République. Le Livre de l'Exilé. Œuvres diverses.

Poëmes : Prométhée. Napoléon. Les Esclaves. Ahasvérus. Merlin l'Enchanteur.

Autobiographie : Histoire de mes Idées. Correspondance.

Ont signé

PARIS : Ed. ADAM, ALLAIN-TARGÉ, BAMBERGER, BARODET, Louis BLANC, BRELAY, Henri BRISSON, CARNOT, CAZOT, CORBON, CRÉMIEUX, CANTAGREL, G. CASSE, CLÉMENCEAU, DENFERT-ROCHEREAU, DESCHANEL, FLOQUET, GAMBETTA, GREPPO, HÉROLD, Laurent PICHAT, LE ROYER, MARMOTTAN, Pascal DUPRAT, PEYRAT, B. RASPAIL, SCHEURER-KESTNER, SCHŒLCHER, C. SÉE, SPULLER, TALANDIER, TIRARD, Victor HUGO (députés et sénateurs); ASSELINE, BIXIO, BONNARD, BONNET-DUVERDIER, Dr BOURNEVILLE, BRALERET, BRISSON, CADET, CASTAGNARY, CLAMAGERAN, Dr CLAVEL, COLLIN, Fr. COMBES, L. COMBES, DEBERLE, DELATTRE, DELIGNY, DENIZOT, Dr DUBOIS, DUJARRIER, DUMAS, ENGELHARD, FERRÉ, FOREST, GERMER-BAILLIÈRE, Yves GUYOT, HARANT, DE HÉRÉDIA, HÉRISSON, JACQUES, JOBBÉ-DUVAL, Sigismond LACROIX, LAFONT, LAUTH, Ernest LEFEVRE, LENEVEUX, LÉVEILLÉ, Dr LEVEL, Dr LEVRAUD, D[r] Ch. LOISEAU, MALLET, MANET, MARAIS, MARSOULAN, Dr G. MARTIN, MATHÉ, MAUBLANC, Dr METIVIER, MORIN, MURAT, OUTIN, PÉRINELLE, RÉTY, E. RIGAUT, SONGEON, THOREL, Dr THULIÉ, VAUTIER, VIOLLET-LEDUC (membres du Conseil municipal de Paris)

Dr BÉCLARD, HUNEBELLE, JACQUET, MOREAUX, VILLENEUVE (membres du Conseil général de la Seine). — **AIN** : CHALEY, GROS-GURIN, MERCIER, ROBIN, TIERSOT, TONDU. — **AISNE** : MALÉZIEUX, Henri MARTIN, Ed. TURQUET, VILLAIN. — **ALLIER** : CORNIL, CHANTEMILLE, DEFOULENAY, LAUSSEDAT. — **BASSES-ALPES** : ALLEMAND. — **ARDÈCHE** : CHALLAMET, GLEIZAL. — **AUBE** : MASSON DE MORFONTAINE. — **AUDE** : BONNEL, MARCOU, ROUGÉ. — **BOUCHES-DU-RHONE** : BOUCHET, BOUQUET, LABADIE, LOCKROY, PELLETAN, F. RASPAIL, TARDIEU. — **CHARENTE** : DUCLAUD — **CHER** : DEBOUCOUX, GIRAUD, ROLLET. — **CORRÈZE** : Général DE CHANAL, LATRADE, LE CHERBONNIER. — **CORSE** : BARTOLI. — **COTE-D'OR** : Sadi CARNOT, DUBOIS, HUGOT, JOIGNEAUX, LÉVÊQUE, MAGNIN, MAZEAU, (députés et sénateurs), AMIEL, BARBEROT, BELEIME, BOUCHARD, Dr BRULET, COQUENGNIOT, COURT, COUSTURIER, Dr CUNISSET, ENFERT, (maire de Dijon) ; GARNIER, président de la commission départementale ; GLEIZE, LEROY (secretaire du Conseil général); LOUET, MEUGNIOT, MUTEAU, (secretaire du Conseil général). PERDRIX (vice-président du Conseil général) ; PIOT, ROBELIN, (conseillers généraux). — **CREUSE** : MOREAU, NADAUD. — **DORDOGNE** : GARRIGAT, MONTAGUT. — **DOUBS** : Albert GRÉVY, OUDET, VIETTE. — **DROME** : CHEVANDIER, LOUBEL, MADIER-MONTJAU. — **EURE-ET-LOIR** : DREUX, GATINEAU, LABICHE, MAUNOURY, Noël PARFAIT, TRUELLE. — **FINISTÈRE** : HÉMON, DE POMPÉRY, SWINEY. — **GARD** : BOUSQUET, DUCAMP, LAGET, MARCELLIN PELLET. — **HAUTE-GARONNE** : CONSTANS, DUPORTAL. — **GIRONDE** : DUPOUY, FOURCAND, LALANNE, ROUDIER, SIMIOT. — **HÉRAULT** : DEVÈS, LISBONNE, VERNHES. — **ILLE-ET-VILAINE** : LE POMELLEC. — **INDRE** : LECONTE. — **ISÈRE** : BRAVET, BRILLIER, BUYAT, F. RAYMOND, RIONDEL. — **JURA** : GAGNEUR, LELIÈVRE, TAMISIER, THUREL. — **LANDES** : LOUSTALOT. — **LOIR-ET-CHER** : DUFAY, LESGUILLON, TASSIN. — **LOIRE** : BERTHOLON, CHAVASSIEU, CROZET FOURNEYRON. — **HAUTE-LOIRE** : MAIGNE. — **LOIRE-INFÉRIEURE** : LAISANT (député) ; LAURIOL, LEROUX, NORMAND, ROCH, VEZIN (conseillers généraux). — **LOT-ET-GARONNE** : FALLIERES DE LAFITTE — **MAINE-ET-LOIRE** : BENOIST, MAILLÉ. — **MARNE** : LEBLOND. — **HAUTE-MARNE** : MAITRET. — **MEURTHE-ET-MOSELLE** : BERLET, COSSON, DUVAUX. — **MEUSE** : LIOUVILLE. — **MORBIHAN** : RATIER. — **NIÈVRE** : GIRERD, TURIGNY. — **NORD** : Louis LEGRAND, MASURE, SCRÉPEL, TESTELIN, TRYSTRAM. — **PUY-DE-DOME** : BARDOUX, SALNEUVE, TALLON. — **PYRÉNÉES-ORIENTALES** : Em. ARAGO, ESCANYÉ, ESCARGUEL, MASSOT. — **RHONE** : ANDRIEUX, DURAND, Jules FAVRE, GUYOT, MILLAUD, ORDINAIRE, VALENTIN, VARAMBON (députés et sénateurs) ; — Dr Alexis CHAVANNES (président du Conseil municipal de Lyon), FALCONNET (président du Conseil général du Rhône), CARLE, GOMAT, MILLION, VALLIER (conseillers généraux). — **HAUTE-SAONE** : NOIROT, VERSIGNY. — **SAONE-ET-LOIRE** : BOYSSET, général GUILLEMAUT, DE LACRETELLE, LOGEROTTE, MARGUE, Ch. ROLLAND, SARRIEN (députes et sénateurs); BAUDU, BESSARD, BOULLAY, BOUILOUD, CARION, DULAC, H DRUARD, Ph. DRUARD, GILLIOT, L. GOUJON, L. MATHEY, J. MARTIN RAMBAUD, E. REYNEAU, ROBERJOT, FLOCHON, SORLIN, A. THOMAS, TRUCHOT (conseillers généraux). — **SEINE-INFÉRIEURE** : DESSEAUX, LE CESNE. — **SEINE-ET-MARNE**. MENIER, PLESSIER, SALLARD. — **SEINE-ET-OISE** : Albert JOLY, JOURNAULT, LANGLOIS. — **DEUX-SÈVRES** : Antonin PROUST — **SOMME** : BARNI, DOUVILLE-MAILLEFEU, MOLLIEN. — **TARN** : BERNARD LAVERGNE. — **VAR** : ALLEGRE, COTTE, DAUMAS, DRÉO, FERROUILLAT. — **VAUCLUSE** : GENT, NAQUET, POUJADE. — **VENDEE** : BEAUSSIRE. — **HAUTE-VIENNE** : GODET, Georges PÉRIN. — **VOSGES** : Jules FERRY, GEORGES, JEANMAIRE, MÉLINE, PONLEVOY. — **YONNE** : Paul BERT, DETHOU, GUICHARD, LEPÈRE, RIBIÈRE. — **ALGERIE** : GASTU, JACQUES, Alexis LAMBERT, LELIÈVRE. — **COLONIES** : GODISSART, LACASCADE, LASERVE, DE MAHY (sénateurs et députés).

LA VILLE DE BOURG.

P. BATAILLARD, Alfred DUMESNIL, Auguste MARIE, Paul MEURICE, Eugène NOEL, Auguste PRÉAULT (membres du Comité de 1856, pour la publication des Œuvres complètes, édition PAGNERRE).

Paris, 4 août 1876.

SOUSCRIPTION NATIONALE DE 1876
A L'ÉDITION DES ŒUVRES COMPLÈTES
D'EDGAR QUINET

Les admirateurs du grand penseur et du grand écrivain que la France a perdu l'année dernière, ceux qui regrettent dans Edgar Quinet le patriote inébranlable comme l'éloquent et profond philosophe, jugeront tous, comme nous, que le pays qu'il a tant honoré doit un monument à sa mémoire, et que le monument le plus digne de lui serait la publication intégrale de ses œuvres.

Nous proposons donc à ceux de nos concitoyens qui partagent les sentiments que nous avons voués à ce mort illustre, l'ouverture d'une souscription pour aider à préparer et à commencer cette œuvre vraiment nationale.

Cette souscription serait fixée à 20 francs.

Il nous a paru qu'il conviendrait d'inaugurer la série des œuvres d'Edgar Quinet par la publication de sa correspondance inédite, qui ne saurait manquer d'offrir de précieux documents à l'histoire contemporaine. Les personnes qui enverront une souscription de 20 francs auront droit à recevoir *deux volumes de Lettres inédites, et quatre volumes des Œuvres complètes.*

EDMOND ABOUT, Publiciste; BARDOUX, Député; BATAILLARD, Publiciste; LOUIS BLANC, Député; H. BRISSON, Député; CARNOT, Sénateur; CASTAGNARY, Conseiller municipal; A. CRÉMIEUX, Sénateur; A. DUMESNIL, Publiciste; J. FERRY, Député; GERMER BAILLIÈRE, Conseiller municipal; HARANT, Conseiller municipal; A. MARIE; H. MARTIN, Sénateur; LAURENT-PICHAT. Sénateur; E. LEFÈVRE, Conseiller municipal; P. MEURICE, Publiciste; E. MILLAUD, Député; E. NOEL, Publiciste, E. PELLETAN, Sénateur; A. PREAULT; D' ROBIN, Sénateur; SPULLER, Député; TIERSOT, Député; VACQUERIE, Publiciste; E. VALENTIN, Sénateur; VICTOR HUGO, Sénateur; VIOLLET-LE-DUC, Conseiller municipal

ŒUVRES COMPLÈTES D'EDGAR QUINET
Trente volumes in-18 :
CHAQUE VOLUME SÉPARÉMENT : 3 fr. 50

Philosophie. — Génie des Religions. Origines des dieux. Les Jésuites. L'Ultramontanisme. Introduction à la philosophie de l'histoire. Essai sur Herder. — Examen de la Vie de Jésus. Le Christianisme et la Révolution française. Philosophie de l'histoire de France. La Création. L'Esprit Nouveau. Vie et mort du Génie grec.

Histoire : Les Révolutions d'Italie. Marnix. Fondation de la République des Provinces-Unies. Les Roumains.

La Révolution. Histoire de la campagne de 1815.

Voyages. — **Critique littéraire.** La Grèce moderne. Allemagne et Italie. Mes vacances en Espagne. Histoire de la Poésie. Épopées françaises. Mélanges.

Politique et Religion : Enseignement du peuple. La Révolution religieuse au XIXe siècle. Situation morale et politique. La Croisade romaine. La Sainte-Alliance en Portugal. Pologne et Rome. État de siège. Le Panthéon. Le Siège de Paris et la Défense nationale. La République. Le Livre de l'Exilé. Œuvres diverses.

Poèmes : Prométhée. Napoléon. Les Esclaves. Ahasvérus. Merlin l'Enchanteur.

Autobiographie : Histoire de mes idées. Correspondance.

Paris — Imp. PAUL DUPONT (Cl.) 436 bis.7.95.

SOUSCRIPTION NATIONALE DE 1876
A L'ÉDITION DES ŒUVRES COMPLÈTES
D'EDGAR QUINET

Les admirateurs du grand penseur et du grand écrivain que la France a perdu l'année dernière, ceux qui regrettent dans Edgar Quinet le patriote inébranlable comme l'éloquent et profond philosophe, jugeront tous, comme nous, que le pays qu'il a tant honoré doit un monument à sa mémoire, et que le monument le plus digne de lui serait la publication intégrale de ses œuvres.

Nous proposons donc à ceux de nos concitoyens qui partagent les sentiments que nous avons voués à ce mort illustre, l'ouverture d'une souscription pour aider à préparer et à commencer cette œuvre vraiment nationale.

Cette souscription serait fixée à 20 francs.

Il nous a paru qu'il conviendrait d'inaugurer la série des œuvres d'Edgar Quinet par la publication de sa correspondance inédite, qui ne saurait manquer d'offrir de précieux documents à l'histoire contemporaine. Les personnes qui enverront une souscription de 20 francs auront droit à recevoir *deux volumes de Lettres inédites, et quatre volumes des Œuvres complètes.*

EDMOND ABOUT, Publiciste; BARDOUX, Député; BATAILLARD, Publiciste; Louis BLANC, Député; H. BRISSON, Député; CARNOT, Sénateur; CASTAGNARY, Conseiller municipal; A. CRÉMIEUX, Sénateur; A. DUMESNIL, Publiciste; J. FERRY, Député; GERMER BAILLIÈRE, Conseiller municipal; HARANT, Conseiller municipal; A. MARIE; H. MARTIN, Sénateur; LAURENT-PICHAT, Sénateur; E. LEFÈVRE, Conseiller municipal; P. MEURICE, Publiciste; E. MILLAUD, Député; E. NOEL, Publiciste; E. PELLETAN, Sénateur; A. PREAULT; Dr ROBIN, Sénateur; SPULLER, Député; TIERSOT, Député; VACQUERIE, Publiciste; E. VALENTIN, Sénateur; VICTOR HUGO, Sénateur; VIOLLET-LE-DUC, Conseiller municipal

ŒUVRES COMPLÈTES D'EDGAR QUINET
Trente volumes in-18 :
CHAQUE VOLUME SÉPARÉMENT : 3 fr. 50

Philosophie. — Génie des Religions. Origines des dieux. Les Jésuites. L'Ultramontanisme. Introduction à la philosophie de l'histoire. Essai sur Herder. — Examen de la Vie de Jésus. Le Christianisme et la Révolution française. Philosophie de l'histoire de France. La Création. L'Esprit Nouveau. Vie et mort du Génie grec.

Histoire : Les Révolutions d'Italie. Marnix. Fondation de la République des Provinces-Unies. Les Roumains.

La Révolution. Histoire de la campagne de 1815.

Voyages. — Critique littéraire. La Grèce moderne. Allemagne et Italie. Mes vacances en Espagne. Histoire de la Poésie. Épopées françaises. Mélanges.

Politique et Religion : Enseignement du peuple. La Révolution religieuse au XIXe siècle. Situation morale et politique. La Croisade romaine. La Sainte-Alliance en Portugal. Pologne et Rome. État de siège. Le Panthéon. Le Siège de Paris et la Défense nationale. La République. Le Livre de l'Exilé. Œuvres diverses.

Poèmes : Prométhée. Napoléon. Les Esclaves. Ahasvérus. Merlin l'Enchanteur.

Autobiographie : Histoire de mes idées. Correspondance.

www.ingramcontent.com/pod-product-compliance
Lightning Source LLC
Chambersburg PA
CBHW050421240426
43661CB00055B/2234